ちくま新書

「家庭」の誕生

——理想と現実の歴史を追う

本多真隆
Honda Masataka

1760

#「家庭」の誕生――理想と現実の歴史を追う【目次】

凡例

1　引用は、読解が困難と予想される場合には、漢字を適宜常用漢字にあらため、ルビを付した。

2　引用の中略は「(…)」で示した。前後一行空きで引用した資料のうち、一字下げでないものは、原文の途中からの引用である。

3　引用に際しては、現代では不適切と思われる表現も史料としてそのまま残した。ご了承いただきたい。

4　本文の明治、大正、昭和、平成については、西暦と元号を併記した。

序章

イデオロギーとしての「家庭」

1 「家庭」をめぐる錯綜

†「家庭」という言葉

あなたは、「家庭」という言葉を聞いて何をイメージするだろうか。

家族と過ごしたあたたかい思い出だろうか。外で疲れたときにやすらぎをくれる家のリビングだろうか。それとも親しい人といつかは築きたい場所のことだろうか。

あるいは、つらい記憶や、できることなら関わりをもちたくない人と過ごした過去のことだろうか。

おそらく、この答えは人によって千差万別だろう。人と人とがそれぞれ異なるように、「家庭」のあり方や思い出もそれぞれ異なるだろう。「家庭」という言葉には、楽しい思い出やそうでない思い出も含めて、それぞれの記憶に応じたイメージがあるはずだ。

とはいえ近年の日本社会において「家庭」は、こうしたそれぞれの思いを離れて、きわめて政治的なテーマのひとつになっている。そこでは「家庭」とはかくあるべし、ともいわんばかりの声も聞こえてくる。

†こども家庭庁をめぐって

その一例としてあげられるのが、二〇二三年四月に発足した「こども家庭庁」のネーミングをめぐって起きた近年の一連の動向である。政府によればこども家庭庁は、子どもが健やかに育ちやすい環境づくりを目的として創設された。少子化や虐待、子どもの貧困などへの対策を念頭に置き、これまで各省庁が個別に行っていた子どもに関する政策を一元的に担っていくことが目指されているという［図1］。

しかしこども家庭庁の発足にあたっては、「家庭」という言葉を冠した省庁ができるということで、その言葉の使用の是非が問われた。「家庭」という言葉を使うことは国家が公式的に子育てと「家庭」を結びつけることにならないか、あるいは望ましい「家庭」の姿を押しつけることにならないか。こうしたことが政治的な立場を超えて、さまざまな論者によって議論された。

　そもそもこども家庭庁には、「子ども家庭庁」から「こども庁」に名称が変わり、そこからさらに「こども家庭庁」となった経緯がある。まず「子ども家庭庁」から「こども庁」に変わった背景には、被虐待経験者たちの声があった。二〇二一年二月から開催されている自民党有志の勉強会で、被虐待経験をもつライターの風間暁《かざまあかつき》が「家庭」という言葉に苦言を呈したことがそのきっかけである。

図１　こども家庭庁がスタート
写真提供：共同通信社

　風間によれば、虐待を受けている子どもたちにとって「家庭」という言葉は、「毎日生きることに必死な戦場を指す言葉」である。そのため、あたたかなイメージがあるその言葉と自分たちが置かれた現実とのギャップに苦しむ子どもも多い。一人ひとりの子どもに寄り添うのであれば、「子ども家庭庁」ではなく「こども庁」に名称を変えるべきではないか。

　この発言に自民党若手議員たちは心を打たれ、「子ども家庭庁」から「こども庁」に名称を変更することになったという（なお、「子ども」が「こども」となったのは、当事者である子どもが読むことができるようにという配慮のため）〔山田太郎公式ＨＰ　二〇二二〕。

しかし「こども庁」は「こども家庭庁」として発足することになった。この名称変更には自民党保守派への配慮があったといわれる。『共同通信』の報道によれば、「こども家庭庁」への名称変更は、「伝統的家族観」を重視する自民党内保守派に配慮した結果であったという〔『共同通信』二〇二一年一二月一四日〕。

また『朝日新聞』によれば、「こども家庭庁」の名称にこだわった議員らは、「青少年が健全に育つには家庭がしっかりしている必要がある」、「子どもは家庭でお母さんが育てるもの。『家庭』の文字が入るのは当然だ」などと発言していたという〔『朝日新聞デジタル』二〇二一年一二月二〇日〕。

こうした事態に対して、「こども庁」に名称を戻すべきという反対意見も沸き起こった。さきにもみた風間は、オンライン署名収集ができるウェブサイトで「『こども庁』のネーミングは、単なる名前ではありません（…）家庭が地獄である子どもでも、家庭が大好きな子どもでも、家庭が存在しない子どもでも。逆に、さまざまな事情で子どもがいない家庭のことを考えても」、「こども庁」に戻すべきであるとうったえた。このキャンペーンには、二〇二二年七月時点で三万人を超える署名が集まっている〔change.org　二〇二二〕。

また「家庭」という言葉を冠することで、子育てをめぐる責任が「家庭」に押しつけられやすくなるのではないかということも危惧された。保育事業を手がけるコンサルタントの中村敏也《なかむらとしや》は、「こども家庭庁」について、「親の無償の愛が大切で、家庭こそが子育ての中心であり、大切だという昭和的な価値観」が今後も続くのではないかと述べている〔中村 二〇二二〕。

ほかにも次のような批判もある。そもそも「家庭」という言葉を付さなければならないこと自体が、子どもを「個人」として尊重していないことなのではないのか、と。作家の山崎ナオコーラは、「『家庭』という二文字が入ったとたん、子どもも、親も、個人としての存在が消えてしまったように思いました（…）家庭も親も子も、ひとつとして同じではありません。でも、『家庭』を名前に入れた理由が、『子育ての基盤は家庭にあるから』なんて言われると――。勝手に描いた『家庭』というものに合っているかジャッジし、『足りないところは補ってやろう』という傲慢《ごうまん》さを感じてしまいます」と述べている〔『朝日新聞デジタル』二〇二二年二月二二日〕。

ひとくちに「家庭」といってもその内実はさまざまであり、すべての子どもにとって「家庭」が理想的な場であるとは限らない。また子どもと「家庭」を結びつけることは、子育ての責任を「家庭」に押しつけることや、子どもや親たちを「個人」として尊重しないことにつながらないか。「こども家庭庁」への名称変更に対しては、単なるネーミングの問題を超えて、このような懸念の声が寄せられた。

こうした批判に対し、「こども家庭庁」の名称変更を支持した教育学者の高橋史朗《たかはししろう》は、「虐待という一つのことを以て家庭そのものを危険視するのはいかがなものか」と述べ、重要なのは、「崩壊しつつある家族の絆や親子の絆を、どうやって取り戻していくかということ」であり、「名称に『家庭』を入れたからといって、家庭のことだけを議論するのではない」と主張している〔高橋 二〇二二〕。ちなみに高橋は、「家庭」の養育責任を強調する「親学《おやがく》」の提唱者としても知られ、自民党保守派への影響力も強いといわれる。

こども家庭庁が実際にどのような役割を果たしていくかは、これから明らかになるだろう。とはいえこの名称変更をめぐる議論は、あらためて「家庭」のイデオロギー性を浮き彫りにさせたといえる。「家庭」とは、母親中心の子育ての場であり、いたずらに「個人」の権利を唱えることのない情緒的な空間である。そしてこのようなあり方こそが日本の「伝統的家族観」なのである。「家庭」はこのように、保守的なキーワードとして影響力を強めているようにみえる。また「家庭」という言葉は、特定の宗教団体（世界平和統一家庭連合〔旧統一教会〕）を連想させるものとしても注目をあびたことは記憶に新しい。

†「家庭」は日本の伝統的家族観ではなかった

実はこうした事態は、近年に特殊な現象である。というのも、「家庭」は一九七〇年代頃までは、進歩的、革新的な論者が用いるキーワードでもあったからである。

そもそも「家庭」は日本の「伝統的家族観」を指す言葉ではなかった。日本の伝統的家族といえば「家《いえ》」がそれに該当する。しかし「家庭」は、明治期から戦後のある時期まで、それと対立的な位置にある言葉だった。

ひとくちに「家」といっても時代、階層、地域によってさまざまなヴァリエーションがあるが、基本的には、農業や商業などの家業（経済活動）と、日々の暮らし（消費活動）が一体化している生活集団である。前近代社会における家族は、今日のように生活の場であるだけでなく、生産の場でもあった（自営業や中小企業を想起されてもよいだろう）。「家」が日本の支配的な家族モデルであった時代、たとえば江戸時代では、農家や商家、武家などさまざまな家業経営体によって社会が営まれていた。

とりわけ上層階級の「家」においては、家長の権威が強かった。進歩的、革新的とされる論者が「家庭」の意義を論じる際に批判対象として意識していたのは、家長と構成員の縦関係を軸とする、権威主義的な家族のあり方だった。

対して「家庭」は、夫婦の横関係を軸とした家族のあり方を指す言葉だった。夫婦間の睦《むつ》み合い、夫が外で働き妻が家で家事をするという性別役割分業、そして母親による愛情をベースとした子育て、これらは「家庭」という言葉とともに広まった、それまでにない新たな生活習慣であった。「家」においては一家総出で働くことが基本であり、家業の継承のために母親よりも父親や共同体の教育役割が重視されていたからである。

社会史や家族社会学の分野では、こうした家族のあり方を「近代家族」と呼ぶ。このネーミングには、近代社会における家族という意味合いも込められている。農業など第一次産業を中心とした前近代社会においては、多くの人びとは「家」のような生活集団で、一家総出で働く。女性が家事、育児に専念するのは、工業化が進行し、男性が企業や役所などで家族を養えるだけの賃金を得るようになってからの現象である。

日本において「近代家族」が一部の階層によって営まれはじめるのは、明治、大正時代になってからであり、大衆化するのは昭和の高度経済成長期以降である。つまり、あまり長い歴史を有しているとはいえない。「家庭」の歴史は、ほとんどそのまま「近代家族」の歴史でもある。

†保守系論者に敬遠された「家庭」

こうした「近代家族」のあり方とともに「家庭」という言葉が流通しはじめたのは明治時代の中頃であるが、それは西洋的な家族像を示す「Home」の翻訳語としてであった。明治期において「家庭」は、どこかバタ臭い響きもある、新奇な概念だった。

実際、明治期に「家庭」という言葉を好んで使ったのは、「西洋」に影響を受けた知識人やキリスト教者、そして社会主義者たちであった。戦後においても、進歩的知識人と呼ばれる論者やマルクス主義者が積極的に使っていた。

たとえば、明治、大正期に活躍した社会主義者として知られる堺利彦《さかいとしひこ》は、「家庭」の建設を唱えた論者でもあった［図2］。彼は「家庭」こそが、来たるべき共産主義社会の土台になるとし、次のように述べている。

図２　堺利彦
出典：国立国会図書館「近代日本人の肖像」

今の家庭をもって将来の共産社会の卵とみなし、今の家庭の中に社会主義（即ち共産主義、共同生活主義、相互扶助主義）の思想を養い（…）その理想の面影をそこに宿らしめ、一歩にても広くその美を社会に押し広げる事を勉《つと》めたいと思う［堺　一九〇六：

七」。

堺によれば、「家庭」にみられる愛情と相互の扶《たす》け合いは、将来の共産主義社会の小さなモデルというべきものだった。彼はこうした「家庭」を社会に広めるために、『家庭雑誌』という雑誌を一九〇三(明治三六)年に創刊した。この時代において「家庭」は、進歩的な論者が人びとに啓蒙するような新たな概念だったのである。

一方、戦前期において「家」は、明治民法によって法制度で規定されていた支配的な家族のあり方だった。そのため当時の保守系論者はしばしば、「家庭」を日本の伝統的家族である「家」を脅かすものとして認識していた。たとえば以下のような発言である(なお、以下の引用の「家族制度」は、「家」とほぼ同義である)。

人によっては西洋人が家庭(ホーム)を大事にするのを見て、それを家族制度であると考えているが、それは大変な間違である。(…)それは家庭主義とか、何とかいう名をつくべきものであって、家族制度ではない[井上 一九一二:二一一]。

家族を成して生活をする家族制度は極めて自然的なものであって、西洋流の個人主義的な家庭主義は不自然極まるものといわねばならない〔松田　一九三〇：二九八〕。

これらの発言はそれぞれ、戦前期の道徳教育に関わっていた論者によるものである。このように「家庭」は、日本の「伝統的家族観」とは異なるものであり、「西洋流」の「個人主義」に由来するとみなされていた。

「保守」を称する論者がいったいいつの時代を「保守」しているのかにもよるが、少なくとも戦前から戦後のある時期まで、「家庭」は日本の「伝統」とは違うニュアンスをもった言葉だった。あるいは、「家庭」という言葉が強調されるという現在の状況は、保守の側も日本の「伝統的家族観」とはそもそも何であるかが、不透明になっているということなのかもしれない。

†支配の場としての「家庭」、抵抗の場としての「家庭」

とはいえ、「家庭」をめぐる政治的な構図はかなり入り組んでいる。というのも「家庭」は一方で、明治期、とくに大正期頃から、国家政策においても頻繁に用いられた言葉でもあったからである。たとえば第二次世界大戦のさなかの一九四二（昭和一七）年には、文部省社会教育局から「戦時家庭教育指導要項」という文書が出され、総力戦体制にふさわ

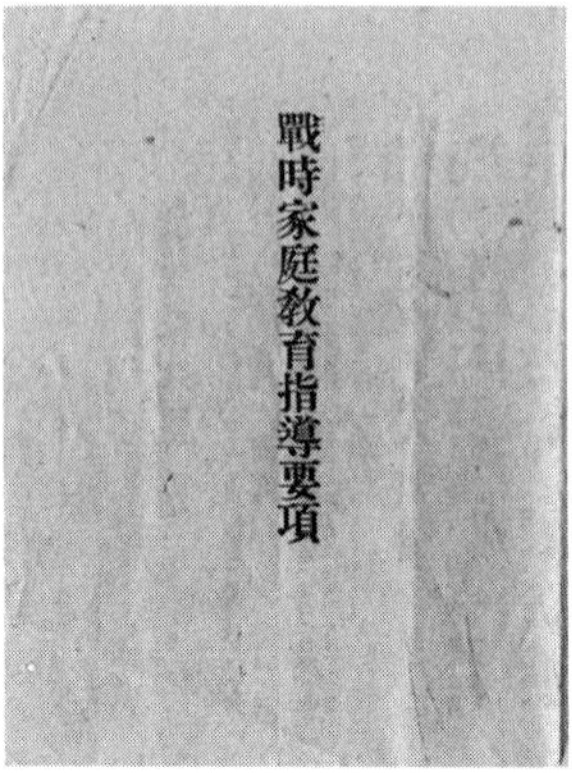

図3　戦時家庭教育指導要項

しい「家庭」のあり方が説かれた［図3］。

国家政策で「家庭」という語が用いられる際には、しばしば女性の役割が強調された。たとえば母親による「家庭」の管理や、子どもの教育などがあげられる。これらは現在の保守系論者の論調や政策においても、「家庭教育」の名で強調されることでもある。「家庭」はその概念があらわれて以来、常に国家が捕捉しようとしてきた領域でもあった。「家庭」の歴史は、家族が国家の下部組織となってきた歴史でもある。

しかしこうした場面で強調される女性の役割は、明治期の進歩的な論者が主張してきたことでもあった。さきにも述べたように江戸時代においては、家業継承のための教育を父親や共同体が担っており、母親の教育役割は必ずしも大きいものではなかった。女性が主体的に「家庭」を管理し子どもの教育に携わることは、新時代の女性の役割として、「西洋」に影響を受けた論者たちが広めようとしていた習慣だった。

こうした女性観やジェンダーの問題は、ある意味で保守の側も、それに対抗する側も共有してきたといえる。現在からみれば、「家」の伝統を説く論者も、「家庭」の進歩的、革新的な意味合いを説く論者も、古びてみえるかもしれない。

とはいえ、これらの議論における「家庭」観や社会構想は、それぞれかなり異なったものである。ある者は「家」こそが日本の伝統的家族だとして「家庭」を退けようとし、ある者は「家庭」を国家の下部組織として位置づけようとした。

またある者は、キリスト教社会の基盤として、あるいは共産主義社会や市民社会の基盤として、ときには国家に抗する「家庭」を構想した。あるいはある者は、「家庭」における抑圧、とくに女性への抑圧を批判的に捉えた。

これらの思想は、明治期以降の家族変動とともに、ときには対立し、ときには相互に補完し合いながら、近現代日本の「家庭」観をかたちづくってきた。私たちがふだん何気なく使っている「家庭」という言葉には、このような歴史や、さまざまな人びとの思いが横たわっている。

†「家庭」の歴史をたどる意味

これまでみてきたように「家庭」は、個々人によってそのあり方や記憶が異なるだけでなく、さまざまな立場の論者による願望や社会構想が託されてきた場でもあった。そしてこうした「家庭」観の相違は、しばしばイデオロギー的な対立をともなっていた。その対立はかたちを変えつつも現在まで続いている。

しかし現在では、一部の人びとが抱く「家庭」観が影響力を強めているようにみえる。こども家庭庁の名称変更は、そのあらわれのひとつであろう。そこでは特定の家族像やジェンダー役割、そして「家庭」を支える社会制度がしばしば前提とされている。

「家庭」をはじめ私的領域は、本来は個人の幸福追求が認められる場である。個人がどのような「家庭」を理想として思い描こうが、それ自体は責められるべきことではない。

とはいえ、「家庭」はさまざまな社会制度が関わる場でもある。婚姻制度のあり方、子育て支援や高齢者のケアなどの福祉政策、さらに教育や雇用環境など、社会や政治は何らかの家族モデルを想定しながら営まれている。そこには、どのような制度設計が望ましいかという人びとの社会的合意の問題も関わってくる。

社会の大多数の人びとが特定の「家庭」像を支持しているのならば、ある意味でその社会は安定していたかもしれない（それにそぐわない人びとは大きな抑圧を被るが）。だが現在の日本社会では、特定の「家庭」像のみが支持されているとはいい難い。それはこども家庭庁の名称変更をめぐる人びとの反応をみても明らかである。

多くの人は、親しい人や子どもとともに暮らす「家庭」を望んでいるかもしれない。しかし現在においては、そのあり方は多様になっている。それは性別役割分業型の「家庭」かもしれないし、共働きの「家庭」かもしれない。

あるいは子どもを望まないこともあるだろうし、異性愛や二人きりの性愛関係に限らない共同生活を望むかもしれない。私たちは現在、親しい人との関係や、他者との共同生活について、社会がどのようにそれらを包摂していくべきかを、あらためて考えるべきときに来ているのではないだろうか。

「家庭」の歴史を見直す必要はここにあるといってよい。「家庭」や家族問題は、みずからの経験を自明視しやすい領域である。しかし社会のあり方が変われば、「家庭」のあり方も変わっていく。かつては機能していた処方箋が機能しなくなってしまうことも少なくない。

また同じく「家庭」という言葉を使っていても、イメージするものが大きく異なる場合もある。これは個人の経験の違いによっても発生するし、政治的立場の違いや、時代の変化によっても生じる。こうした認識のギャップが社会に広まっているなかで、特定の「家庭」像のみがひとり歩きしている現状は、問題といわざるをえないだろう。

本書は、以上の問題意識をもとに、「家庭」の歴史を紐解いていく。明治期から現在にいたるまでの社会変動のなかで、どのような「家庭」が実態としてあらわれ、また理念として目指されてきたのかを、さまざまな立場の人びとの姿を通してみていきたい。

それらを通して本書では、「家庭」が現在のように社会の基盤とみなされるようになった過程を明らかにしていく。かつては進歩的、革新的な意味合いを有していた「家庭」は、いつどのようにして保守的なキーワードになっていったのか、なぜ立場も志向も異なる多くの人びとが「家庭」について語ったのか、そして私たちはその歴史から何を引き継ぐべきなのか。本書ではこれらの問いを通して、近現代日本の「家庭」とは何だったのか、ということについても考える。

さきにも述べたように、「家庭」の歴史は、「近代家族」の歴史でもある。それは、日本の伝統的家族である「家」とは異なるものとして明治期以降に浸透しはじめ、昭和期に広まっていった家族のあり方である。そして現在では、経済成長の伸び悩みのなかで、男性をメインの稼ぎ手とした「近代家族」がゆらぎ、そのあり方はメインストリームではなくなってきている。

あらかじめ述べておけば、本書は「家庭」の復権を目指すものではない。しかしこれからの「家庭」のあり方や、その枠を超えた共同生活のあり方を考えていく上では、これまでの社会変動のなかで、「家庭」にどのような理想や願望が託されてきたかをみる必要があると考えている。なぜなら未来を構想することは、過去の継承と発展にかかっているからである。

†本書の構成

本書は序章と終章を含め、七つの章にわたって構成されている。ここでメインの五章分について、簡単な内容と読み方のガイドを提示しておきたい。

第一章は明治期が舞台である。この時代に「家庭」は、日本の伝統的家族である「家」とは異なる家族のあり方としてあらわれた。「西洋」に影響を受けた進歩的な知識人たちが「家庭」の普及を目指した一方で、保守系論者はそうした家族のあり方が広まることに危機感を抱き、「家」と「家庭」のバランスに腐心した。第一章でみるのは、明治維新以降に来たるべき家族像をめぐって展開された、理念としての「家庭」の諸相である。

第二章では大正〜昭和前期を扱っている。明治期ではほとんど理念的な存在だった「家庭」は、大正期に台頭した都市部の新中間層によって、一定規模で現実的に担われるようになる。そして保守系論者が「家」の維持にいそしむかたわら、国家は新中間層をターゲットとした介入の姿勢を強め、やがて「家庭」は総力戦下の動員の対象になっていく。第二章では、こうした既成秩序となりはじめた「家庭」をみる。

第三章の時代は戦後初期である。敗戦を迎えて「家」は、法制度上は否定されることになった。そして、男女平等をうたった新憲法と民法改正によって、民主的な「家庭」が新たに目指されるようになる。しかしこの時代は、戦前的な生活様式がまだ根強くあり、保守系政治家は「家」の復活を狙っていた。第三章でみるのは、高度経済成長期以前の、混沌とした社会状況のなかで浮かび上がっていく「家庭」である。

第四章は、高度経済成長期の「家庭」をみる。工業化の進行と人口移動によって都市部に核家族世帯が増え、「家庭」は広範に営まれることになった。こうした実態の変化と連動して、国家や保守系政治家は、「家庭」を社会の基盤と位置づけるようになり、対して革新の側は対抗的な家族モデルを打ち出しにくくなっていった。しかしそのなかで、人びとは豊かな家族生活を目指すだけでなく、個々の「家庭」を超えた連帯をつくる動きもみせた。第四章で扱うのは、高度経済成長という急激な社会の変化に対応するかたちで人びとが紡ぎ出した、さまざまな「家庭」の姿である。

第五章では、一九七〇年代後半から現在までを対象とする。高度経済成長が終わり、それまでの「家庭」のあり方や社会の仕組みが機能不全になるなかで、政府はその微修正を繰り返していく。しかし「家庭」の理念が声高に唱えられるようになる一方で、現実には、それまでの家族生活を営むことが難しい人びとや、それとは異なる共同生活を営もうとする人びとが増えていった。第五章では、こうした理念と実態の乖離《かいり》を確認する。

各章は個別に読むことも可能なように記している。手っ取り早く現在の「家庭」をめぐる状況を把握したい方は、第四章から読まれるとよい。「家庭」に関する議論がどのようにはじまったのかということや、「家庭」が現在のように保守的なキーワードではなかったことなどに関心を抱いた方は、第一章をまず読んで、そこから関心がある章に進まれるとよいだろう。

性別役割分業をはじめ、現在の「家庭」にも関連するジェンダー問題のルーツに関心がある方は、第二章を読まれるとよい。また第三章は、「家庭」における個人同士の関係をどのように民主的に調整するかという問題や、「家」の復活論など、現在でも取り沙汰されるトピックも扱っているので、こうした論点に関心がある方にも勧めたい。

†本書のねらい

さて、これまでの紹介をみて、『「家庭」の誕生』という本書のタイトルから想像した内容とは違っていると感じた読者もおられるかもしれない。すなわち本書は、親子関係、夫婦関係といったいわゆる家族問題ではなく、政治やイデオロギーの問題を主に扱っているのではないか、と。

実際には、こうした家族問題についても記述をある程度割いているので、そのような関心にも応えられるとは思う。とはいえ本書が政治やイデオロギーの問題を扱っているという印象は間違いではない。

この点に記述が割かれている理由のひとつは、現在の「家庭」が政治的な問題になっているという現状認識にもとづくものである。「家庭」について、議論の土台を共有するためには、あらためてその政治的な対立の歴史をみる必要があると思われる。

もうひとつの理由は、近現代日本の「家庭」に関する議論の性格そのものに由来する。というのも、近現代日本の「家庭」論は、夫婦親子といったトピックだけでなく、社会構想をともなっていることが少なくないからである。

序章でみた範囲でいえば、たとえば堺利彦の議論がそうである。堺にとって、「家庭」を構想することと、社会主義者としての言論活動を行うことは一体のものだった。

なぜ「家庭」について語ることと、社会構想を語ることが連動しているのか。本書の結論をさきどりすればそれは、「家庭」が、旧来の「家」とは異なる新たな生活基盤を示す言葉だったからである。

明治期以降の近代化の過程で、人びとの生活基盤は大きくゆらいだ。江戸時代では身分制度のなかで、伝統的な村落共同体や「家」に埋め込まれていた人びとは、そこから離脱するようになっていった。こうしたなかで、新しい時代、そして新しい社会について構想することと、新しい生活基盤である「家庭」を構想することが結びついた。

詳しくは本書のこれからの記述に委ねることとしたい。ひとまずここで確認しておきたいのは、「家庭」について考えることと、社会や政治について考えることは連動しているということである。

私たちはしばしば、「家庭」の問題と、社会や政治の問題は離れたものだと理解しがちである。しかしこれは必ずしも正確ではない。さきにも記したが、福祉や雇用環境などの社会のしくみは、何らかの家族モデルを想定して組まれている。[1]

つまり、近現代日本の「家庭」をめぐるさまざまな対立は、私生活のあり方に関する見解の相違であるだけでなく、社会構想の相違でもあった。「家庭」について考えることは、私たちがこれからどのような社会をつくっていくかという問いと不可分である。本書の目標は、読者とともに「家庭」と社会のこれからについて考えるための土台を提供することにある。

以下では、「家庭」の歴史をみるにあたっての、先行研究と本書の位置づけ、そして本書の視点と方法を確認しておきたい（関心がない方は、三二頁の「†用語の整理」に進んだあとに、読みたい章に移っていただいて構わない）。

2 本書の視点と方法

†先行研究と本書の立場

「家庭」という言葉、概念に関する先行研究は、言語学、歴史学、政治学、社会学、女性学などさまざまな領域にまたがっている。

先駆的な研究としては、言語学者の新村出《しんむらいづる》によるものがあげられる。新村によれば「家庭」は、中国の古典に由来する言葉だが、日本において広まったのは明治中期頃からであり、主に「Home」の翻訳語としてだった［新村　一九九五］。

新村の研究は、一九二八（昭和三）年に出されたものである。このように、「家庭」が「西洋」的な家族像に影響を受け、明治期から新たに用いられるようになった言葉であることは、かなり早くから認識されていた。

一方で、近現代日本の「家庭」論に関する体系的な研究はさほど多いとはいえない。戦後のある時期までは、家族に関する歴史的な研究の主題は、日本の伝統的家族である「家」であり、「家庭」への着目は少なかった。[2]

こうした断片的な研究に対して、近現代日本における「家庭」について大きな見取り図を提供したのが、一九八〇年代以降に蓄積された近代家族論である。ここで「家庭」は、日本における「近代家族」の生成を示す指標として着目された[3]。

そして近代家族論は、もうひとつ重要な視点をもたらした。それは、「家庭」（「近代家族」）の抑圧、とくに女性のライフコースに与えた抑圧についてである。

一九七〇年代までの家族研究は、多かれ少なかれ、「家」に対抗してあらわれた近代的な家族を肯定的に論じる傾向にあった。しかし近代家族論は、ジェンダー研究の視点なども取り入れながら、「家庭」（「近代家族」）における不公正を指摘した。それはたとえば、性別役割分業の問題であり、母親に子育てやケアの責任が集中する問題であり、そしてこれらの役割が「愛情」の名のもとに規範化されているということであった。

本書は、こうしたこれまでの家族研究の知見に多くを負っている。とはいえいくつかの点において、新たな知見を打ち出すことを目指している。

ひとつめは、「家庭」論の多様性を把握することである。近代家族論において近現代日本の「家庭」論への関心は、「近代家族」の問題を捉えることが主だった。そのため個々の論者の思想的傾向の違いや、論じている「家庭」像の対立などには、必ずしも十分な着目がされてこなかった。

もうひとつは、近現代日本の家族論における「家」から「家庭」への移行を把握することである。とくに本書では、保守的な論調におけるその移行にも注意する。「家庭」を対象としたこれまでの家族史研究においては、近代日本の進歩的、革新的な論者による「家庭」論や、大正期の新中間層にまつわる言論、政策などに着目することが多かった。対して保守的な論調には大きな注意が払われてきたとはいいがたい。[4]

保守的な論調は、同時代の社会構造を前提とし、その継承を目指していることが多い。そのためその議論は、社会の基盤となる家族モデルが、「家」から「家庭」に移行していることを明瞭に観察できる素材となりうる。またこの点への着目は、「こども家庭庁」の名称変更の際にもあらわれた、近年の保守的、あるいは「右傾化」したとされる論調の性格を把握するという意味でも有用だと思われる。

†分析の視点

本書は以上のように、「家庭」論の多様性を把握することを目的のひとつとしている。そのため、「家庭」の歴史をみるにあたっては、あらかじめ特定の家族像を設定してその生成をみるのではなく、「家庭」という言葉を通してどのような家族像や生活空間が語られていたかを内在的に把握していくという手法をとる。[5]

以上の点に着目するにあたって、本書では、近現代日本の思想史上の主要人物のほか、政治家や官僚、各種の専門家など、社会や政策に与えた影響が強いと思われる論者による議論や、政策文書を主な分析対象とする。またこれらの言説と一般の人びとが抱いていた家族観の関連を探るために、階層やジェンダーなどにも留意しながら、彼ら彼女らの発言をしばしば傍証的に引用している。新書という性格上、用語の説明や、文学や映画なども題材に解説している箇所もあるが、幹となる資料は上記のものである。

最後に本書であつかう「保守」についてふれておきたい。じつは、何を保守的な家族論と位置づけるかは難しい。

たとえば、「近代家族」的な家族像が社会の基盤として位置づけられている現在からみれば、近現代日本の「家庭」に関する議論は、その大半が、性別役割分業などを自明視している点において、保守的に映るものである。

しかし、「家」や伝統的な共同体を重視する立場を保守的と一括することもできない。[6]というのも、戦後の保守的とされる論者は「家」に関連する用語を用いる機会が減少しているからである。戦後に形成された「保守」と「革新」の枠組みをむやみに拡大させることも望ましいとはいえない。とはいえ一定の整理をしないと、今日の「家庭」をめぐるイデオロギー的な対立の状況が理解しにくくなる。

政治学者の宇野重規《うのしげき》は「保守主義」について、「それ自体として一個の一貫した理論的体系」というよりは、フランス革命や社会主義革命、福祉国家など、「その時々ごとに対抗すべき相手との関係で、自らの議論を組み立ててきた、いわば相対的な立場」であると述べている。そして宇野によれば、こうした「保守主義」の性格を理解する上では、「ライバル関係を中心に歴史的な再検討が不可欠」であるという〔宇野 二〇一六：一八〕。このような相対的な立場としての「保守主義」の理解は、長期にわたる家族論の変遷を扱う本書の課題にも適っている。

そこで本書では、思想史、政治史の先行研究での各論者の位置づけや、本人が自認する政治的立場を尊重しつつ、基本的には、同時代に新たに打ち出された家族像に対抗するかたちで、既存の家族像をベースに議論をしている論者を、保守系の論者と位置づけている。「保守」や「進歩的」、「革新」という用語は、あくまでそれぞれの時代の相対的な立場を記述するための用語であり、本書ではとくに価値的な判断を下しているわけではないということはおことわりしておく。

†用語の整理

本書では近現代日本の家族変動をおいつつ、「家庭」という言葉を通してどのような家族像や生活空間が語られていたかを主にみていく。つまり本書で扱うのは、基本的には、概念としての「家庭」の変遷である。

「家庭」という言葉は、家族像や家族集団、家族が暮らす場、空間、あるいはその雰囲気など、多義的な意味を有している。本書で抽出するのは、ある家族像や生活空間を語る際に用いられている「家庭」の概念である。

「家庭」という言葉に焦点をあてるため、本書は記述にあたって一定の工夫をほどこしている。たとえば、「家庭生活」、「家庭問題」といった「家庭」を冠する用語はなるべく用いず、「家族生活」、「家族問題」というように記述することとした。このうち「家庭教育」は、近現代日本の「家庭」論でも焦点になることが多いので、「家庭教育」のままとしている。

なお「家族」という言葉は、「家」と「近代家族」の双方を記述する言葉として用いている。また「家制度」と記している場合は、戦前の法制度で規定された「家」のシステムを念頭に置いている。

何のためにこんなに細かく……と辟易《へきえき》されている読者も多いことだろう。用語の説明に関しては、必要と思われるところでは適宜行っているので、安心して読んでいただければと思う。

とはいえこうした用語の多彩さに考えをめぐらすのも、近現代日本の家族について考える道なのである。近現代日本においては、家族変動が急激だったこともあり、家族に関するさまざまな用語が生まれた。たとえば、「いえ」（歴史学で近世の「家」を指す際にしばしば用いられる）、「家族制度」（戦前の家制度とほぼ同義）、「近代家族」（社会史領域の用語のほか、民主的な家族という意味もある）などである。専門的な議論のなかには、「家」と「家族（family）」は異なるという主張もある［有賀　一九七一］。

「家庭」という言葉は、こうした家族に関するさまざまな用語のひとつである。なぜこれだけ多くの言葉が生まれたかというと、その言葉を用いないと表現できない現象や思いがあったからである。

「家庭」という言葉には、近現代日本における実に多くの人びとの思いが込められてきた。本書ではこれからその思いに耳を傾けていくことにしよう。

第一章 「家庭」の誕生――「ホーム」の啓蒙

1 「家庭」と文明化

†「家庭（ホーム）」の建設

一九〇三（明治三六）年に発表された「家庭の建設」という論考がある。著者はキリスト教思想家として知られる内村鑑三《うちむらかんぞう》。彼はここで、「真実の家庭」の建設を唱え、次のように述べている［図1］。

世に欲《ほ》しきものとて幸福なる家庭《ホーム》のごときはありません。これは地上の楽園でありま

図１　内村鑑三
出典：内村鑑三記念文庫デジタルアーカイブ

す。（…）

家庭とはもちろん家屋のことではありません。もちろん家庭を作るには家屋は必要であります。しかしながら、家屋があればそれで家庭ができたとは言われません。（…）

家庭はまた家族ではありません。もちろん家庭は家族と共に作るものであります。しかしながら家族のある所には必ず家庭はあるとは言われません。（…）

家庭は家庭のためにつくることのできるものではありません。（…）もし幸福なる家庭以外に何も目的がなく、ただ好《よ》き家庭欲しさに家庭を作らんと欲する人がありまするならば、その人の希望は全く画餅《がべい》に属します。


内村によれば、「家屋」は「家庭」ではない。そして「家族」もまた「家庭」であるとは限らない。そして日本人の多くは、「家庭」というものが一体何なのかをほとんど理解していない。

さらに内村によれば、「家庭」を創ることを目的としているだけでは「家庭」を築くことはできない。「家庭」を築くためには、それまでの日本で共有されていなかった「高尚なる目的」が必要であり、「東洋」に「家庭（ホーム）」はなかったのだという。

これは単なる謎かけではなかった。内村にとっては、寝食をともにしている家族がいるだけでは「家庭」と呼ぶことはできない。「家庭」は「高尚なる目的」に裏づけられた「精神の和合」によって成立するものであった［内村 一九〇三＝一九三三：二三三―二四二］。

明治期においては、内村をはじめ「西洋」に影響を受けた知識人たちが、こぞって「家庭」の建設を唱えた。彼らの多くは、当時の日本には「家庭」が普及しておらず、それを人びとに啓蒙することが必要だと考えていた。

「文明開化」の時代を迎え、近代化が進行しはじめた明治期において、「家庭」はいまだ実態とはやや遊離した理念的な存在だった。そしてそれは、さまざまな論者の「高尚なる目的」や願望が投影された空間だった。本章では、明治期に「家庭」がいかなるものとして構想されていたかをみていく。

結論をさきどりすれば、明治期に「家庭」を論じた者の多くは、内村がそうであったように、家族生活のみを論じていたのではなかった。彼らはそれぞれの「高尚なる目的」と明治維新後の社会を構想するなかで、その社会を生きる個人の基盤となる場を「家庭」という言葉で模索したのだった。

†「家庭」の由来

そもそも「家庭」とは、いつから用いられていた言葉なのだろうか。言語学者の新村《しんむら》出《いづる》によれば、「家庭」は漢語に由来し、中国では古くから用例がみられるものの、明治期以前の日本ではほとんど流通していなかった。江戸時代（一八世紀末）に『家庭指南』という本が刊行されているが、それがほぼ唯一のものであるという［新村　一九九五］。

もっとも『家庭指南』の「家庭」は、現在とは意味合いが異なっている。それは、孔子の庭訓《ていきん》の故事（『論語《ろんご》』巻八にある、孔子が庭で子に詩や礼を学ぶ必要を諭したというエピソード）に由来する、父が子に示す教訓というニュアンスを含む言葉だった。

「家庭」という言葉にはほかにも、庭や、家族が生活する場という意味もあった。『広漢和辞典』（一九八一～八二年、大修館書店）の「家庭」の項目には、①家の庭、②いえ。家族が生活している所、③家族の生活のさま、④夫婦を中心とした家族の生活体。ホーム、の四つの意味が記されており、国語学者の飛田《ひだ》良文《よしふみ》は、①②は中国古典に由来するものであり、③④は日本で生まれた意味だと推測している［飛田　二〇〇二］。

つまり、「家庭」という言葉自体は明治以前にもみられたが、それはほとんど一般に流通している言葉ではなかった。実際に明治二〇年代までの主要な辞書にこの言葉はほとんど見出だせない［河北　一九九一］。

しかし明治二〇年代のなかば頃になると、「家庭」という言葉は言論の場にたびたびあらわれるようになる。そして「家庭」を冠した雑誌も次々と出版されていった。そこでは本章の冒頭で紹介した内村鑑三の文章にもみられたように、「西洋」的なある特定の家族像が語られることが多かった。

国語学研究者の半沢洋子《はんざわようこ》によれば、「家庭」は「Home」の翻訳語として創られたのではなく、「以前にほぼ同義に用いられていた国語（たとえば「家」「家内」など）との対照によって、新しく使われる必要が生じたため」に流通した言葉であるという［半沢　一九八三：二二七］。つまり、「Home」のような「西洋」的な家族観をはじめ、「家」などの語では表現できない家族観を指すために、新たに用いられはじめた言葉だった。「家庭」の歴史を辿るためには、まず当時の知識人たちが、なぜ新たな家族の理念を示すことが必要だと考えたかをみなければならない。

†福澤諭吉の家族論

「家庭」という言葉が比較的早く使われた例としては、一八七六（明治九）年に慶應義塾

図2　『家庭叢談』
出典：国立国会図書館デジタルコレクション

から刊行された『家庭叢談《そうだん》』という雑誌があげられる。福澤諭吉の弟子である箕《みの》浦勝人《うらかつんど》が編集に関わった雑誌であり、福澤もいくつか論考を載せている［図2］。

もっとも同誌には「家庭」という言葉はあまり登場しておらず、福澤自身もその言葉をさほど多くは用いていない。しかし彼の家族論は後続の「家庭」論にも影響を与えた。ここではそのエッセンスを簡単にみていこう。

福澤が唱えた家族像をひとことでまとめれば、ある程度対等な夫婦の情緒的結びつきを軸とした、一夫一妻制の家族だったといえる。そして彼が目指したのは、このような家族を基盤に据えた近代国家を築くことだった。

福澤はこうした思想を「西洋」との出会いのなかで築き上げた。福澤は幕末の洋行中に出会った本を、『西洋事情　外編』として翻訳刊行しているが、彼はそこで、「family」「family circle」という語に、「家族」という言葉をあてている［関口　二〇〇七］。『西洋事情　外編』に記された家族像は次のようなものである。「人間の交際は家族を以て本《もと》とす」、「夫婦親子団欒《だんらん》一家に居るものを家族という」、「衆夫衆婦、相集るもまた天道の大義なり。斯《か》く人の相集り相交るものを一種族又は一国の人民と名《なづ》く」。つまり、世の中の基盤には家族があり、そこでは夫婦と親子が情緒的に結ばれている。さらにこうした家族が集まることでひとつの国家が成立するのだという〔福澤　一八六七＝一九五八：三九〇―三九二〕。福澤は数多くの家族論を著しているが、このように個人と家族、そして国家を結びつける発想は一貫していた。

『学問のすゝめ《すすめ》』にある「一身独立して一国独立する」というテーゼは、福澤の思想の中核をなす言葉としてよく知られている。幕藩体制では身分制のもとで上位者に服従を強いられていた人びとが、個人として「自由独立の気風」をもたなければ近代国家は成り立たない〔福澤　一八七三＝一九五九：四三―四四〕。福澤が『学問のすゝめ』を書いた頃は、欧米列強が植民地獲得競争にいそしむ帝国主義の時代でもあった。彼はこうした国際情勢に対抗しうる「自由独立の気風」が育まれる場を、一夫一妻制の「家族」に見出したのであった。

そして福澤は、このような「自由独立の気風」を養うための家庭教育を重視した。福澤は一八七六（明治九）年に「家庭習慣の教へを論ず」という論考で、人が生きるためには、心身の健康を保つこと、社会貢献をすること、仕事だけでなく花見や舞踊といった楽しみを得ることなどが求められると説き、そのような個人を育て上げるためには「家庭教育」

が重要であると述べている〔福澤　一八七六＝一九六二：五六〇―五六三〕。

また福澤によれば家族の団欒《だんらん》は、こうしたパーソナリティを育む上でも重要だった。福澤は一八九二（明治二五）年に、ある地方の名家に寄せた書簡で次のように述べる。「先ツ家を治めて家族団欒之ホームを成し（…）進んて其地方民を教るニ在り」、つまり「ホーム」を創り広めることが、地方の名家の役目であり急務だという〔福澤　一八九二＝二〇〇二：二〇一〕。

福澤がこの書簡を記した時期には、「ホーム」に関する議論が湧出していた。福澤もその時勢にあわせてこの言葉を使ったのだろう。そして当時、「ホーム」を最も熱心に論じた一群の人びとは、キリスト教者たちであった。

†キリスト教者と「ホーム」

「ホーム」論の震源地のひとつは、一八八五（明治一八）年刊行の『女学雑誌《じょがくざっし》』という雑誌である。教育家の巌本善治《いわもとよしはる》が長く編集人を務め、巌本のほか、内村鑑三や教育家の木村《きむら》熊二《くまじ》といった面々が「ホーム」について論じている〔図3〕。彼らは士族階級出身のキリスト教者であり、内村と木村は実際に米国で「ホーム」を見聞きしていた〔犬塚　一九八九〕。

彼らが論じた「ホーム」もまた、福澤が描いた家族像と同様に、一夫一妻制の情緒的な結びつきを核とする家族だった。『女学雑誌』の社説で展開された「ホーム」論（執筆者は巌本善治とされる）では、とりわけ家族の「和楽団欒」による精神的な安らぎや、外界にない清らかさが重要視された［巖本 一八八八a：二］。内村鑑三は「ホーム」について、単に衣食住が揃っているというだけではなく、「ここ程清く楽しきところは無い」場所であると述べている［内村 一八八八：五］。

精神的な結びつきの重視は「恋愛（ラヴ）」の肯定にも接続した。『女学雑誌』には「恋愛」に関する論考が多数掲載されており、単なる肉体的関係ではない精神的な結びつきが奨励された。巖本は「一家の根本は夫婦に在《あ》り夫婦相思《ふうふあいおもう》の愛は即ち一家《いっか》和楽《やわらぎ》の大根底《おおもと》たるなり」と、夫婦間の「愛」を「ホーム」の基礎になるものと位置づけている［巖本 一八八八b：二］。

図３　巖本善治
出典：麹町界隈わがまち人物館

『女学雑誌』の「ホーム」論では、巖本が「女性の天職はホームを美《び》にするに在り」と述べるように、女性の役割が重視された［巖本 一八八九b：六］。そこで目指されたのは、女性が男性を精神的にケアし、子どもを慈しみ育て、一家の主婦として「ホーム」を管理することだった。

巖本らの「ホーム」論の要点は、「ホーム」でキリスト教的な利他的精神を育み、さらにそれを社会や国家に広げること（「国に報い人類の為に盡《つく》し、相い助け危きに救《すくい》て善業に勉《つとむ》る」）だったといえる〔巖本 一八八九a：六〕。巖本の「ホーム」論は次第に国家主義に傾斜していくが、この点は後にふれよう。

このような精神性を帯びた「ホーム」は、当時においては日本語で表現することが難しいと考えられていた。幕末から明治中後期までの英和辞典には、「Home」の訳語に「家」や「家屋」などの語もあてられており、「家庭」は定着していなかった〔半沢 一九八三〕。『女学雑誌』においてもこの点は同様で、当初は「ホーム」が「家族」と記されていたり、あるいは「ホーム」とそのままカタカナで表記されたりしていた。

「Home」の訳語はしだいに「家庭」に定着することになる。しかし内村鑑三が「家庭と云《い》う訳はホームと云《い》うの意味を十分の一も通ずる事は出来ません」と述べるように、一部のキリスト教者たちは、「家庭」という語では「ホーム」に託された理想が十分に反映されないと考えていた〔内村 一八八八：四〕。

とはいえこうした懸念をよそに、「家庭」は「ホーム」の一夫一妻制的な家族像、とくに家族の「和楽団欒」のイメージを引き継ぎながら広まっていった。明治二〇年代後半からは「家庭」という言葉を冠した雑誌が相次いで発行されるようになり、「家庭」は一種の流行語としての地位を獲得していく。

ある言葉が新たに用いられるようになることは、単に思想やイデオロギーの一面的な浸透だけでは説明できない。その言葉を用いなければ表現できない心情が、社会変動や世代交代などさまざまな要因によって不特定多数の人びとに共有されたときに、はじめてその言葉は定着し、広く用いられるようになる。

キリスト教者たちは「ホーム」概念の輸入を通して、「家庭」という言葉に新たな意味を与える一翼を担った。しかし「家庭」という言葉は、単にキリスト教道徳の影響だけではなく、明治もなかばを迎え、旧来の家族像に飽き足らない世代が台頭したときに、新時代の新たな家族像を示す言葉として広まっていくのである。

†平民主義と「家庭」

明治中期において、こうした新時代の「家庭（ホーム）」を構想した論者のひとりに、ジャーナリストの徳富蘇峰《とくとみそほう》がいる〔図4〕。蘇峰は、政府主導の近代化ではなく、「平民」による下からの近代化を目指した「平民主義」の提唱者としても知られる。

幕藩体制時に成人した一八三五年生まれの福澤諭吉に対して、巌本善治や内村鑑三、そして蘇峰は一八六〇年代生まれであり、明治維新後の空気を浴びて育った世代だった。蘇峰は明治生まれの「青年」こそが新たな日本を創るのだと呼びかけた〔徳富 一八八七〕。

図4　徳富蘇峰
出典：徳富蘇峰記念館

蘇峰は、「Home」の訳語がまだ定まっていなかった一八九〇（明治二三）年に、当時の日本には「家《ホーム》」がないと述べている。蘇峰もまた、福澤やキリスト教者と同じく、一夫一妻制にもとづく「家《ホーム》」の建設を唱えた［徳富　一八九〇］。

蘇峰の家族論は、「平民主義」という彼の社会構想とも連動していた。「平民主義」の主な担い手として蘇峰が着目したのは、地方の有力者を中心とした「田舎紳士」だった。蘇峰によれば「田舎紳士」たちは、農業や商業などの基盤をもちつつ、地方自治の経験もあり、士族に代わる新たな政治の担い手となりうる人びとである。

しかし青年たちは、旧来の親族共同体のなかで構成員の面倒をみることに日々追われており、自由な社会活動ができていない状況にある。そしていまだに権威主義的な家族道徳に支配されてしまっている。こうした状況を打破していくためには、個人を基礎とし、親族共同体から自立した一夫一妻制の家族を確立することが必要なのだという［徳富　一八九三a］。

蘇峰はその目的を達成するため、一八九二（明治二五）年に『家庭雑誌』という雑誌を創刊した〔図5〕〔図6〕。そこで蘇峰は、親族共同体から自立した「家庭」の創造を主張し、一家団欒と家事、育児の主な担い手として「主婦」を位置づけた。

彼の議論の特徴は、農業や商業を基盤とした、生産単位としての「家庭」を論じたことにある。そのため女性に向く仕事として、家事、育児だけでなく、養蚕《ようさん》や製紙、紡績《ぼうせき》などもあげ、労働や家政の担い手ともみなした〔桜井　一九八五〕。

蘇峰によれば、「主人は主人の為す所」、「主婦は主婦の為す所」を行い、勤勉と節制を心がけてなごやかに生活することが、「家庭幸福の秘訣」だという〔徳富　一八九三b：一五六

図５　『家庭雑誌』
出典：国立国会図書館デジタルコレクション

図６　『家庭雑誌』（11）の挿絵
出典：国立国会図書館デジタルコレクション

一一五七」。『家庭雑誌』はその心得やノウハウを広め、「家庭」の改良から「新日本」を創るための雑誌だった。

2 「家庭」の何が新しかったのか

†「家庭」と「近代家族」

さて、読者の方々はそろそろいぶかしく思っている頃かもしれない。これらの家族像のいったい何が新しかったのかと。彼らが論じていたのは、宗教的な色彩を除けば、ごく常識的な家族像ではないか。むしろ、「家庭」での女性の役割を強調し、それを国家の基盤と位置づけている点などは、今日の保守的な家族像の源流にあたるのではないのか、と。

こうした疑念を抱かれるのはもっともである。実際、彼らが「ホーム」や「家庭」という言葉を通して語っていたのは、近代社会においてスタンダードとされる家族像、つまり今日では当たり前か保守的にも感じられる「近代家族」的な家族像であった。

「近代家族」の定義については多くの議論がなされているが、その条件としては、①夫婦親子間、とくに母子間を核とした家族の愛情関係、②男性は仕事、女性は家事という性別役割分業、などがよくあげられる。夫婦間については、恋愛にもとづく配偶者選択が条件に数えられることもある。[1]これらの特徴は、現在の感覚からいえば「普通」の家族像と感じられるものだろう。しかし欧米諸国を含め前近代社会では一般化しておらず、明治期の日本においても自明なものではなかった。

では、当時はどのような家族生活が営まれていたのか。これを論じることは実は容易ではない。なぜなら家族のあり方は、時代や地域、階層によってかなり異なるからである。とはいえ明治期の知識人たちが、「家庭」を論じる際に批判対象として念頭に置いていた家族像はある程度共通している。それは当時の上層階級（華族、財産家、地主など）で営まれていた家族生活である。

†「Home」の不在

明治初期に宣教師の夫と来日したアメリカ人、ジュリア・カロザースは、一八七九（明治一二）年に刊行した日本論で、日本には「home」にあたる言葉がないと述べている。彼女によれば、日本の結婚は親や仲人が主導するため、当事者が「愛（love）」を抱かないまま行われることが少なくない。さらに妾《めかけ》も公認されており、その子どもの所有権をめぐる争いが起きることもある。また儒教的な道徳の影響が強く、女性はまず父に、結婚後は夫と義父に、さらに未亡人になれば息子に服従する傾向が強いという［Carrothers 一八七九：七二―七三］。

こうした観察は、当時の欧米諸国から来日した外国人の日本論にしばしばみられるものである。彼ら彼女らの目には、日本においては夫婦間の「love」に根ざした「home」は浸透していないと映った。ここには、「西洋」と「東洋」を二分化し、前者をスタンダードなものとして位置づけるオリエンタリズム的なまなざしもみられるが、実際にこの頃の上層階級には、妾をはじめ、一夫一妻制の規範が浸透しているとはいいがたい状況があった。

江戸時代の公家や上級武士、大商人などでは妾をもつことは珍しくなく、跡継ぎを確保する手段でもあった。妾の慣習は維新以降も存続し、一八七〇（明治三）年布告の新律綱領においては、妻と妾はともに夫の二等親（配偶者）とされた。そして一八七三（明治六）年の太政官《だじようかん》指令によって、夫家の戸籍に記載されることになった。

妾をもつことは男の甲斐性であるともみなされ、妻と妾を同居させることも珍しくなかった。社会学者の森岡清美《もりおかきよみ》によれば、一八七八（明治一一）年の華族の約五五％が妾を有しており、戸籍外に存在する妾や、男性のライフサイクルを考慮に入れれば（高齢になるほど妾の取得率が上がる）、さらにその割合は上がるという［森岡 二〇〇二］。

法制度上は一八八二（明治一五）年施行の刑法で重婚禁止条項が設けられ、翌年の太政官指令で妾の法的な身分は否定されたものの、妾とりの慣習はその後も残り続けた。また妾はしばしば花柳界《かりゆうかい》（芸者、遊女などの世界。戦前期は公娼制度というかたちで買売春が認可されていた）の出身であり、花柳界に既婚者が入り浸ることも多かった。

福澤諭吉をはじめ、明治期の知識人が一夫一妻制の確立を盛んに論じたのはこうした事情があったからである。福澤やキリスト教者、そして徳富蘇峰らは、男性の花柳界の利用を厳しく批判している。

妾は跡継ぎの男子を産むだけでなく、性愛のパートナーとしての側面もあった。上層階級の結婚は恋愛、性愛感情よりも、互いの家族集団の事情が優先されており、夫婦間の愛情表現もはしたないものとされていた。ありていにいえば、当時の上層階級の夫婦は必ずしも愛情にもとづいておらず、男性たちは、妻とのあいだにはない恋愛、性愛感情を、妾や芸者、娼妓《しょうぎ》（娼婦）を相手にしばしば満たしていたのである［川島　一九五四］。

こうした上層階級の家族生活、とくに家長である男性の権力の強さは、財産や社会的地位と結びつけて理解される。上層階級の家長は、強力な財産と社会的地位を有しており、家族成員は家長に依存して生活する。そのため家長（および継承者である長男）を中心とした秩序が形成され、妻や子は家長に服従することが基本となる。

このような事情は結婚にも影響する。結婚は恋愛関係よりも、お互いの家族集団の利害関係、たとえば家柄のつりあいや相互援助などを重視した見合い結婚が奨励された。男女交際についてはタブー視される傾向が強かったが、男性と女性でその基準は異なっていた。女性には結婚前後において厳格な性規範が求められたが、男性が妾を囲ったり娼婦と関係をもったりすることは黙認されたのである。

†『女坂』にみる妻と妾

やや時代は下るが、明治期を主な舞台とする円地《えんち》文子《ふみこ》の小説『女坂《おんなざか》』には、こうした上層階級の家族生活がうかがえる描写がある。この小説は、地方官吏《かんり》の白川行友《しらかわゆきとも》の妻である倫《とも》が、夫の妾を探すために上京するという、ややショッキングなシーンからはじまる。

妾として連れてこられたのは、まだ一五歳の須賀《すが》という女性であった。彼女は行友と倫の養女として戸籍に入り（明治一五年以降は妾として入籍できなかった）、妻妾同居で暮らすこととなった。以下の引用は、ある日の白川家の食事の様子である。

行友を上座に、倫、鷹夫《たかお》（長男の先妻の子）（…）長男の道雅《みちまさ》や妻の美夜《みや》その子供たちが別宅から来ている時は又その順序で一人一人座った前に、溜塗《ためぬ》りの膳が一つ一つ運ばれ給仕人の女中は座敷の真中に飯櫃《めしびつ》を置いて坐るのである。須賀の膳は別に配られない。須賀は女中に背をみせて行友の膳の向う前に坐り、行友の飯をつけたり魚の身をむしったり世話をしながら、自分の菜も同じ膳の上に載せてお取膳《とりぜん》で食事をすますのである。

老人の行友が若い須賀を前に坐らせて一つ膳で箸を動かしていると、妻とも娘とも見えない一種の馴《な》れた男女の関係がそこに滲んでいて、見ているものは一眼で須賀が何であるかがうなずかれるのだった［円地　一九六一改版：一四八、括弧内筆者］。

家族の並びには序列があり、妻の座は用意されているものの、妾である須賀が夫と向かい合って食事をとる。この様子をみていた書生は、「倫は支配人のような地位にあって夫との関係は薄いこと、事実上行友の愛を得ているのは須賀と孫の鷹夫であること」を読み取っている。

行友は妾（須賀のほか由美という女性もいた）と夜をともに過ごすようになり、倫が四〇歳になる頃には夫婦の肉体関係はなくなってしまった。しかし家政については倫が重視されていたため、土地の管理や使用人の取り仕切りについては倫が大きな役割を負った。倫は須賀に自分のことを「奥さま」と呼ばせ、書生が妾たちを「奥さん」と呼んだ際は厳しくたしなめている［同上：一四七―一四九］。

『女坂』は、作者の近親に登場人物のモデルがいたという。フィクションであることには注意したいが、当事者同士の愛情で結ばれた「家庭」とは趣が異なる夫婦生活の一端はうかがえよう。

†文明としての「家庭」

明治期の知識人たちが一夫一妻制の「家庭」を論じる際に批判対象として意識していたのは、このような上層階級の家族生活だった。夫婦間の愛情が重視されておらず、男性が時には妻以外の女性との関係でそれを満たしていたことについては、同性ゆえの視点もあっただろう。

もっとも彼らは、モラルを打ち立てるためだけに「家庭」を論じていたわけではなかった。彼らの目的のひとつは、当時の日本を、「西洋」のような文明国への仲間入りさせることであった。

こうした傾向が顕著だったのが福澤であった。福澤は明治期の一連の論考で文明国にふさわしい男女交際のあり方について論じているが、彼はそこで妾や芸娼妓《げいしょうぎ》との交際はせめて隠せと主張している。

福澤によれば欧米諸国においても娼婦は存在するが、彼女らとの交際は恥ずべきものとされており、一般社会から隔絶されている。対して日本においては、芸者が上流社会の宴席にたびたびあらわれるだけでなく、買売春や妾も罪悪視されるわけではない。本来であれば一夫一妻制のモラルを確立することが望ましいが、それができないのならせめて、彼女たちとの交際は恥ずべきものであるという程度の認識はもてというのであった［福澤 一八八五＝一九五九］。

福澤が指摘するように、当時の「西洋」でも買売春はありふれたものだった。一九世紀のイギリス中産階級のあいだでは、「近代家族」の浸透とともに、家で献身的に振る舞う「家庭の天使（The Angel in the House）」としての女性像が形成されていた［図7］。しかし男性たちは、妻に対して貞淑さを求めた一方で、自分たちはしばしば娼婦との関係をもっていた。

とはいえそれは、妻との愛情関係では得られない、はけ口としての性を求めるために隠れて行うものとされていた。ある意味で福澤は、このような「西洋」的な性規範を理解した上で、日本の男性もまずはそこを目指すべきだと主張したともいえる。

図7　ヴィクトリア朝の家庭（W.Dendy Sadler「Home Sweet Home」）

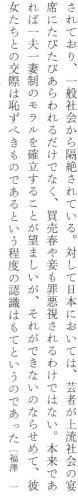

男性に女性よりも性的な放埒《ほうらつ》が許されるダブルスタンダードは、「西洋」でも日本でも同様にみられるものである。しかし当時の日本においてはまだ、「家庭」を夫婦の愛情の空間と位置づけた上でのダブルスタンダードが形成されていなかったのである。

†文明としての女性役割

明治期の知識人たちの「家庭」論を理解する上で、もうひとつ気をつけなければいけない点がある。それは、彼らが論じた女性の役割、とくに自身の裁量で家事育児を担うことは当時の文脈では新たな考え方だったということである。

近代以前の社会においては、一家の運営の責任者は家長であった。そのため家事は妻のみが行うものではなく、家長の管理のもとに行うものとされていた。歴史学者の鈴木ゆり子によれば、下級武士は掃除の指揮のほか、子育てや家計の管理を主に担っていたという［鈴木　一九九三］。

さらにいえば江戸時代において家事育児の直接の担い手は、必ずしも妻ではなかった。大商人や豪農の家などでは、奉公人が家事育児を担うことが多く、妻の主な役目はその管理だった。

商家などでは経営に関する妻の役割が重要なケースもみられた。たとえば二代目伊藤忠《いとうちゆう》兵衛《べえ》（伊藤忠商事創業者の息子）は、幕末に嫁いだ母、伊藤八重《やえ》について、「彼女は家庭の主婦とか人の母であるとかいうより、仕事の上で父のパートナーであった」と述べている［伊藤忠商事］。

武家の子育てにおいては、母親よりも父親による教育が重視されていた。家督《かとく》を相続する男子を育て上げることは、父親の重要な責務だったからである。『父兄訓《ふけいくん》』（林子平《はやししへい》、一七八六年）など、江戸時代に刊行された子育て書は、基本的には父親向けに書かれたものであった。

一方、女訓書《じょくんしょ》（女性向けの教訓書）で主に強調されたのは、舅《しゅうと》、姑《しゅうとめ》に仕えることや貞淑さといった、妻（嫁）としての役割であった。女性は男性よりも劣った存在であるとみなされており、母親としての教育役割はほとんど論じられていなかった。

しかし、明治時代を迎えるとこうした状況は一変する。明治初期の開明的な知識人たちは、女子教育によって「母」を育て、子どもの教育にあたらせることの重要性を説きはじめた。母親の教育役割を重視する当時の欧米諸国の考え方に影響を受けた彼らは、教育を受けた母親による子育てこそが、優秀な「国民」を育てるのだと論じた。福澤と同じく彼らの関心も、近代国家としての日本を確立することであった［小山　二〇二二］。

巌本善治らが展開した「ホーム」論は、こうした明治初期の議論を引き継ぐものでもあった。『女学雑誌』社説では母親による愛情と教育が重視され、当時の上層階級では珍しくなかった乳母や子守りの利用も否定的に捉えられた［巌本　一八八七］。

歴史学者の小山静子《こやましずこ》は、このような江戸時代から明治時代にかけての転換を踏まえ、次のように述べている。「家庭で行われる家事労働とは、家長による家政管理権の下の女性の家事労働ではなく、女性自身の裁量下で行われるものであり（…）女性の家内領域における自律性がめざされていた。そういう意味では、家庭論で語られる妻や母の姿は、伝統的な妻や母の姿とはかなり隔たっていたといわざるをえない」［小山　一九九九：三二］。

細かくみれば福澤諭吉や巌本善治、そして徳富蘇峰などは、女性の社会的役割の必要性についても述べてはいる。しかし彼らは基本的には、女性の主な居場所を私領域としての「家庭」に位置づけていた。ちなみに社会学者の広井多鶴子《ひろいたづこ》によれば、「主婦」という言葉は、明治初期には「使用人に対する主人」を主に意味していたが、明治二〇年代頃からは「家事担当者」を意味するようになったという［広井　二〇〇〇］。

明治期の知識人が論じていた「家庭」は、男性は公領域、女性は私領域という近代的な性別役割分業に連なるものであり、ある意味で新しい考え方だった。そこで女性は、家や夫に単に従属するのではなく、「家庭」の管理者として自律的に振る舞う地位を獲得、あるいはそこに押し止められたのであった。

†天皇家の「家庭」化

こうした「家庭」および近代的なジェンダー秩序の形成をみる上では、天皇家の動向も注目される。よく知られるように明治天皇は権典侍《ごんてんじ》、つまり側室《そくしつ》（正妻以外の妻、妾）をもっており、旧皇室典範では、庶出子《しよしゆつし》（正妻以外の子）の皇位継承資格が認められていた。実際に大正天皇は、正妻ではなく側室の柳原愛子《やなぎわらなるこ》の子であった。

とはいえこうした実態は、「文明」の基準からははずれるものだった。欧米諸国の価値基準を学んだ政府高官たちのあいだでは、一夫一妻制の体裁を整えることの重要性が認識されており、そのイメージを築くことが喫緊の課題となった。

お雇い外国人として皇室儀礼の近代化に尽力した人物に、オットマール・フォン・モールというドイツ人がいる。彼は後年に、皇室関連で最も苦労したことのひとつは、一夫一妻制的なイメージを打ち出すために天皇と皇后に並列的に並んでもらうことだったと回想している。

モールによれば、「天皇、皇后が公式に平等」などということは、「日本流の考え方によればありえな」いものであり、「ご夫妻が一緒に登場されることは、できるかぎり回避された」。そして、「天皇が皇后と同じ宮廷馬車に乗られるような事態」は、「西洋の風習への大譲歩」だったという［モール　一九〇四＝一九八八：五七］。一八八九（明治二二）年に行われた大日本帝国憲法発布を祝う観兵式では、天皇と皇后が同じ馬車に乗り、その姿を人びとに印象づけた。

また天皇家は、しだいに側室を隠すようになり、一夫一妻制のイメージを打ち出していった。美術史家の若桑《わかくわ》みどりによれば、一八七九（明治一二）年発行の皇太子明宮嘉仁《はるのみやよしひと》親王《しんのう》（大正天皇）の誕生を描いた絵には、天皇と皇后のほか、生母の柳原愛子も描かれており、公的な記念碑である石版皇室図にも愛子がいるケースもあった。しかし、一八八九（明治二二）年に嘉仁が立太子式を迎えると愛子は石版図から姿を消し、天皇、皇后、皇太子の家族像が示されていくようになったという［若桑　二〇〇一：二九九―三〇〇］。

また天皇夫妻のイメージも近代化されていった。一八七三（明治六）年には、よく知られる軍服をまとった明治天皇の御真影《ごしんえい》が撮影されているが、その背景には、同年に発布された徴兵令があったといわれる。それまで身分によって異なる服装をしていた男性たちを「軍人」としてまとめあげるために欠かせないイメージの創出であった。皇后も女子教育、看護、織布製糸産業育成奨励を中心に国家的事業に関わり、近代国家を担う女性像を打ち出すためのプロパガンダ的役割を果たした。

こうした天皇家のイメージ形成は、明治政府による家族モデル創出の一環であった。このプロセスにもみてとれるように、政府は上層階級の家族規範をベースとしながらも、そこに「家庭」的な色彩をつけて家族モデルを構築していった。明治天皇は晩年に粟田口《あわたぐち》綾子《あやこ》という女性を側室として迎えているが、こうした実態は存続しつつも表面上は隠され、一夫一妻制と近代的なジェンダー役割をまとった天皇家のイメージが、国家主導の家族モデルとともに国民に浸透していくことになる。

†庶民の家族生活

国家主導の家族モデルの形成をみる前に、庶民階級の家族生活の実態も簡単にみておきたい。というのも庶民階級は、これまでみてきた上層階級とも「家庭」とも異なる生活スタイルを有しており、家族モデルの上からの教化の対象となるからである。

ひとくちに庶民階級といっても、たとえば都市下層と農村、漁村部では生活スタイルが大きく異なり、また地域によってもさまざまである。そのため一概に論じることは難しいが、上層階級の家族生活との対比でいえば、所有している財産や地位が相対的に低いことが、ある程度共通する特徴をかたちづくっていた。

上層階級においては、強力な財産と社会的地位を有している家長に権力、権威が集中して秩序が形成される。対して庶民階級の家長はそのような財産や社会的地位がなく、農家をはじめ一家総出で働くことが多い。そのため男性は仕事、女性は家事という近代的な性別役割分業は浸透しておらず、家長の権力、権威も相対的に弱かった。東北地方の農村においては、「女は馬の半分働け」という言葉もあったという〔川本　一九七三：七八〕。一家総出で働き、身を寄せ合う家族には、一種の連帯感や貧しい者同士の情緒的で緊密な結びつきが形成されることもあった。

†横の協同関係

明治三〇年代の『女学世界』という雑誌には、こうした庶民階級に関するルポルタージュが相次いで掲載されており、生活の一端をみることができる。

たとえば奥州《おうしゆう》の漁村で暮らすある家族は、親夫婦とその子夫婦、さらに寡婦《かふ》、子ども六人と召使いの一二人で暮らしていた（当時の農漁村では非血縁者の同居は珍しくなかった）。子夫婦の夫と長男は船で仕事をし、子夫婦の妻と召使いは農作業を行い、長女は幼児をあやして日々の生活が営まれる。夕食は一家団欒の時間であり、貧しいながらも和気あいあいとしていたことが、印象深い筆致で記されている〔津口　一九〇四〕。

『女学世界』のルポには、個々の家族生活だけでなく、東京下層民の共同長屋や農漁村内の相互扶助についてもふれられている。実態に関する詳細な記述に比して、生活の雰囲気についてはやや美化している印象も否めないが、一家総出で醸《かも》し出される協同関係としての家族生活の一端はうかがえよう。法社会学者の川島武宜《かわしまたけよし》は、戦前期の庶民階級の家族生活には、上層階級の権威主義的な関係とは異なり、「『たがいにむつみあう』横の協同関係」があったと述べている〔川島 一九四八＝一九八三：九〕。

一方でこうした協同的な雰囲気は、生活の貧しさと隣り合わせの産物でもあり、容易に崩れることも少なくなかった。先のルポと同時期に執筆された横山源之助《よこやまげんのすけ》の『日本の下層社会』には、複数の家族が同居する長屋住まいで、生活苦から夫婦喧嘩が絶えない都市下層の様子が記されている〔横山 一九八五改版〕。貧民窟では、両親が別れていたり、子どもを置き去りにしたりすることも珍しくなかった〔図8〕。

図８　鮫河橋貧家の夕
出典：『風俗画報』（277）東陽堂

また財産や社会的地位が乏しいことは、そこに家父長制的な権力、権威がないことを意味するわけではない。たとえ小さなかまどであっても、家産の象徴的意味合いはあった。肉体労働が中心となる農作業においては、基本的に男性が主労働、女性が従労働という分業体制がとられ、男性優位の規範が形成されていた〔松好 一九五六〕。

そしてさきのルポにもうかがえるように、庶民階級の子どもは労働力としてカウントされることが多く、家族内での教育やしつけは重視されていなかった。上層階級では行儀作法のしつけが重んじられていたが、農漁村の庶民では家業を手伝わせ継承させるための労働のしつけがメインであり、親だけなく共同体単位で行われた。都市下層民の場合は親に経済的、時間的余裕がなく、子どもは放任される傾向にあった。

†庶民の結婚と性

庶民階級の結婚は、上層階級のような政治的な利害関係というよりは、労働力や経済的な事情など、現実的な生活上の問題の影響が強かった。民俗学者の柳田國男《やなぎたくにお》によれば、土佐の農村では容姿よりも「体格の大がらな女」が歓迎されていたという〔柳田　二〇〇九改版：三三五〕。

性規範も上層階級とは大きく異なっていた。明治初期までの農漁村部では、夜這《よば》い（男性が女性の寝所に行って性関係をもつこと）をはじめとして、男女のある程度自由な交際が共同体の秩序のなかに埋め込まれており、結婚へのルートにもなっていた。

離婚も必ずしもタブー視されていなかった。[2] 社会学者の湯沢雍彦《ゆざわやすひこ》によれば、明治中期までの離婚率の高さ（たとえば明治一六年は離婚率三・三九で現在の倍程度）は、農山漁村の一般の人びとによるものだったという［湯沢　二〇〇五］。こうした結婚観は、離婚を罪悪視する欧米諸国のキリスト教的な家族道徳とは大きく異なるものだった。

総じて庶民階級には、上層階級にみられた家長中心の権威主義的な家族生活とも、夫婦間の愛情を基礎においた「西洋」的な「家庭」とも異なるメカニズムが働いていた。現代的な感覚からすれば乱れているようにみえる夜這いの慣行は、性と生殖を共同体内で完結させる仕組みでもあり、頻繁に相手をかえることや、他の村の異性を相手とすることは取締まられるなどの規則に沿って行われていた［江守　一九八四］。

とはいえこうした実態は、上層階級を中心とした政府関係者にとっては、権威も秩序もない「変な下等動物」のあり方と映るものであり、また西洋的な「文明」ともほど遠いものだった［日本学術振興会　一九三五：一〇二］。明治政府は庶民階級の生活習慣をある程度は把握しながらも、上層階級のあり方をベースに家族モデルをかたちづくっていく。以下ではそのプロセスをみていこう。

3 「家庭」と国家

†家制度の形成

戦前の家族モデルは、明治民法（一八九八年施行）の家制度に強く規定されていた。序章でも述べたように、戦前の保守系論者は、この家制度こそが日本の伝統的家族であるとみなし、進歩的な論者が目指したような「家庭」とは異なるものだと主張していた。

ひとくちに「家」といっても、その意味は多義的であり、歴史も古い。「家」の定義や成立期についてはさまざまな議論がなされているが、その特徴としてしばしばあげられるのは、家産（家の財産）、家名、家業のセットを永続的に継承させるシステムである（いわゆる「家を継ぐ」といった考え）[3]。近世においてこうしたシステムは、武家や上層の農家、商家などで強く意識されていた。

明治政府はこのような「家」を上層階級のあり方をベースに再構築していった。ひとことでいえばそれは、「戸主《こしゅ》」を中心とした、近代国家の下部組織としての家族モデルの構築だった（以下、明治民法で規定された「家」は、「家制度」と呼称する）。

まず政府は、一八七一（明治四）年制定の戸籍法で、「戸主」を設定する。戸籍は身分別ではなく、「臣民一般」を対象に、同じ住居で生活する集団を単位に作られた。いうなれば、個々の「家」と戸主を媒介として、すべての人びとを身分の隔てなく「国民」として捉える制度だった。

一八九八（明治三一）年施行の明治民法によって、こうした戸主の権限を体系化した家制度が制定されることになった。具体的には、構成員の婚姻や養子縁組に対する同意（同意がない場合は、その者を離籍することができる）、構成員がどこに居所を定めるかを指定する権利などであり、これらの基盤となっていたのが、戸主の地位と財産をひとりで継承する家督相続であった［下夷 二〇二一］。

戸主はこうした多大な権利を有していた一方で、多くの義務も課されていた。たとえば戸内の男性が徴兵年齢に達すれば届け出なければならず、また戸内に困窮者が発生した場合は戸主が扶養する義務を負った。要するに戸主は、その地位を保証されたかわりに、国家の中間管理職的な業務を担わされたのである。なお、福祉の責任が戸主に設定されたことは、今日の家族主義的な制度設計（家族の扶養義務）にも連なっている。

歴史学者の大藤修《おおとうおさむ》は、明治期の家制度は国家の下部組織として位置づけられたため、近世よりも当主の地位が強化された面があると指摘している。近世の庶民のあいだでは、当主がトップとしてふさわしくないと親族や共同体の成員に判断されれば、その座を降ろされることもあった。しかしこうした一種の自治は、戸主を中心に組み立てられたシステムを不安定化させる可能性がある。そのため戸主の地位と権限は法制度によって保証されたという［大藤　一九九六］。

†イデオロギーとしての家制度

こうした家制度は、道徳教育によっても補強された。初期の明治政府を取りまく政情は不安定であり、明治一〇年代は自由民権運動が最盛期を迎え政府をおびやかした。ここで台頭したのが、江戸時代においては主に武家の教説だった儒教の活用である。

儒教的思想を背景とした国民の教化は、一八九〇（明治二三）年の教育勅語の発布によって確固たるものとなった。その教説は、学校での修身教育（道徳教育）を通して、国民に教え込まれていった。

川島武宜《かわしまたけよし》によれば、戦前の修身教育で最も強調された家族道徳のひとつは、親や先祖に対する「孝」であった。子は親に育てられた「恩」があり、親もまた先祖があって存在している。そのため親と先祖には敬意を抱き、服従しなければならないとされた。

「孝」の教説は家制度の慣行とも関連していた。たとえば老後の親を養うことは、親から家督を相続した「恩」に報いる行為だった（そのため相続していない他の子どもの世話にはなれないという意識があった）〔川島　一九五七＝一九八三〕。「孝」は義務感をともなった絶対的な服従であり、明治二〇年代のある修身教科書には、「何ごとも、父母のおほせにしたがひて、かりそめにもそむくことなかれ」と記されている〔東久世　一八九二＝一九六二：五〇〇〕。政府は家制度と道徳教育を通して、こうした服従のパーソナリティを育むことを狙ったのだった。

こうした親子関係を軸とした縦関係の重視は、夫婦関係にも影響した。教育勅語には家族に関する徳目として、「父母ニ孝ニ」のほかに「夫婦相和《あいわ》シ」とある。この「夫婦相和シ」という徳目は、しばしば現在の保守系論者に「夫婦仲良く」という程度に解釈されているが、それは当時の解釈とは異なる。明治期に主流だった解釈は、「夫が無理非道を言はざる限りは、成るべく之れに服従」すること、つまり夫優位の権威服従関係だった〔井上　一八九一：二三〕。親の意に沿わない恋愛結婚や、男女同権を主張することなどは、夫婦の「和」を乱す要因として戒める解釈が多かった〔本多　二〇一八〕。

†「家庭」とナショナリズム

これまでの議論を簡単に振り返っておこう。まず「家庭」は、日本の伝統的家族を指す言葉ではなく、「ホーム」概念とともに浸透した新たな家族像を示す言葉だった。そこで論じられたのは、夫婦間の愛情をベースとした一夫一妻制の家族であり、外界とは隔絶され女性が中心となった（主に男性にとっての）安息の領域であり、そうした雰囲気のなかで行われる子育てなどであった。こうした家族のあり方は、家長を中心とした権威主義的な秩序が形成されている上層階級の家族とも、一家総出の協同関係で成り立つ庶民階級の家族とも異なるものだった。

しかし政府は、上層階級の家族のあり方をベースに、家制度を再構築した。「戸主」の権力は強化され、親や先祖への服従が教育現場などで説かれるようになった。

こうした国家主導の家族モデルの構築に対して、福澤諭吉をはじめこれまで紹介してきた、新たな家族像を目指した論者たちはどのような反応を示したのだろうか。実は彼らの多くは、この家族モデルを正面切って批判しなかった。むしろ積極的に褒め称えたり、あるいは「家庭」の国家的価値を強調したりするようになった。こうした態度は、彼らが論じた家族像や「家庭」がどのようなものだったのかを知る鍵となる。

たとえば福澤は、明治民法を「空前の一大変革」と評価し、親族編については、「古来日本に行われたる家族道徳の主義を根柢より破壊して更らに新主義を注入」するものであると述べている［時事新報記者　一八九九＝一九五九：五二五］。

明治民法では、離婚に関する条項が定められ、重婚も禁止された。そのため近世の家制度のように夫から一方的に（妻が子を産めないという理由などで）離婚をすることはできない。福澤にとって明治民法は、一夫一妻制のモラルを推し進めるものであり、女性の権利を保障するものに映ったのである［福澤　一八九九＝一九五九］。

また巌本善治は、教育勅語の発布や日清戦争の勃発と国家主義的な傾向が高まる明治二〇年代頃から、「ホーム」の国家的価値を積極的に押し出すようになった。一八九三（明治二六）年の『女学雑誌』の社説では、「ホーム」は「室家《しつか》」と訳され、「国家に属する」ことが明確化された［巌本　一八九三：四］。

徳富蘇峰が創刊した『家庭雑誌』も国家主義的な傾向を強めた。日清戦争開始時の一八九四（明治二七）年には、「戦時に於《お》ける家庭」という社説が掲載され、戦時下の女性の役割が説かれた。同社説によれば、軍隊が戦地で戦うように、女性には「家庭」での役割がある。女性の役割は子どもを育て倹約に努めるなど「家庭を安全堅固」にすることであり、それは平時においてはもちろん戦時中はより重要になるという［塚越　一八九四：三］。

彼らはそれまで論じていた「家庭」の進歩的な価値をすべて撤回したわけではない。とはいえ彼らが目指した個人、そして「家庭」の確立は、ナショナリズムとも容易に結びついた。

村落共同体などの旧来の中間集団から個人が独立し、共同体の成員から「国民」となることは、近代国民国家形成の基本的なプロセスである。そこで個人の居場所は、共同体に埋没した家族（「家」）ではなく、そこから独立した家族となる。「家庭」はまさに、旧来の共同体から独立した「国民」が日々の生活を営む家族モデルでもあった。

一方で「家庭」は、国家の側からも捕捉される領域になっていき、第二次世界大戦中は、戦争に貢献する価値が説かれるまでに至る。国家にときには対抗しうる「家庭」をどのように創るかということは戦後の社会科学者の課題となるが、それは第四章でみよう。

†「家庭」を嫌った保守

さて、明治期の進歩的な「家庭」論者たちが国家主導の家族モデルを必ずしも否定しなかった一方で、一部の保守系論者は逆に、明治民法を否定的に捉えた。彼らはそこに、家制度を否定する「家庭」的な論理を嗅ぎ取ったのであった。

そのひとりに法学者の穂《ほ》積《づみ》八《や》束《つか》がいる［図9］。彼は一八九〇（明治二三）年の旧民法の公布を受けて（施行はされず明治民法に修正）、翌年に「民法出《い》デテ忠孝亡《ほろ》ブ」という論文を発表した。彼はそこで、キリスト教の普及以降に成立した「一男一女情愛」による家族は、祖先を敬い家長に従属する日本の伝統的な「家制」とは異なると主張している。

穂積によれば、かつてのヨーロッパ社会にも祖先を崇拝する習慣があったが、キリスト教の普及により廃れてしまった。キリスト教以降のヨーロッパ社会の考えを受け入れた旧民法は、「個人本位」であり、日本の家制度を尊重していないという［穂積 一八九一＝一九四四：二二七―二三二］。

評論家の磯野《いその》富士子《ふじこ》と法学者の磯野《いその》誠一《せいいち》は、当時の保守系論者は、家制度に近代法の権利義務の体系が入ること自体を嫌ったと指摘している。近代法においては、個人は法のもとに平等な権利義務の主体となる。その考えをある程度受け入れた旧民法および明治民法においては、戸主の権利は多大ではあったが、無制限なものとはならない。家族成員は戸主に対して一定の権利をもった。

たとえば旧民法では協議離婚と裁判離婚が認められ、不平等はありながらも、妻から離婚を訴えることもできた。[4] そしてこのシステムは明治民法にも継続した。保守系論者が耐えられなかったのは、「身分的に下位にある者（妻・子等）が目上の者（夫・親）に対して権利をもつということであった」のである［磯野・磯野 一九

図9　穂積八束
出典：国立国会図書館「近代日本人の肖像」

五八：一九］。この意味で、福澤諭吉が明治民法に一定の進歩性を認めたのは、根拠がある判断だった。

また穂積には、近代社会における個人の保護という関心もあった。彼の世界観では、人びとは家長に従属するかわりに、経済的な保護を得ることができる。しかし近代社会の競争原理のもとでは貧富の格差が発生するため、家制度が強固でなければ人びとは保護されず、国家への忠誠心も危うくなる［坂井　二〇一三］。いわば穂積は、国家の基盤を「家庭」ではなく、家長の権威が絶対的な家制度だと位置づけたのである。

旧民法を修正した明治民法は家制度内における権利義務の体系を継承したため、穂積の理想は達成されなかった。代わりに彼は道徳教育を重んじるようになり、一九〇八（明治四一）年からは、高等小学校の修身教科書の編纂《へんさん》にあたった。この時期に刊行された『高等小学修身書　新制第三学年用』の家族道徳の項目は、「家庭」ではなく、「家」になっている［文部省　一九一〇＝一九五九：四九六］[5]。

またこの教科書には、「我が国は家族制度を基礎とし国を挙げて一大家族を成す」という家族国家観も記されている［同上：四九九］。家族国家観とは、天皇家を国民（臣民）の総本家と位置づけ、天皇と国民の関係を、家長と子の関係になぞらえる思想である。家制度は、天皇制国家の基盤としても位置づけられたのであった。

こうした穂積の議論は、戦前の保守的な家族論の雛形になった。保守系論者の議論においては、家制度と「家庭」はしばしば対立的に描かれるようになり、序章でも紹介したように、「西洋人が家庭（ホーム）を大事にするのを見て、それを家族制度であると考えているが、それは大変な間違である」とも位置づけられた［井上 一九一二：二一］。

これを記したのは、哲学者の井上哲次郎《いのうえてつじろう》だった［図10］。彼は教育勅語の公式的な注釈書の執筆者でもあり、当時の保守的道徳論のイデオローグのひとりだった。井上はまた『教育と宗教の衝突』（一八九三年）などの著作で、キリスト教を天皇制に反する思想だと位置づけ、内村鑑三を名指しで批判していた人物でもある。井上によれば、日本の家族は祖先からの伝統を受け継いだ家長が統率する組織であり、夫婦が中心となる「西洋」的な「家庭（ホーム）」とは異なるのだという。

図10　井上哲次郎
出典：国立国会図書館「近代日本人の肖像」

保守系論者の家族論、道徳論においては、このように「家庭」という言葉を直接的に取り上げなくても、「個人主義」にもとづく「西洋」の家族と、「家族主義」にもとづく日本の家族という図式が支配的となった。彼らによれば日本の家族は、家長の権威と慈愛が支配する場であり、夫婦中心の「西洋」の家族とは異なるというのであった。

現在の感覚からすれば、「家庭」を営むことが「個人主義」的であるというのは、奇異にみえるかもしれない。しかし当時の保守系論者にとっては、「家」における家長の従属から離れて独立した「家庭」を築くことは、家制度、ひいてはそれを基盤とする社会や国家の解体そのものに映った。

「家庭」での夫婦中心の愛情が唱えられていたことも、親の意に反した恋愛や結婚の肯定、共同体の軽視につながれば、それは危険な思想にほかならなかった。近代化の進行により家制度の存続が難しくなるということは、第二章でもみるように、保守系論者をたびたび悩ませるテーマとなる。

なお、先述の教科書や井上の発言にある「家族制度」は、基本的には家制度を意味しており、戦前の政策論や道徳論に頻出する言葉である。戦前において「家族」という言葉には、家制度的なニュアンスも色濃く含まれていた。

進歩的な論者が新たな家族像を論じる際に、「家庭」という言葉を用いる傾向にあったのは、こうした言葉の意味合いも一因だったと思われる。「家族」という言葉では、進歩的な論者がイメージしていた、家制度とは異なる夫婦中心の一家団欒のイメージを表現しきれなかったのである。

†家制度に組み込まれる「家庭」

一部の保守系論者の不満はありながらも、明治民法で規定された家制度は、戦前のスタンダードな家族モデルを提供した。とはいえ一見矛盾するようであるが、明治中期以降に国家が打ち出す家族像には、「家庭」的なイメージも組み込まれていた。

その様子が明確にあらわれていたのが、ほかならぬ修身教科書だった。社会学者の牟田《むた》和恵《かずえ》は、明治期の修身教科書に描かれた家族像が、「家庭」的に変化していたことを指摘している。

牟田によれば、明治一〇年代までの修身教科書においては、親への「孝」は絶対的なものであり、たとえば病気の親に対して子は自身の健康を犠牲にしてでも尽くすべきというような説話が掲載されていた。

しかし明治二〇年代頃からは、親への「孝」を説くことは続きながらも、その度合が緩和されるようになる。明治四〇年代頃からは、子の病気を案ずる親がテーマになったり、親が病気でも学校を優先したりするなどの変化が起きた。

親子の情愛は、挿絵の変化により明瞭にあらわれる。明治一〇年代頃までは、親子の距

図11　親子の関係

出典：（上）神奈川県学務課『小学生徒心得』（1879年）
（下）文部省『尋常小学校修身書巻一』（1910年）

離が隔てられ、子どもが親にひざまずいている挿絵などが掲載されていた。しかし明治二〇年代なかばころからは親子の距離が縮まり、子を抱きかかえる父の姿など、情愛を感じられる挿絵が描かれるようになった。つまり、文面上は家制度的な道徳が強調されていた一方で、「家庭」的な一家団欒のイメージも浸透していたのである〔牟田　一九九六〕〔図11〕。

こうした一見矛盾するような事態をどのように捉えればよいか。牟田の分析は、必ずしも文面に上がらない側面の分析であり、無意識的な家族観の変化も考えられよう。とはいえひとつ指摘しておきたいのは、家制度と「家庭」を区別する論調があった一方で、「家庭」を国家の側に取り入れたり、日本の伝統に根ざした「家庭」を創ろうとしたりする動きもあったことである。

†良妻賢母と「家庭」

そのひとつの震源地として、一八九一（明治二四）年より刊行された『女鑑《じょかん》』という雑誌があげられる。この雑誌は、明治期の欧化思想に対抗するかたちであらわれた保守的な文脈に属する婦人誌であり、井上哲次郎なども執筆者としてよく登場した。

ここで主に論じられた「家庭」は、国家の家族モデルにも適合的な「家庭」だった。同誌で多数の記事を執筆した教育者の三輪田眞佐子《みわだまさこ》は、一八九七（明治三〇）年に、日本の慣習に根ざした「家庭」を創るべきであると主張している。三輪田によれば、海外の「ホーム」を理想視するあまりに「わが風俗」が失われるべきではない。「日本女子」を本位としながら、他国の思想を部分的に取り入れていくべきだというのであった［三輪田 一八九七］。

三輪田が描く「家庭」は、一家団欒を重んじつつ、家制度的な家族像に組み入れられるものだった。社会学者の磯部香《いそべかおり》によればそれは、一夫一妻制を推進しながらも、嫁姑や召使いとも共存する「家庭」だった［磯辺 二〇〇八］。

『女鑑』は良妻賢母思想を主導した雑誌でもあった。小山静子が指摘するように、良妻賢母思想は必ずしも伝統的な観念ではない。さきにもみたように、江戸時代の女訓書が求めていたのは夫や舅姑に仕える妻、嫁であり、母親の教育役割は期待されていなかった。良妻賢母は、儒教的な色彩をまといながら、「賢母」役割と近代的な性別役割分業を強調する、近代の思想だった［小山 二〇二二］。

実際に、『女鑑』の良妻賢母思想は「家」ではなく、しばしば「家庭」という言葉とともにあらわれた。そこで女性は、良妻賢母として夫を支え、将来の国民を育て上げる国家の一員として位置づけられた。『女鑑』は当時の高等女学校に通う子女をもつ家族でよく読まれていたという。

†家庭小説の流行

また明治中後期においては、「家庭」の革新的な面を中和しながら、そのあり方を人びとに受け入れられやすいかたちで伝える、「家庭小説」という読み物が流行した。

家庭小説は、明治三〇～四〇年代の新聞などに連載され人気を博した通俗小説である。テーマは男女の愛情やそのもつれ、舅姑と嫁との対立などであり、愛に生きるヒロインの生き様と、「家」と「家庭」という新旧の家族観の対立がストーリーをしばしば構成していた。

たとえば代表的な家庭小説とされる徳冨蘆花《とくとみろか》の『不如帰《ほととぎす》』（一八九八～九九年）は、軍人の妻、浪子《なみこ》の過酷な運命を描いたものである。浪子は幸福な結婚生活を営んでいたものの、彼女を「家」にふさわしくないとみなす姑との関係に悩まされていた。そして夫が日清戦争で出陣した際に、結核で病んでいたことを理由に離婚させられてしまう。死に際に夫を想いつつ、「ああ辛《つら》い！ 辛い！ 最早《もう》――最早《もう》婦人《おんな》なんぞに――生れはしませんよ」と嘆き叫ぶシーンはよく知られる〔徳冨 一九〇〇＝一九三〇：二五五〕。

一方で、貞淑で聡明なヒロインがハッピーエンドを迎えるものもある。たとえば菊池《きくち》幽芳《ゆうほう》の『乳姉妹《ちきょうだい》』（一九〇三年）は、善良で貞淑なヒロインが、虚栄心の強い女性に打ち勝つかたちで、上層階級の男性と結ばれるという筋書きである。

悲劇であれハッピーエンドであれ、家庭小説は忍耐や貞淑さといった伝統的な女性の美徳を、新たな時代を生きる女性の主体性と結びつけた。牟田和恵は家庭小説で描かれた女性のあり方について、伝統的な女性の美徳が説かれてはいるが、「女性が主役となり、そうした徳を実践すれば女性が幸せになる、夫婦が、家族が幸せになる（はず）、ということのほうが重要なテーマになっている」と指摘する〔牟田 一九九六：一八〇〕。いうなれば家庭小説は、「家庭」という新たな家族像を後押ししつつも、「家」との葛藤のなかで思い悩む人びとを慰める読み物であった。

家庭小説に限らず、「家」との対決は近代日本文学のメインテーマのひとつだった。文学者のように、「家」の要請に沿う生活とは異なる生き方を選ぶ場合、個人として「家」の抑圧と向き合うことになりがちだからである。国文学者の安藤宏《あんどうひろし》は、明治末期に台頭した自然主義文学にしばしばみられたパターンは、「封建的な『家』の桎梏《しっこく》と闘い、地方から上京する若者が東京で貧困生活を送り、作家志望を果たせぬまま病（多くの場合結核）にかかり、さらにはそのプロセス自体を読者に実践報告していく」ものだったと述べている［安藤　二〇二〇：七四］。自然主義文学の大家である島崎藤村《しまざきとうそん》は、地方の名家の出身者だった。

†社会主義と「家庭」

保守系論者が「家庭」を吸収したり、一般向けの小説を通して「家庭」が通俗化されたりしていた一方で、明治中後期の「家庭」という言葉には、国家の家族モデルに抗する革新的な意味合いもいまだ保たれていた。その一例として、社会主義者として知られる堺利彦《さかいとしひこ》の「家庭」論をみてみよう。

堺は一九〇三（明治三六）年に『家庭雑誌』という雑誌を創刊した。彼は一九〇六（明治三九）年に同誌に寄せた「我輩《わがはい》の家庭主義」という論考で、序章でも紹介した、「共産社会の卵」となるべき「家庭」を論じている［図12］。

堺によれば、人類の歴史は「太古の共産制」「近代の私有財産制」、そして「共産社会の再来」と発展する。「太古の共産制」においては、人びとは共同体のなかで日々の生活に必要な財産を共有し扶《たす》け合って暮らしており、家族の範囲も広かった。しかし私有財産制が広がり近代社会になると家族の範囲は狭まり、かつてみられたような扶け合いや睦み合いはその内部に押し止められる。

とはいえ現在は、私有財産制も末期の状況で、「再び元の共産制に立ち返ろう」としている。この来たるべき「共産制」は、「家庭」で育まれるような「人情の美」を社会に広げることで成立するという［堺　一九〇六：二―六］。

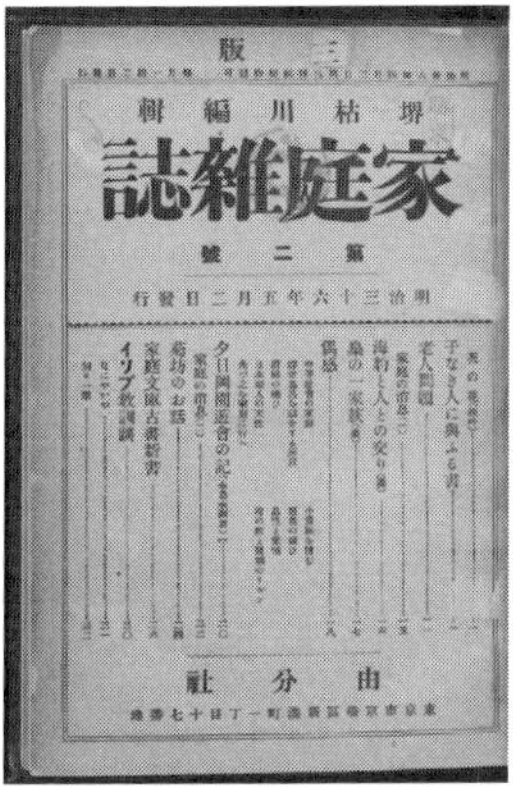

図12　『家庭雑誌』
出典：国会図書館デジタルコレクション

堺は福澤諭吉の家族論に影響を受けながら、階級的な視点から明治民法の家制度にも批判的な考えをもっていた。堺によれば、上層階級では家督相続のような財産の継承も重要だが、貧しい人びとにとってはリアリティがない。家制度は大半の庶民の現実から遊離しており、個人としての男女が創る「家庭」こそが、社会の基盤になるというのだった［尾原　二〇〇五］。
当時の保守系論者が「家庭」を警戒していたのは、このように、国家政治に対して批判的な思想と「家庭」が連動していたからでもある。『家庭雑誌』の読者欄には労働者のほか、キリスト教者や社会主義に関心がある者の投稿もあった。
そして堺によれば、「将来の共産社会」においては、「家庭」にみられるような睦み合いが社会全体に広がるため、「家庭という言葉」の意味も変わるという。それは次のようなものである。

将来の社会にあっては、家庭とは（…）多くの場合、夫婦、親子がその中心となってをるはもちろんであろうが、さりとて必ずしも近親血族に限るというわけはなく、隣人、友人、皆なその好むところに従って共に住むに支《つか》えはないはずである（…）往来自由《おうらいじゆう》、去就自在《きょしゅうじざい》、公園と我家の庭とは接続し、公食堂と我家の台所とは同じ物になり、家庭は即《すなわ》ち小なる社会にして、社会は即ち大なる家庭という風になるであろう［堺　一九〇六・七］。

堺が描いた将来の「家庭」は、公私の垣根のないユートピアだった。

4　理念先行の「家庭」

†明治期の「家庭」とは何だったのか

さて、読者の方々はそろそろ頭が混乱してきた頃だろうか。いったい「家庭」とは何なのかと。さまざまな思想の持ち主たちが論じ、それぞれの願望が投影されたこの空間は結局どのようなものなのかと。

本章でみてきた「家庭」という言葉の意味を最大公約数的に捉えれば、夫婦と子どもを中心とした核家族的な集団ないし生活空間だといえるだろう。加えて権威主義的でない一家団欒のイメージや、男女の性差を前提とした近代的な性別役割分業も（論者によって具体的な像は異なるが）含めることもできよう。このことだけをみれば、現在の私たちにも馴染みがある「家庭」の概念は、明治期に形成されたといえる。

とはいえ明治期の「家庭」という言葉の含意は、こうした形式的な説明に尽くされるものではない。ひとことでいえば「家庭」は、明治維新以降の人びとの生活の基盤となる、新たな家族像を模索するための言葉だった。

明治維新は人びとの生活、そして社会のあり方を大きく変える出来事だった。江戸時代の人びとは基本的には生まれた「家」によっておおよその人生が定まっており、「家」を通して身分制社会のなかに組み込まれていた。

しかし明治維新によってこのシステムは大きくゆらいだ。人びとは、「家」、そして身分制社会から解き放たれることを意識せざるをえなくなる。ここであらためて、個人としてどのように生き、どのような家族とともに暮らし、そして社会や国家と結びついていくかということが問題となった。

文学者の加藤周一《かとうしゅういち》は、明治維新前後に生まれ、激動期のなかで自己形成した知識人——本章でみてきた論者の多くがここに属する[6]——の関心は、「明治社会の全体としての発展の方向」に向かったと指摘している〔加藤 一九九九：二八二—二八三〕。明治期の「家庭」論の特徴のひとつは、このように、個人の生きる基盤と新たな家族モデルの模索、そして社会構想がしばしば連動していたことである。

ある者は近代国家の基盤としての「家庭」を、またある者はキリスト教社会の源泉としての「家庭」を構想した。さらには「平民」が営む「家庭」や、共産主義社会を実現するための「家庭」も構想された。こうした議論が台頭するなかで、「家庭」ではなく家制度こそが社会の基盤であるという構想や、日本的な「家庭」を創ろうという構想も出されたのである。

本章の冒頭で、内村鑑三が「家庭」を創るためには「高尚なる目的」が必要だと唱えていたことを振り返ろう。内村の場合、その主張はキリスト教的な価値観に裏づけられていた。しかし、「高尚なる目的」を掲げていたのはひとり内村だけではない。近代国家を担う「個人」の確立、資本主義的な競争社会を超えた人びとの扶け合いの実現など、来たるべき新たな社会の実現を目指した多様な「高尚なる目的」が、「家庭」とあわせてさまざまな論者によって語られていた。そこで「家庭」は、しばしば「高尚なる目的」を達成するための社会改革の拠点とも位置づけられた。

もっともこれらの「家庭」の構想は、それぞれの政治的な立場を超えて、異性愛と性別役割分業を特徴とする「近代家族」的な家族像と国家に拘束されていた。そして大日本帝国憲法と明治民法が施行され、近代国家としての体裁と家族モデルが整ってきた明治後期以降の「家庭」は、こうした社会改革の拠点としての革新的な意味合いを徐々に失っていく。そこで「家庭」は、夫婦親子が一家団欒して生活する空間という、さきにも述べた最大公約数的なイメージとともに、国家を補完するイデオロギーとしての側面を強めていくのである。

†理念と実態

「家庭」にさまざまな願望が投影されてきたのは、明治期の多くの人びとにとってはそれが、実態から遊離した理念先行の存在だったからでもある。

今日の私たちが想像する「家庭」は、サラリーマンの夫と専業主婦の妻、そして二人程度の子どもからなる家族だろうか。しかしこの時代においてこうした生活スタイルは、そもそも成立する基盤がなかった。

まず、大多数の人びとは、農業を中心とした第一次産業に従事しており、「家」と村落共同体のなかで暮らしていた。一八九七（明治三〇）年に第一次産業に従事していた人びとの割合は七二％である。同時期のアメリカは三七％、イギリスは九％だった。人口の半数以上が第一次産業に従事していた状況は、大正期を迎えた一九二〇年代まで続く［武田二〇一九：一六］。

明治期において、サラリー（月給）は、多くの人びとにとって無縁の存在だった。安定した月給を得ることができたのは、官吏や教員、財閥系企業の職員など、一部の人びとに限られていた。徳富蘇峰が唱えた「平民」の「家庭」など、明治期の「家庭」論は、サラリーマン世帯を必ずしも前提としていなかったことにも注意したい。

近代国家としての体裁が整いはじめてきた明治三〇年代においても、庶民のあいだには、電気や水道、ガスといった、今日では当たり前のインフラは普及していなかった。また健康保険や年金などの社会福祉も乏しく、「家」は、さまざまな抑圧がありながらも、人びとの命綱として機能していた。

平均寿命は短く、乳幼児死亡率も高かった。人口学者の伊藤達也《いとうたつや》は、一九二五（大正一四）年以前に生まれた世代を、「多産多死世代」（高出生率・高死亡率）と位置づけている。栄養状態や衛生状況が改善して死亡率が下がり、生まれたあとほぼ全員が成人する「多産少死世代」（高出生率・低死亡率）となったのは一九二五〜一九五〇（昭和二五）年のあいだに生まれた人びとである［伊藤 一九九四］。第四章でもみるが、この世代はやがて都市部に出て、高度経済成長期の「近代家族」の担い手となる。

†「ホーム」と「家庭」

今日の私たちが知る「家庭」は、このように、産業構造、インフラ、社会福祉、医療や衛生状況、人口学的要因など、さまざまな条件のもとに成り立っているものである。工業化が進み企業が発展するなかで、夫が稼ぎ手となり妻が専業主婦になるというライフスタイルが浸透する。乳幼児死亡率が下がり、きょうだいの大多数が成人するようになると、親元から離れて独立した世帯を営む人びとが増えていく。そして、そのような生き方を社会制度が後押しする、といった具合である。

明治期においては理念先行の存在だった「家庭」は、安定した生活基盤や豊かさといった人びとの願望、営利を追求する企業、「富国強兵」を目指す国家など、さまざまなアクターの思惑がせめぎ合うなかで、実態としても徐々に形成されていくことになる。

本章でこれまでみてきた「家庭」論は、こうした動きを後押しするものでもあった。たとえば初期の『女学雑誌』の実用的な記事は、茶道や礼儀作法といった上層階級の嗜みが中心だったが、明治二〇年前後からは、栄養面も重視した料理法などの比重が増していった。同誌の通信教育教材である『通信女学』には、女子生理や育児法など、近代的な科学や衛生観念をともなう内容も含まれていた。

徳富蘇峰が創刊した『家庭雑誌』も、料理法や育児法、裁縫や衛生知識など、実用的な記事が多く掲載されていた。生産労働にも関わる「平民」の「家庭」を奨励する雑誌でもあったため、手芸などの内職の紹介記事も少なくない。もちろんこれらの担い手として想定されていたのは、「家庭」の「主婦」であった。

またこれらの雑誌は母親による子育ても積極的に奨励した。明治三〇年代からは、日本《にほん》済美会《せいびかい》編『家庭及教育』（一九〇六年）、高島平三郎《たかしまへいざぶろう》『家庭及び家庭教育』（一九一二年）など教育学者や心理学者による体系的な家庭教育論が続々と刊行された。そこで主に論じられたのは、家庭教育の担い手は母親が適任であること、よき母親になるためには近代的な教育を受ける必要があること、そして家庭教育は学校教育を補完するものであるということであった。

こうした議論は、人びとの生活水準の向上を目指したものでもあるが、「家庭」を近代国家の基盤として位置づけていくものでもあった。そして次章でもみるように、工業化が進行し、共同体から独立した「家庭」を営む人びとが台頭すると、国家はその生活を捕捉する動きを強めるようになる。そして保守系論者の議論においても、「家」と「家庭」が併存するようになっていく。

それはまた「家庭」という言葉が、「ホーム」のような新しい生活空間としてのニュアンスをもつ言葉ではなく、既成秩序を示す言葉として定着することでもあった。一九〇四（明治三七）年にある論者は、次のように述べている。

> 家庭という当節殊《こと》に流行の新語は、初め誰かが英語のホームを訳したのなりとか承《うけたま》はり候へども、気のせいか、ホームというと、世間が広くなり、家庭というと、とみにせせこましく（…）覚えられ候［小島　一九〇四：四二］。

明治期の「家庭（ホーム）」は、実態から遊離した理想論的な響きをもっていた。次章からみるのは、近代化のなかで「家庭」が「せせこましい」現実になりながらも、さまざまな人びとの願望が託される諸相である。

第二章

サラリーマンと主婦――「家庭」と国家統制

1 「家庭」と新中間層

†家庭病の時代

一九二五（大正一四）年の『婦人公論』に、ある特集企画が組まれた。その名も「家庭病診断」である。

企画の趣旨には、「今日の家庭は（…）危険な病的時代なのです」とあり、そのなかの「新時代型婦人の家庭観」という記事には、さまざまな「家庭」に対する不満、とくに女性の声が寄せられている。いくつかみてみよう。

ただ家庭と聞いただけでも私には目まぐるしいほどの雑務雑用に追まわされて（…）精神的に世帯の苦労に疲れはてた主婦を自分が同性であるだけに思わないわけにはいきません。全くこうした家庭における女ほどみじめなものはありません［鈴木明子　一九二五：五七］。

現在の家庭制度なるものは、男性の至極《しごく》身勝手な所有欲から発している。（…）それゆえ男は家庭を踏台《ふみだい》として社会に立ち、（…）家庭を利用することができるのです。たとえば安息所というもっともらしい名を借りて外でつけてきた埃《ほこり》の棄場にしたり、他人から受けた鬱憤《うっぷん》のはけ口にしたり（…）だから家庭における男はよく、いい気な妄想狂に見えたり、理不尽な暴君に見えたり、痴愚《ちぐ》な動物に見えたりするのでせう［大橋　一九二五：五三］。

私達の、家庭生活を離れようとするのは、当然ではないでせうか［鈴木余志　一九二五：五二］。

それぞれの題目は、「面倒臭い、厭《いや》な所」、「精神的掃溜《はきだめ》」、「籠《かご》を脱け出た鳥」である。日々の家事の負担や夫への精神的ケアなど、言葉の古めかしさを抜きにすれば、今日のSNSにある、女性の悩みカテゴリなどでもみることができそうな語りもある。ここに寄せられている声は、いわば主婦の悩みや不満の原型ともいえるものだ。

第一章でみてきた明治期の「家庭」は、実際にはほとんど達成されていない理念先行の存在だった。しかしこれらの語りにみられる「家庭」は、すでに手垢のついた現実である。地に足の着いていない空想論はないかわりに、「家庭」への理想や熱っぽいまなざしもここにはみられない。

実際にこの時代、「家庭」は現実に、そして広範に営まれはじめていた。日露戦争、第一次世界大戦にともない進行した工業化は、賃労働者を大量に生み出し、都市部の人口を増加させた。このうち、頭脳労働などを担ったホワイトカラー層は「新中間層《しんちゅうかんそう》」と呼ばれ、「家庭」的な生活モデルを先駆的に確立した。すなわち、「サラリーマン」と「主婦」の性別役割分業による家族生活の台頭である。

もちろん、戦前は第一次産業中心の社会であり、自営業的な生活スタイルで暮らす人びとのほうが大多数であった。新中間層は全体的にみればごくわずかな一群に過ぎない。しかし東京中心のマスメディアでは、新中間層を主対象とした生活情報誌が人気を博すようになった。『婦人公論』、『主婦之(の)友』といった、戦後にも続く代表的な生活情報誌のいくつかは、大正期に刊行されたものである。

こうしたメディアでは、恋愛結婚もテーマとなった。見合い結婚が優勢のなかで、どのように「恋愛」を組み入れた「家庭」を創るかということが議論された。

そして家制度的なライフスタイルとは異なる「家庭」が実際に実践されはじめたことによって、明治期にできた枠組みは再編をせまられることになった。家制度と「家庭」の関係はどのようなものになるのか、社会の基盤となる家族モデルは何なのか、ということが、再び政治的なテーマとなった。さらには冒頭の発言にもみられるように、「家庭」の抑圧が、女性たちを中心に告発されはじめた。このようなさまざまな問題をはらみながらも、国家は家族生活に対する介入を強め、「家庭」は戦時下で動員の対象となっていく。

第二章でみていくのは、こうした所与の現実となった「家庭」をめぐる諸相である。ここで生じたさまざまな問題は、今日の「家庭」にも連なるものであった。

†「サラリーマン」の誕生

新中間層とは基本的に、資本主義経済の浸透により成立したホワイトカラー労働者を指す。具体的には官公吏《かんこうり》や会社員、職業軍人や教員など、近代産業と学校教育の普及によって成立した職業に就いた人びとである。彼らは自作農や商工業者など、伝統的な生産手段をもつ旧中間層に対して、「新中間層」と呼ばれる。

中間層といっても、戦前の新中間層は限られた人びとであった。推計方法にもよるが、一九二〇（大正九）年の全人口に対する新中間層の割合は五〜八％程度であり、全人口の一割にも満たないといわれる［伊東　一九六五：一八七］。とはいえ都市部ではその割合が比較的大きく、東京市の新中間層の全就業者数に占める比率は、一九〇八（明治四一）年では五・六％だったが、一九二〇年には二一・四％にまでなっている［同上］。新中間層は、日露戦争、第一次世界大戦にともなう資本主義経済および企業の発展と連動しながら増大していった。

大正期には新中間層の台頭にともない、「サラリーマン」という言葉が普及した。彼らは今日イメージされるそれとは異なり、その多くが中等教育以上の学歴をもつエリートだった。一九二〇（大正九）年の進学率は、男子の中等教育が一九・七％、専門学校、大学などの高等教育が二・三％であり、女子の中等教育は一一・五％、専門学校などの高等教育は〇・一二％にすぎなかった［竹内　二〇一一：八］。

このように一部の階層だったとはいえ、新中間層の生活スタイルは、今日の私たち、とくに戦後昭和期の中流の人びとに馴染みがあるものでもあった。

たとえば百貨店での消費生活である。三越、大丸、髙島屋、白木屋《しろきや》、松坂屋などの老舗は、明治末期から大正期に百貨店として誕生した。一九一四（大正三）年に三越は、近代的なルネッサンス様式の建築と、エスカレーターなどの最新設備を擁した新館（現三越日本橋本店）を完成させ、注目を集めた［図1］。

図1　白木屋のエレベーター
出典：国立国会図書館「本の万華鏡」

百貨店は早くから子ども用品部門を設置し、雛人形などのイベントグッズや、文具、玩具などを売り出していった。食堂や屋上庭園は家族連れで楽しむ場となり、三越などは、震災後に改修した食堂で子ども向けの椅子を設置し、昭和初期には「お子様献立」も提供していたという［初田　一九九九：一五三］。

阪神急行電鉄は、駅に食堂などを設置し、一九二九（昭和四）年には直営の阪急百貨店を梅田駅で開業させた。こうした戦略は、郊外からの電車の利用がポピュラーになったからこそ成立したものでもあった。明治末期頃から大手鉄道会社は新中間層向けに沿線の宅地開発を行った。ちなみに実業家の小林一三《こばやしいちぞう》が開発を主導した池田室町《いけだむろまち》住宅地（大阪府）では、頭金、そして残りを十年間の月賦《げっぷ》で支払うという、住宅ローンの先駆けともいえる販売方法が取られていた［図2］。小林が発行した宣伝用のパンフレットには、「大阪市民諸君！　往け（…）家庭の和楽を完《まっと》うせん哉」という文句が記されている［吉田　二〇〇〇：三一八―三二二］。

大手鉄道会社は沿線の観光開発も進めていった。大正末期から昭和初期にかけての新中間層のあいだでは新婚旅行も実践されるようになり、この頃の『婦人公論』や『主婦之友』では新婚旅行のガイド記事や体験談が相次いで掲載されている。東京から熱海に向かう、多数の新婚旅行客を乗せた列車は「新婚列車」と呼ばれるようになったという［森津　二〇二〇］。

図2　池田室町住宅
出典：https://www.rekishijin.com/18118

映画（活動写真）やラジオなど、一九一〇～二〇年代にかけて定着した文化は数多くあげられる。こうした新中間層の生活様式もそのひとつだった。ここには戦後にも連なる、職住分離と消費生活によって営まれた「家庭」の原型があった。夫は電車で通勤し、妻は家で家事育児を行う。そして休日は家族で百貨店に行き、帰りに洋食レストランで夕飯を食べるというような光景である。

†性別役割分業と「教育する家族」

歴史学者の小山静子《こやましずこ》は、当時の新中間層が営んでいた家族生活の特徴について、以下三点にまとめている〔小山　一九九九〕。

まず新中間層は、性別役割分業の実践者だった。新中間層は農家などの自営業者とは異なり、日々の生活を過ごす場と職場が分離している（職住分離）。ここで、男性が通勤して家族を養えるだけの月給（サラリー）を稼ぎ、女性が主婦として家事育児に専念するという性別役割分業が成立した。こうしたスタイルは以前から一部で行われてはいたものの、日露戦争、第一次世界大戦にともなう近代産業の発展とともに頭脳労働者の需要も高まり、都市部に一定の層が形成されたのである。

次に新中間層の家族は、「教育する家族」の原型でもあった。新中間層の職業は、官公吏や教員、企業の上級職をはじめ、その多くが中等教育以上の学歴によって獲得されるものである。しかし新中間層には、継承させる家業や強力な財産がない。そのため親たちは、子どもに学歴をつけさせて、自分たちと同等以上の地位を獲得させることを目指した。育児やしつけ、受験案内に関する具体的な情報が書かれた親（とくに母親）向けのガイドブックが広範にあらわれるようになったのも一九一〇年代頃である〔広田　一九九九〕。

そして多くの新中間層は、旧来の地域共同体から独立した核家族世帯だった。そのため彼らには、姑《しゅうとめ》から嫁へといった家事や育児に関する情報の伝達、また地域共同体によるしつけといった旧来のシステムが機能しなかった。『主婦之友』などの生活情報誌のニーズは、こうした土壌のもとに発生したものである。一九一四（大正三）年には『読売新聞』で「身の上相談」（現在の「人生案内」）がはじまり、家族生活についての悩みが多く寄せられるようになった。

明治末期から大正期にかけて、こうした「サラリーマン」と「主婦」による「家庭」が都市部の新中間層を中心に広まっていった。男子は中等以上の教育機関へ進学して高収入と社会的地位の獲得を目指し、女子は高等女学校などで良妻賢母教育を学んだ。中高等教育機関は男女別学制のもとに、世代間での社会的地位の継承を担うルートになっていったのである。

†女中と家事

もっとも、この時期の新中間層の「家庭」は、今日のサラリーマン世帯のそれとはいくつか異なっている点もある。戦後の家族生活の変化をみる上で重要な点を、ふたつほどあげておきたい。

まず、新中間層はしばしば女中《じょちゅう》を雇い、家事労働などを担わせていた。一九二二（大正一一）年実施の調査では、東京市で召使い（男性含）のいる世帯は、小・中学校教員が一七・五％、官吏が一四％、銀行会社員は一一・一％だった〔東京府内務部社会課編　一九二五：四一―五〕。上層階級に比べればその割合は少ないが、婦人雑誌では女中不足に関する記事が掲載されたりしていた。

この時期には便利な家電などはなく、家事の負担は非常に大きいものだった。社会学者の牛島千尋《うしじまちひろ》によれば、上層階級では数人の女中を雇ってそれらの負担を軽減することができたが、新中間層は一人雇うのが精一杯であり、女中を雇う場合でも、実質的な家事労働は妻が担うことが多かったという〔牛島　二〇〇一〕。

†「恋愛結婚」という名のお見合い結婚

また当時の新中間層の結婚は、今日みられるような恋愛結婚ではなかった。たしかに大正期は、「Love is best」をうたい恋愛結婚を称揚した、評論家の厨川白村《くりやがわはくそん》による『近代の恋愛観』（一九二二年）がベストセラーになるなど、「恋愛至上主義」が知識層のあいだでブームになった時代ではある。『婦人公論』や『主婦之友』などの婦人誌でも、「恋愛結婚」がしばしばテーマとなっていた。

とはいえ社会学者のデビッド・ノッターによれば、婦人誌にみられた「恋愛結婚」は、実質的には親や親族が関わるお見合い結婚だったという。それは今日のような「恋愛結婚」、つまり当事者同士の自発的な恋愛、交際による配偶者選択とは異なるものだった。

では何が「恋愛結婚」だったのかといえば、お見合い結婚でも当事者の意志が尊重されたり（たとえば相手を拒否するなど）、結婚後に愛情が芽生えたりすれば、「恋愛結婚」であるとみなされる傾向にあったという［ノッター 二〇〇七］。

戦前においては、男女交際はほとんど認められていなかった。[2] 一九二九（昭和四）年刊行の菊池寛《きくちかん》の小説、『東京行進曲』には、プレイボーイを自称する男性が、早百合《さゆり》という女性を口説くと男友達に豪語するシーンがある。彼はそれを証明するために、二人きりで歩いているところをみせると述べた。同席していた男性は、「早百合さんが、そんな不謹慎なことをされることは、絶対にないと信じている」と応答している［菊池 一九二九：六七—六八］。中流以上の未婚女性には、純潔や貞操が過度に求められていた。

もっとも、明治末期〜大正期頃からは、子の意志に反したお見合い結婚は、保守系論者のあいだでも非難される傾向にあった。お見合い結婚とはいえ、当事者の意志の尊重や、親の監督下での交際、婚約後の交際などは徐々に行われはじめていた。

こうした制限つきの「恋愛結婚」ではあったが、その実践は夫婦間や家族間の愛情と結

図3　石野馬城の絵葉書
（1907〜1918）
出典：早川洋行「明治・大正期の漫画絵葉書にみる夫婦のかたち」『名古屋学院大学論集　社会科学篇』59（1）

びつけられた。婦人誌においては、情熱的な恋愛はなくとも、互いの人格を尊重した温かい「家庭」の建設が理想であるとされるようになった。社会学者の大塚《おおつか》明子《めいこ》によれば、一九一〇〜三〇年代前半の『主婦之友』においては、妻が夫に「従う」「仕える」ことが夫婦円満の秘訣とされていたが、一九三〇年代後半頃からは、夫優位の範囲内でそうした傾向が緩和されていったという「大塚　二〇一八：五九九」。

また社会学者の早川洋行《はやかわひろゆき》も指摘するように、明治末期から大正期にかけての漫画絵葉書には、夫が家事育児を行っていたり、妻の荷物を運んで外出したり、家での出産に立ち会ったりするなど、今日の「イクメン」にも近いイメージもあらわれていた「早川　二〇一二」。実態はさまざまであったと思われるが、明治期の上層階級の家族生活にみられたような権威主義的な雰囲気は緩和される傾向にあったといえる「図3」。

†茶の間のある家

総じて、新中間層が形成する「家庭」は、明治期の家族生活（とくに上層階級）から、私たちが現在イメージするような家族生活に移行する過渡的な形態だった。非血縁者が日常生活に溶け込んでいたり、恋愛結婚に十分な承認がないなど「個人」への抑圧が残っていたりはした。とはいえ彼らには、継承させるべき強力な財産や社会的地位がないため家長の権威は相対的に弱まり、夫婦間、家族間の愛情関係が尊重された。そして世代間の社会的地位の継承のために学校と「家庭」での教育が重視され、性別役割分業のもと、育児と教育における母親の重要性が高まっていったのである。

　このような新中間層の生活スタイルを視覚的にあらわしているのが、著名な「中廊下《なかろうか》型《がた》住宅様式」である。一九一七（大正六）年の建築雑誌の設計コンペで一等を取ったこのモデルは、中廊下型住宅の典型とされている［図4］。設計の条件は、「一家五人（夫婦子供二人）、女中」で住むことができるというものだった。

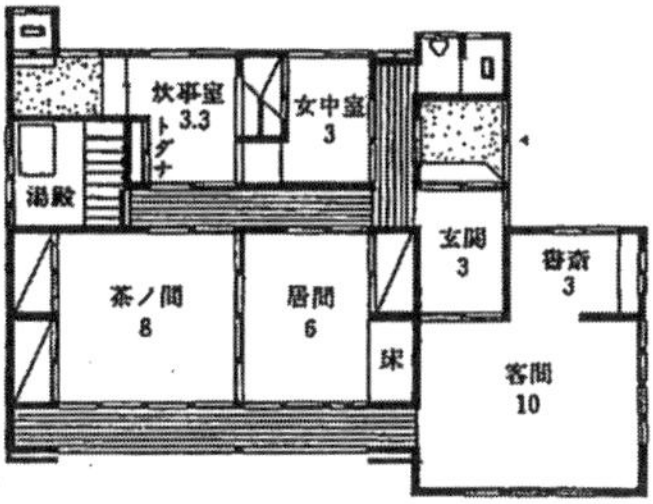

図４　中廊下型住宅

出典：太田博太郎編『住宅近代史』雄山閣

このモデルは、「茶の間」と「居間」という「家庭」のメンバーの私的な空間を、女中室など外部の人間が関わる場と、廊下で区別するものである。そこで茶の間は「家庭」の一家団欒の象徴的な場であった。[3]ちなみに「ちびまる子ちゃん」の家は、中廊下型住宅である。

†子ども本位の家庭改良論

大正期においては、「大正デモクラシー」の機運とも連動して、「家庭」の改良や「デモクラシー化」が知識層のあいだでしばしば論じられていた。

その題材の多くは、明治期の「家庭」論の延長線上にあるものだった。たとえば夫婦間の愛情の確立や相互の尊重、また家事の合理化といったテーマである。

この時期のリベラルな「家庭」改良論の特徴のひとつとしては、「子ども本位」を押し出す傾向があったことがあげられる。たとえばキリスト教者で経済学者の安部《あべ》磯雄《いそお》は一九一七(大正六)年に、「家庭」は「子供本位」を目指すべきだと述べている。なぜなら「家庭」の主な役目は子どもを「教育」して社会に送り出すことであり、それは「国家に対して尽すべき義務」だからであるという〔安部 一九一七:四三―五〇〕。

大正期は、『赤い鳥』の創刊をはじめとして、子どもの「童心」を讃えた童謡や児童文学が隆盛した時代でもある［図5］。ここで子どもは、大人と異なる純真な存在であるとみなされ、しばしば理想化された。子どもの個性や感性を尊重する新教育運動が台頭し、成城小学校、明星《みょうじょう》学園など、特色がある学校が建てられたのもこの頃であった。

もっとも「家庭」の改良論にみられた「子ども本位」は、一種の妥協の産物でもあった。社会学者の湯沢雍彦《ゆざわやすひこ》は、「子ども本位」の主張に、夫婦の平等が唱えられなかったことへの代償行為的な側面があったことを指摘する。湯沢によれば、政治（戦前に女性参政権はなかった）、教育の面で男女の不平等があった当時の状況では、夫婦の実質的な平等を説くのは難しい。そのため「デモクラシー」への志向は、「まずは非難が少ない子どもを擁護する主張に結びついた」という［湯沢　二〇一〇：二〇九］。「子供本位」を唱えた安部は、「夫本位」、「妻本位」よりも、「子供本位」の「家庭」が「最も弊害の少ないことである」と述べている［安部　一九一七：四五］。大正期の児童文学、童謡の書き手の多くは男性であり（たとえば北原白秋《きたはらはくしゅう》）、子どもとともに母親の母性もしばしば称賛された。

図５　『赤い鳥』創刊号
出典：ちひろ美術館

一方、当時の女性たちは、本章の冒頭でみた主婦の多忙さのように、「家庭」におけるさまざまな現実的な問題に直面することになった。そのせいもあり、女性知識人たちは一九一〇年代前後から、恋愛の問題から女性の経済的自立の問題、さらに女性のケア役割の社会的価値など、現在でもアクチュアリティのある議論を形成していた。それは「個人」としての女性の生き方と、当時の彼女たちのライフコースに不可分に結びつけられていた「家庭」をどのように位置づけるかという問題でもあった。

2 「家庭」と女性

†「新しい女」の出現

一九一一（明治四四）年に、評論家・女性運動家の平塚《ひらつか》らいてう《いちょう》によって、『青踏《せいとう》』という雑誌が刊行された。当初は女性作家を取り上げる文芸誌として発足したが、反響と反発が高まるにつれて、女性差別、貞操、堕胎など、政治的問題とも絡んだ女性の問題が論じられるようになった。「原始、女性は実に太陽であった」という、平塚のよく知られるフレーズは、同誌の創刊の辞に記されていたものである［図6］。

もちろん『青鞜』以前にも、女性の政治活動やフェミニズム運動の先駆者となった女性たちはいた。たとえば自由民権運動で多数の政治演説を行った岸田《きしだ》俊子《としこ》（自由民権運動には女性の参加者も少なくなかった）、日本キリスト教婦人矯風会《きょうふうかい》を創設して廃娼運動などにも尽力した矢《や》嶋《じま》楫子《かじこ》などがあげられる。とはいえ『青鞜』に集った女性たちは、ジャーナリズムなどで「新しい女」として大きく注目を集めることになった。いったい当時、何が新鮮に映っていたのか。

彼女たちは、明治後期に広まった女子高等教育を受けた世代だった。女子高等師範学校（一八九〇［明治二三］年、現お茶の水女子大学）[4]に続き、一九〇〇年代には、東京女医学校（一九〇〇［明治三三］年、現東京女子医科大学）、女子英学塾（一九〇〇年、現津田塾大学）、そして平塚も卒業した日本女子大学校（一九〇一［明治三四］年）などが次々と創設された。

図6　平塚らいてう
出典：国立国会図書館「近代日本人の肖像」

とはいえこうした高等教育を受けても、彼女たちには中等教育以下の教員や文筆業以外には、経済的に自立できる職業がほとんどなかった。当時の女子の中等教育機関である高等女学校では、良妻賢母教育が行わ

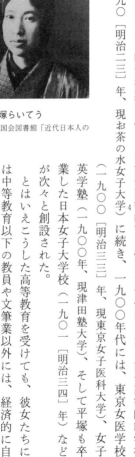

れており、「家事」や「裁縫」がカリキュラムに組み込まれていた。『青鞜』に集った女性たちは、こうした社会状況や良妻賢母教育、そして「家庭」に結びつけられていた自分たちのライフコースに「個人」として大きな抑圧を感じていた。そのため、『青鞜』に掲載された彼女たちの自己表現は、同世代の女性読者の圧倒的な反響を呼ぶことになった。同誌には次第に、当時の家制度的な結婚生活や「家庭」についても批判的な論考が載せられるようになる。

たとえば平塚は一九一三（大正二）年に「世の婦人達に」という論考で、当時の結婚生活を痛烈に批判した。平塚によれば、「個人として自覚した現代の婦人」にとって、温和や貞淑といった良妻賢母道徳はもはや単純に受け入れられるものではない。結婚生活も少し紐解いてみれば、そこにあるのは「愛」ではなく、生活の保障のために「雑用に応じ」、「夜間は淫売婦」として夫に仕える女性の姿である。自分たちはそうした現状から目が覚め、「婦人の真生活」を探求する途上にあるというのであった［らいてう 一九一三：一六一―一六三］。

これまでみてきたように、当時は自由な男女交際が承認されておらず、お見合い結婚に恋愛的な要素が組み込まれていく程度だった。そして結婚後の女性には、貞淑な良妻賢母であることが求められていた。『青鞜』に集った女性たちはこうした現状に対し、「個人」

としての自覚を打ち出した。そして自由な恋愛を主張し、ときには実践し、男性の所有物としてではなく、自我の確立としての貞操の価値を論じたのだった。

こうした「個人」をベースとした議論は、当時においては新鮮かつ奔放なものとして受け止められた。ジャーナリズムは好奇のまなざしで、彼女たちの恋愛や飲酒などに関するゴシップ記事を掲載した。彼女たちの主張は、私生児を増やし、家族の秩序や風紀を破壊するという批判もなされた。

実際には、『青鞜』に集った女性たちは、結婚や家族そのものを否定したわけでは必ずしもなかった。彼女たちは、当時としては斬新だった同棲や、親の意に反した恋愛をしながらではあったが、一夫一妻制的な「家庭」生活の実践者となっていった。牟田《むた》和恵《かずえ》はこの点について、彼女たちは「『穏健』で『保守的』にさえみえる」と述べている［牟田 二〇〇六：四七］。彼女たちの「個人」としての主張や実践は、まずは当時の上層階級で支配的だった、権威主義的な家族の秩序に対して向けられていた。

†「個人」であることと「家庭」

とはいえ彼女たちの「個人」であることの自覚は、恋愛によって実現した「家庭」に対しても向けられていた。評論家の岩野《いわの》（遠藤《えんどう》）清《きよ》が一九一四（大正三）年に発表した「個

図7　岩野清
出典：堀場清子『青鞜の時代』岩波書店

人主義と家庭」では、この問題がより詳細に論じられている〔図7〕。

岩野清によれば「家庭」は、「個人」の生活上の都合と「愛」によって結びつけられる空間である。そのため「個人各《おのおの》のための家庭」があるのであり、「家庭のための個人」があるわけではない。

こうして、「個人」であることを自覚した男女は、「愛」を「不断の努力」によって維持しようと努める。しかし「愛」の結びつきは絶対ではない。彼ら彼女らは、それが永遠に続くわけではないかもしれないという不安から逃れることはできない。

とはいえ岩野清によれば、このこと自体は否定されるべきではない。必要なのは、「個人主義を基礎とした新らたなる家庭」である。「個人」を抑えるのではなく、むしろそれを前提としたほうが、「相互の理解と同情」が能動的に進む。

もちろん、家族成員の各々の目指すところが違えば、衝突が起こることもあるだろう。とはいえそれが常態化するわけではない。「個人主義」は排他的な思想ではなく、「自我の発展充実につとめると同時に、自我をさまたげない範囲の他の人間の行動に対して圧迫関《かん》渉《しよう》を与えないという意味」であるという〔岩野　一九一四：二―六〕。

岩野清の議論は、「個人」であることと「家庭」を営むことのバランス、その衝突の可能性に目を向けたものだった。彼女はこのあと、夫で小説家の岩野泡鳴《ほうめい》との同居請求訴訟（泡鳴の浮気が原因で別居していた）で注目を集めることになる。夫婦間の愛情がないにもかかわらず妻の座にこだわる姿は『青鞜』のメンバーにも形式主義的だと批判されたが、彼女の目的は、当時の法体系のなかで可能な限り妻の権利を主張することでもあった（第一章でみた福澤諭吉の明治民法に対する問題意識を想起されたい）〔伊東　二〇一〇〕。「個人」と「家庭」のバランスの問題、とくに権利の意識の問題については、第三章でみる戦後初期の民主化論でも大きなテーマになる。

『青鞜』は世間からのバッシングに加え、メンバーたちの恋愛や結婚、育児などによる多忙さも重なり、一九一六（大正五）年に廃刊となる。しかしそのすぐあとに同誌で活躍した論者たちを中心に論争が繰り広げられた。テーマとなったのは、今日でもしばしば問題となる、「母」への経済的保障についてであった。

†母性保護論争

この論争は、母性保護論争という名で知られている。口火を切ったのは、作家の与謝野《よさの》

図8　与謝野晶子

出典：国立国会図書館「近代日本人の肖像」

晶子《あきこ》が一九一八（大正七）年の『婦人公論』で発表した「女子の徹底した独立」という論考だった［図8］。

与謝野はここで、当時のドイツなどで展開されていた母性保護運動を批判し、女性の自立の必要性を主張した。与謝野によれば、結婚と出産は、男女ともに経済的に自立する能力をもってするべきである。そのため妻が夫に経済的に依存したり、また国家が妊娠出産期の女性を経済的に保障したりすることは望ましいものではない。「生殖の責任は徹頭徹尾、夫婦相互が果さねばなりません」という［与謝野　一九一八＝一九八四a：八五―八六］。

これに対して反論したのが平塚らいてうだった。平塚によれば母親の経済的自立は「余《よ》程《ほど》特殊な労働能力」がある者でなければ難しい。与謝野がいうように結婚と出産が、男女ともに経済的自立を果たしてでなければできないものであるならば、大半の人はあきらめてしまうだろう。むしろ女性は母になることによって、「社会的な、国家的な存在者」となるのであり、妊娠、出産、育児期の経済的保護は国家がなすべきだという［らいてう　一九一八＝一九八四a：八九―九一］。

与謝野はこの主張に対し、一部の貧困女性への支援は容認したが、国家による経済的保護にはあくまで反対の立場をとった［与謝野　一九一八＝一九八四b］。こうした与謝野に対して平塚はさらに反論を続ける。平塚によれば、与謝野は経済的自立を狭い意味に捉えており、「婦人の労働生活と母としての家庭生活との間に起る避け難き矛盾争闘」を理解していない。女性の経済的自立は、育児を「公的事業」とみなし、国家が母親に対して「充分な報酬」を払うことによって成り立つ。そうすることで「家庭生活」と「職業生活」のあいだで引き裂かれている女性の苦しみも解放されるのだという［らいてう　一九一八＝一九八四b：一〇五―一〇六］。

図9　山川菊栄
出典：神奈川県「山川菊栄文庫」

平行線をたどる両者の議論であったが、さらにここに評論家の山川菊栄《やまかわきくえ》が参入した。彼女は議論の整理と、両者への総合的な批判を試みた［図9］。

山川によれば、女性の経済的自立も母性の保護も重要であり、両者をともに目指すほうが、女性の地位向上の助けになる。しかし仮に実現したとしても、それは根本的な解決にならない。

なぜならこうした問題の根源には、女性に「家庭」の家事という不払い労働を担わせてその立場を弱くさせる資本主義経済の構造があるからであり、これを直視しなければならないという。この主張は、山川の社会主義者としての立場の表明でもあった［山川 一九一八＝一九八四：一三九―一四六］。

彼女たちの主張はそれぞれ、国家と家族の関係、そして育児の社会化など、今日にも連なる論点を含んでいた。この論争がなされていたとき、与謝野、平塚、山川はみな育児を行っており、それぞれの生活実感をともなった議論でもあった。

彼女たちの議論からもうかがえるように、一夫一妻制の「家庭」の建設は、もはや明治期に有していたような革新的な意味合いは（とくに女性知識人にとっては）薄まっていた。「家庭」はたとえ恋愛による結婚で営まれたとしても、家事や育児といった「主婦」としての現実的な問題が山積みだった。

かわりに彼女たちが依拠したのが「母」であることだった。女性史家の三鬼浩子《みきひろこ》は戦前の女性知識人が「母」にこだわった理由について、職場の不平等や生活の困難、そして参政権がないことなど、変革が難しい問題に直面するなかで、「だれも否定しようがない女性性＝自己の身体性＝『母性』」に頼らざるをえなかったからだと指摘している［三鬼 二〇一六：五一］。

しかし「母」であることや子どもを産み育てることは、「富国強兵」に適っていたことでもあった。そして現実に「家庭」が営まれるようになるなかで、国家は「家庭」や「母」に対しての介入を次第に強めていく。次はそのプロセスをみていこう。

3 「家庭」と国家統制

†保守系論調の動向

第一章でもみたように、明治末期頃までの保守系論者の家族論においては、日本の家族は家制度であり、それは「西洋」的な家族や、「家庭」とは異なるものであるという論調が目立っていた。

明治末期以降においてもこのような図式は継続する。しかしそこには微妙な変化がみられた。ひとことで要約すれば、「家庭」の比重が高まっていったのである。

こうした論調の変化は、自覚的とも無自覚的ともとれるものだった。文面では工業化にともなう農村部の家制度の衰退を憂慮し、「西洋」的な家族を批判しながらも、「家庭」という言葉が使われていたり、家制度とともに「家庭」の価値が讃えられたりした。「家庭」

という言葉の革新的な意味合いが薄れていくなかで、保守系論者が展開する家族論においても、家制度と「家庭」の垣根は曖昧になっていった。

そして政府は、家庭教育や生活改良を中心に、「家庭」を対象とした政策を実施していくようになる。これは「家庭」を支援するというよりは、そこへの介入を目的としていたという面が強かった。

†家族モデルのゆらぎ

まず議論の前提として、明治から昭和前期にかけての産業構造と人口移動、そして生活環境の変化について簡単にみておきたい。

一八七二（明治五）年の第一次産業の人口は八五％で、第二次産業は五％に過ぎなかった。一九二〇（大正九）年には、前者が五五％、後者が二二％となり、一九三六（昭和一一）年には四五％、二四％となる［武田 二〇一九：一六］。

このように、戦前の日本は第一次産業中心の農業国だったものの、急激な工業化の進行は都市部を中心にその姿を徐々に変えていった。一八八〇（明治一三）年から一九四〇（昭和一五）年にかけて、日本の総人口は三六〇〇万から七二〇〇万人へと倍加しているが、大半は都市部の人口増加だった。

明治期における都市部への流入者は、都市下層民の一員にもなっていた。明治維新以降に資本主義経済に巻き込まれた貧しい農民は、土地を手放して小作人になったり、都市部に出たりした。第一章でもみた横山源之助《よこやまげんのすけ》の『日本の下層社会』は、そうした人びとの姿を描いたものでもある。

日露戦争、第一次世界大戦にともなう重化学工業の発展は、男性労働者を急増させた。そしてホワイトカラーの新中間層だけでなく工場労働者のあいだにも、貧しいながらではあったが、性別役割分業が浸透していった［中川 二〇一八］。

工場労働に就くだけの学歴や技能がない農村出身者は、しばしば一家で都市部に移動して、零細小売商を営んだ。こうした零細小売商は、経営が立ち行かなくなる場合が少なくなかったものの、相互に連携して百貨店に対抗するための商店街を形成することもあった［新 二〇一二］。

都市部への流入者はしばしば、核家族世帯を形成した。じつは核家族世帯は、戦前においても主流派だった。社会学者の戸田貞三《とだていぞう》が一九二〇（大正九）年の国勢調査から割り出した推計によれば、この年の核家族世帯の割合は五割を超えていた［戸田 一九三七］。

核家族世帯の形成は産業構造の変化だけでなく、人口学的要因にも規定されていた。当時は子どもが五人以上生まれ、そのうち四人程度が成長して結婚した。このうち親と同居して生活するのは長男や他家の嫁となる娘が主であり、それ以外の成員は核家族世帯を営むことが多かった。また当時は中高年の死亡率も高く、親と同居していても結果的に核家族世帯が形成されやすかったのである。

とはいえ工業化にともなう都市部の膨張は、多くの論者に社会秩序の動揺を実態以上に感じさせた。都市部への移住は、親族や共同体から独立して生活することでもあり、家制度の衰退につながるとみなされた。たとえば民俗学者の柳田國男《やなぎたくにお》は、都市部に移住すると、祖先とのつながりをはじめ家制度的な生活や意識が忘却されてしまうと論じ、その現象を「家殺し」と呼んだ［柳田　一九一〇：六〇］。こうした問題意識は、当時の保守系論者により強く共有されていた。

ごく大雑把にまとめれば、本章の主な舞台となる明治末期から昭和前期は、資本主義経済の浸透と工業化により、明治期の保守系論者がしばしばイメージしていた、家長を中心とする家制度的な家族像の正統性がゆらいだ時代だった。道徳論や政策をめぐる場では、こうした家族像をどのように維持するかが大きな課題となった。

†家制度強化の頓挫

家制度的な家族像の強化にあたっては、まず教育が注目された。一九一七（大正六）～

一九一九（大正八）年には内閣によって臨時教育会議が開かれ、学校教育における家制度的な価値観の強化がテーマとなった。会議に集っていたのは、国会議員、教育関係者、官僚のほか軍人、そして財閥の関係者たちであった。

彼らの問題意識にあったのは、資本主義経済の浸透による旧来の秩序の動揺であった。とくにロシア革命や国内の労働争議の増加などは彼らに危機感を与えていた。このような社会情勢に際して提起されたのが、上位者への服従を説く、家制度的なイデオロギーの強化だった。

一九一九（大正八）年には、この臨時教育会議の建議にもとづいて、臨時法制審議会が設置された。この審議会では、民法の家制度に関する規定がテーマとなった。第一章でもみたように、一部の保守系論者は明治民法の家制度は不十分であると不満を抱えていた。そのため審議会では、戸主権の強化や親族範囲の拡大が主張された。

審議会の結果は、一九二五（大正一四）年の親族編改正要綱、一九二七（昭和二）年の相続編改正要綱として公表された（以下、大正要綱《たいしょうようこう》）。とはいえ大正要綱は、保守系論者の主張が通ったところもあったものの、全体的には明治民法よりも家制度的な規定が緩和される傾向にあった。

たとえば「親族」の範囲は、明治民法よりもさらに拡大されることになった。ここには

図10　穂積重遠
出典：国立国会図書館「近代日本人の肖像」

農村などにみられる、それぞれの「家」によって広く結ばれた同族団体のような、保守派の共同体イメージが反映されていた［川島　一九五七＝一九八六］。

しかし一方で、戸主の権力は弱まった。たとえば明治民法において戸主は、自分の意に反したところに住む者を離籍することができたが、その権利は廃止された。ほかにも妻は家督相続に際して遺産をある程度は得ることができるようになり、また分家の条件も緩和された。

こうした方向性に寄与したのが、当時としてはリベラルな法学者たちである。明治民法と同様に大正要綱もまた、保守派と進歩派の妥協の産物であった。

進歩派の法学者たちが念頭に置いていたのは、さきにも述べた当時の家族変動だった。彼らは保守派が思い描くような家制度や共同体のイメージが、現実から遊離していることを問題視していた。

たとえば臨時法制審議会でも進歩派として活躍した法学者の穂積重遠《ほづみしげとお》はこの時期の著作で、家族生活の実態はさまざまであるから、「事実上の共同生活即ち一世帯を一家となすべき」であり、法律の役目はあくまでその保護にあると述べている［穂積　一九二五：二九］。なお大正期は、「世帯」という概念が実態としての家族生活を把握するために調査や政策の場で浸透しはじめた時期でもあった。穂積はこうした実態の変化を見据えて、法制度を連動させようとしたのであった［図10］。

観念的な家族像ではなく、実態としての家族生活を基礎とすることは、経済政策の提言でも重視されるようになった。たとえば経済学者の河田嗣郎《かわたしろう》は一九二八（昭和三）年に、核家族的な生活が労働者階級のあいだに広まりつつあることに言及し、しばしば経済的に困窮している彼らの生活を維持するためには、賃金制度を改善する必要があることなどを論じている［河田　一九二八］。

†家制度と「家庭」の混合状態

とはいえ大正要綱にみられるような、進歩派と保守派の主張が入り混じった玉虫色の性格は、単に進歩派の善戦といいきれない側面もあった。というのも明治末期頃からは、保守系論者の議論も微妙に変化していたからである。そこでは「西洋」の家族や「家庭」の要素を単に排除するのではなく、むしろそれらを部分的に取り込むべきだという論調が台頭していた。

こうした論調は、家制度（家族主義）に「個人主義」を導入せよという主張としてあらわれた。たとえば倫理学者の深作安文《ふかさくやすふみ》の一九一〇年代の議論をみてみよう。

深作によれば家長に統率される家制度は、「服従」と「協同」の心を養い、国民的な一体感をつくるという長所がある。日露戦争で日本が勝利することができたのは、家制度でこうしたメンタリティが養われていたからにほかならない。とはいえ家制度には、「個人」を抑圧する面があり、独立心を育みにくいという短所もある。

対して「西洋の家庭」は、「個人主義」が貫徹しているため、日本の家制度や社会にみられるような一体感はない。しかし一方で独立心が育まれるため、個々人の力によって結果的に社会は発展している。これからの日本がさらに強大になるためには、単に家制度を維持させるのではなく、そこに独立心の育成や人格の尊重といった「個人主義」の長所を取り入れるべきだという［深作　一九一六：一三九―一八〇］。

やや安直な「西洋」と「日本」の二項対立はさておき、深作の主張は、日露戦争に勝利して帝国主義路線を進めようとした、当時の日本の動向にかなったものでもあった。

穂積八束《ほづみやつか》をはじめ明治中期頃の保守系論者の課題は、近代化にゆれ動き欧米諸国にも対抗しなければいけないなかで、いかに国民統合を達成し、その基盤となる家族を創るかということにあった。彼らはそこで夫婦中心の「家庭」ではなく家制度に着目し、家長の権威に服従する家族生活を設定することで、社会の安定を保とうとした。しかし国力が増大し、日本を取りまく国際状況が変化してきたなかで、今度は家制度に「西洋」的な要素を導入せよという論調が台頭してきたのである。

†保守系論調の迷走

こうした議論は、あくまでも日本の家族は家制度であるという前提があり、その維持を狙ったものでもあった。これは「個人」を基礎とした『青鞜』の家族論とも、当時の家族変動にあわせて核家族世帯を基盤に据えようとした進歩的な法学者の主張とも違っていた。とはいえ明治末期以降の保守系論調においては、家制度を前提としながらも、家族成員の「人格」を尊重するなど、その権威服従関係を緩和していく傾向にあった。

こうした流れと連動して、保守系論者の議論のなかには、意識的にか無意識的にか、「家庭」という言葉も頻出するようになった。当時の論調をみると、日本の家族は家制度であると述べながら、「父母の子女に向って教育をなす所はいうまでもなく家庭」〔深作 一九二九：七八〕、「何人も心持よく感ずるは家族団欒の家庭である」〔山崎 一九二八：三三〕などと併記している場面にでくわす。「家庭」という言葉の家制度との対抗的な意味合いは、保守系論調においても空疎化しつつあった。

もっともここでの「家庭」は、深作が一九二九（昭和四）年の著作で、「この家庭は家族制度（家制度）を背景として成立つ」と述べているように、あくまでも家制度の範囲のなかにあるものであった［深作　一九二九：七九、括弧内筆者］。夫婦中心の小家族的な「家庭」を社会の基盤にすることは慎重に避けつつも、保守系論者が描く家族像は、大家族的な家制度のなかに「家庭」を組み入れた二重構造のようなものになっていった。[6]

さて、こうした議論は非常に抽象的で理解が難しいものにみえるかもしれない。いったい当時の保守系論者はどのような家族像をイメージしていたのか、と。

じつはこれは当時もそう思われていた。たとえばある論者は一九二六（大正一五）年に、これまでみたような家制度と小家族的なイメージが混合する論調について、「一体今日の家族と称するものは、何を指すのであるか明瞭ではない」と批判している［春山　一九二六：四九］。このような認識は保守系論者にもみられ、家制度の維持論者を自認するある歴史学者は一九二四（大正一三）年に、当時の家制度像は「正体の不明」で「甚《はなは》だ理解に苦むことが多い」と述べている［偉大会編輯局編：一九二四：八四］。

こうした迷走状態は、教育の場面にもみられた。一九一〇（明治四三）年刊行の尋常小学校用の国定修身教科書（第二期）には三世代で食卓を囲む家族像が掲載されており、ほぼ同じ絵は一九一八（大正七）年刊行の修身教科書（第三期）にもみられる［図11］。一九三六（昭和一一）年刊行の国定修身教科書（第四期）では、その場面のメンバーが六人から七人に増えているが、基本的な構図は同一である［図11］。おそらくこの大家族的で情緒的なイメージが、当時の保守系論者が思い描く家族像に比較的近かったとは思われる。

とはいえこれらの挿絵は「家」ではなく、「カテイ（家庭）」という項目の箇所に掲載されていたものであり（第四期では「家庭」から「私のうち」に変更された［宮田編著 一九五九：五二〇］）、他の項目には小家族的な家族像も掲載されていた。一方で、第一章でも紹介した高等小学校の修身教科書には「家」の項目があり、祖先との結びつきや親孝行が説かれていた。

図11　修身教科書の挿絵
出典：国立国会図書館デジタルコレクション

資本主義経済の浸透と核家族世帯の広がりにより、家制度的な家族モデルが揺らいでいるというのは、当時の保守系論者の共通認識であった。とはいえ彼らのあいだでも、もはや何が正統的な家族のあり方なのかということは不明確になっていた。こうしたなかで、家制度と「家庭」の境界は曖昧になっていったのであった。[7]

†「家庭」の展覧会

保守系論者の家族論がやや空中戦じみた展開となっていた一方で、政府は「家庭」をターゲットとした政策を打ち出すようになっていった。その主な場面は、社会教育と家庭教育であり、母親たちが教化の主な対象となった。

政府がまず力を注いだのは、展覧会の開催だった。一九一九(大正八)〜一九二〇(大正九)年の生活改善展覧会、一九二〇年の児童衛生展覧会などがあげられる。これらの展覧会は、さまざまな展示物を通してあるべき「家庭」のあり方を伝えるものだった。たとえば生活改善展覧会は、当時の「家庭」に残っていた「繁雑不合理」の改善を目的として開かれた。そこでは、食料品や衣服、住宅モデルや生活に関する知識を中心に次のような出品物が展示されている。「米の栄養比較表及見本、農産物カロリー表」、「節米代用食料理見本、各種パン見本等」、「育児室模型」、「流し兼用洗濯器」、「改良炊事用具」、「家庭用改良電熱器」、「主婦一日の生活法図解」、「米一升を得らるる内職の参考品」などである[江幡 一九二二:一四九―一六二]。

古めかしくも、どこか現代の生活用品を思い起こさせる字面が並ぶ。これらの展示物が並べられた狙いをひとことでいえば、経済的な節約を視野に入れた、「家庭」のいわば合理化だった。展示会で出されたポスターのひとつには、不合理で不便な伝統的家屋と近代的な台所を対比的に描いたものがあり、「家庭の改良は先《ま》づ台所設備から」というキャッチコピーが記されている〔図12〕。

　さらに一九二〇（大正九）年の児童衛生展覧会では、「妊娠と分娩の部」、「養護の部」、「住居と用品の部」、「疾病と治療の部」、「栄養の部」、「被服の部」、などのセクションがたてられていた。そこでは、「胎児の発育順序」、「児童の保護衛生状態一般」、「中流の家庭における児童室」、「家庭薬品一揃」、「小児結核と其治療」といった医療や衛生に関する知識から、「家庭用玩具、絵本類」、「各国の児童服」や「おしめぶとん」などの子育て用品まで幅広く展示された〔同上：一七四―一八四〕。

図12　生活改善展覧会ポスター
出典：国立科学博物館「理工電子資料館」

　これらは、科学的な知見を取り入れた子育てを人びとに啓蒙するものであった。そしてそれは、新中間層の人びとが必要としていたものでもあった。

　なぜなら旧来の地域共同体から解き放たれた新中間層にとって子育てのノウハウは、祖父母など周囲の人びとからではなく、自分たちで習得しなければならなかったからである。生活改善展覧会には十万人以上、児童衛生展覧会には約二五万人もの入場者が集ったという。

こうした子育ては、国家的な関心にも適っていた。第一章でもみたように、この時期はまだ乳幼児死亡率が高かった。そのため、医療、衛生に関する知識を普及させ、乳幼児を取りまく環境を改善することは、人口の増加、ひいては国力の強化とも関連していた。小山静子は児童衛生展覧会の開催について、「国家が家庭での育児の問題に本格的な関心を示すさきがけとも言うべき出来事」だったと指摘している［小山 一九九九：一二七］。

これらの展覧会は、児童服や児童室などの展示にもみられるように、子どもにも強い関心を向けていたことにも注意したい。ちょうどこの時期は、第一節でも取り上げた「子ども本位」の「家庭」論や、子どもの個性を尊重する新教育運動が台頭していた時期でもあった。近代化が進行する過程で、子どもは、「家」の労働力ではなく、特別な保護を受ける存在としてみなされるようになっていったのである。

そしてこうした子どもたちを保護し、教育する役目を果たす存在として位置づけられたのが、「母」であった。

†母の講座と家庭教育

この時期の政府は展覧会のほかに、母親たちを主な対象とした社会教育を積極的に行うようになった。展覧会で示されていたような「家庭」を実現させるためには、母親に知識を提供する必要があったからである。

一九二五（大正一四）年に文部省は、奈良女子高等師範学校（現・奈良女子大学）に委嘱するかたちで、育児、家事に関する婦人講座を設置した。そして一九三〇（昭和五）年からは、東京女子高等師範学校（現・お茶の水女子大学）、岡山医科大学（現・岡山大学医学部）などにも委嘱して、「母の品性の向上」をうたった「母の講座」を開始する。

この「母の講座」には、さきの展覧会にみられた科学的な子育てや家事だけでなく、思想に関する講座も含まれていた。たとえば奈良女子高等師範学校が行った一九二五（大正一四）年の婦人講座には「思想問題とその批判」という題目があった。それ以降の「母の講座」にも医学や栄養、料理法といった育児、家事に関する題目と、「日本精神」に関する題目が並び、マルクス主義批判なども展開されている［山村　二〇〇四：三二—三三］。

一九二五（大正一四）年の治安維持法の制定、そして一九三一（昭和六）年の満州事変の勃発と、その後に急進する全体主義的体制の兆しはすでにあらわれはじめていた。「母の講座」の主な受講者は中等学校卒業以上の二〇—四〇代の女性であり、当時としては高学歴の子育て世代だった。彼女たちが、国策上の重要なターゲットとなったのである。

一九三〇（昭和五）年に出された文部省訓令「家庭教育振興ニ関スル件」は、こうした流れを象徴するものであった。同訓令によれば、「国運」の根底には「家庭教育」があり、それを振興し、「家庭生活」の改善を図ることは「国運を伸張する」ことである。そして「家庭教育」は、父母ともに責任を負うものではあるが、「婦人の責任」がとくに「重大」になるのだという［大蔵省印刷局編 一九三〇：六〇七］。

第一章でもみたように、明治初期の開明的な知識人たちは、女性に教育の機会を与え、よき母として子どもの教育にあたらせることが、優秀な「国民」を育てるのだと論じた。第一次世界大戦前後に新中間層が台頭し、「家庭」が実際に営まれるようになると、こうした論調は勢いを増し、婦人誌には育児や家庭教育に関する記事が多く掲載されるようになった。本章でもみてきた「子ども本位」の「家庭」改良論や、児童文学の隆盛、また子ども用品を充実させた百貨店の動向など、言論や消費経済がそれぞれ、新中間層の「家庭」を取りまきながら展開していたことにも注意したい。

大正末期から昭和初期にかけての政府の動向は、このように明治期から連綿と形成されてきた生活スタイル、そして人びとの家庭教育に関する関心を公的に後押しするものだった。それは一面では「家庭」を政治が捕捉することではあったが、単なる上からの押しつけとはいえない側面もあった。旧来の地域共同体から切り離されて家族生活を営む人びとにとって、家事や育児に関する科学的な知識は必要なものであり、生活の改良のためにも有用だったからである。

小山静子はこれら一連の流れについて、女性が「政治的な存在」になったことだと述べている。それは、男女が公的な世界で平等になるというよりは、「家内領域の担い手であるという、まさにその女性の役割のゆえに、女性は社会や国家、あるいは政治と関わりをもつことにな」ることであった〔小山　一九九九：二三六〕。このあと政府は各種の女性団体を組織し、全体主義体制のなかで戦争にも協力させていくことになる。

4「家庭」と戦争

†「家」の復古

一九三一（昭和六）年の満州事変、翌年の五・一五事件、そして一九三八（昭和一三）年の国家総動員法と、一九三〇年代からは全体主義、軍国主義的な空気が増していった。

ここで台頭したのが、第一章でもみた家族国家観などの、家制度にまつわるイデオロギーである。政治学者の丸山眞男《まるやままさお》は「日本ファシズム」の特徴のひとつとして、「家族主義的傾向」をあげている〔丸山　一九四七＝一九九五〕。それは、天皇と国民の家族的な挙国一致の団結を説き、それに沿わない人びとを「個人主義」として排斥する思想だった。

一九三〇年代なかば頃から政府は、こうした家制度のイデオロギーを解説する書物を刊行している。それは、明治期の保守系論調の再活性化であり、一面では夫婦を中心とした「家庭」的な家族像を否定するものだった。

一九三七（昭和一二）年に文部省が刊行した『國體の本義』は、こうした家制度のイデオロギーが濃縮されているものである。同書によれば「国民の生活の基本」は「家」であり、「親子一家の生活」だけでなく遠い祖先とも密接に結びつく。そしてその歴史的な一体感は、家督相続の制度によって保証されている。

さらに「家」にみられるような一体感は、会社や役所など、そのほかの社会集団でも実現される。各々がそれぞれの地位や役割に応じて「分」を守り、天皇を中心とした国全体の一体感を形成していることが、日本社会の特徴であり強みだという。

『國體の本義』によれば、こうした挙国一致《きよこくいつち》の一体感は、「西洋」にはみられない。なぜなら「西洋」には、日本のような「家」がないからである。「西洋」の生活は、「個人」や「夫婦」を基本としているため、親子および祖先とのつながりを軸とする「家」のような一体感がない。対して日本の「家」は、各々のメンバーが自己主張しない「和」という一体感で包まれている。それは、「個人的」な「愛などが本となってつくられ」たような家族ではないというのであった〔文部省編　一九三七：四三―五九〕。

†私生活の否定

こうした論理は、文部省教学局が一九四一（昭和一六）年に刊行した『臣民《しんみん》の道』にもあらわれている。同書によれば「家」は、「夫婦関係」ではなく「親子の関係」が中心をなしており、近年では「誤れる思想」によって、「夫婦中心の生活が望まれるが如き」事態も生じてしまったが、その傾向も反省されつつある。それは、「家を尊重すべき国民精神」のためには望ましいことである。

『臣民の道』はさらに、国民の私生活をも否定する。著者が述べるには、「日常我等が私生活と呼ぶ」ものは「臣民の道」の実践であり、「公の意義」を有するものである。そのため「一椀の食、一着の衣」だけでなく、「眠る間といえども国を離れた私」はない。「我等は私生活の間にも天皇に帰一《きいつ》し国家に奉仕するの念を忘れてはなら」ず、家業も子育ても、国家的な価値に連なるという〔文部省教学局編　一九四一：七一―七六〕。

これは、論理構成だけを抜きとれば、明治期の家制度にまつわるイデオロギーのリニューアル版というべきものだった。第一章でもみたように明治期の保守系論者は、家制度と

「西洋」的な家族（「家庭」）をしばしば対立的に描いており、親子ではなく夫婦を中心とすることは、「個人主義」の産物だと位置づけていた。そこからさらに、総力戦体制が形成されるなかで、私生活の否定という教義が前面にあらわれてきたのである。『國體の本義』は各種の学校に配布されるだけでなく、一般にも販売され、一九四三（昭和一八）年までには一九〇万部が刊行されていたという。

これらの出版物がどの程度まで人びとの生活のあり方に影響を与えていたかを知ることは難しい。とはいえ戦時中には、こうした教説が実際にみられるような場面もあった。たとえば戦時中に妻と墓参りに出かけたある大学教授は、「アヴェック」で旅行していたということで、警察に逮捕されたという〔川島　一九五四：一五〕。また国家総動員法のもとでマッチや食料品などは配給制となり、日常的な私生活は戦争協力のために国家に統制されていった。

†「家庭」の統制

もっとも、この時期に唱えられた家制度のイデオロギーには、明治期のそれとは異なる面もあった。そのひとつは、「家庭」という言葉が頻出することである。

たとえば『臣民の道』には、「家庭は子供によって明朗となる。（…）これ人情の自然であり、この人情を基として家の存続繁栄が致される」と記されている［文部省教学局編　一九四一：七六］。ここには、明治期の保守系論調にしばしばみられたような「家」と「家庭」の対立的な構造を確認することは難しい。むしろ第三節でみたように、この時期の保守系論調において「家庭」は、「家」のなかに取り込まれていたということができるだろう。

こうした「家」と「家庭」の混合状態を象徴するのが、一九四二（昭和一七）年に文部省社会教育局が発表した「戦時家庭教育指導要項」である。戦時にあるべき家族のあり方を説いたこの文書は、これまでみてきた家制度のイデオロギーと、大正期頃から目立ちはじめた「家庭」への介入が一体化したものだった。

家制度に関する項目としてはたとえば、「我が国の家の国家的意義」、「健全なる家風の樹立」、「敬神崇祖《けいしんすうそ》」などがあげられる。ここでは『國體の本義』などと同様に、祖先と結びつき家長に統率される「家」が、国家の基盤になるということが説かれた。

そして「戦時家庭教育指導要項」には次のような項目も記されている。「一和家楽」、「良き躾《しつけ》」、「科学的教養の向上」、「強健なる母体の錬成」、「家庭娯楽の振興」、などである［文部省社会教育局　一九四二＝一九七六：四七九―四八二］。

これらの項目は、家制度のイデオロギーというよりは、明治期の「家庭」論や大正期の「家庭」に関する政策で強調されてきたことだった。家族の団欒や、子どもの教育、そして科学的な知識の活用などは、本来は、夫婦中心の「家庭」の建設とあわせて唱えられていた。これらのうち、「家」と国策に合致する面が国家の教説として説かれるようになったのである。

この時期の国家の教説では、「家庭」がかつて「家」と対立する言葉であったことは、ほとんど忘れ去られていた。一九四二（昭和一七）年には「戦時家庭教育指導要項」の解説本が刊行されているが、そのタイトルは『家の道』というものだった〔戸田 一九四二〕。

とはいえこの時期においても、「家」と「家庭」の対立的なニュアンスが多少なりとも意識されていた場面をみることもできる。たとえば歴史学者の新見《しんみ》吉治《きちじ》は一九三七（昭和一二）年の著作で、「家」から独立した世帯（「家庭」）が台頭していることにふれつつ、「家庭制度は（…）國體と矛盾せざる家族組織である」〔新見 一九三七：二八〕と述べている。「家庭」を取り込みつつも、それは「國體」と「矛盾」しないものだとわざわざ述べなければならなかったのである。

だが多くの論者は、このような歴史的な文脈を踏まえずに「家」と「家庭」を混在させながら議論を展開していた。それはある意味では、「家」から独立した世帯や、新中間層の営む近代家族的な「家庭」が、社会に溶け込んできたということでもあった。

そしてこうした「家」に取り込まれた「家庭」の主要人物となったのが、「母」だった。

†「母」と戦争

「戦時家庭教育指導要項」には「母の自覚」という項目がある。そこで記されたのは、母親は子どもの人格形成に強い影響を与えるため、「皇国の次代」を育成する「母の責任と使命とを自覚」すべきということだった〔文部省社会教育局 一九四二＝一九七六：四八〇〕。このように一九三〇年代頃からは、総力戦体制を支える「母」の役割が積極的に唱えられた。

一九三二（昭和七）年には、軍部の支持を得るかたちで、大日本国防婦人会が設立されている。発端は女性たちによる、出征軍人の見送りなどの活動だった。大日本国防婦人会は「国防は台所から」をスローガンに、出征軍人の送迎、傷病兵や遺骨の出迎え、防空演習などを行うようになる。会員数は一九四一（昭和一六）年には、一〇〇〇万人弱にも達したという〔図14〕。

図14　国防婦人会
出典：NHKスペシャル『銃後の女性たち』

　こうした活動は、必ずしも嫌々ながら行われていたわけではなかった。二〇二一年に「NHKスペシャル」で放映された当事者へのインタビューでは、「母は第一線に立ってやってたよ。一生懸命になると思うよ。それまで母親なんで出番がなかったんだもん」といった発言が紹介されている。参政権もなく社会的活動が抑圧されていた当時の女性にとって、戦争に貢献する「母」の役割は、社会参画の高揚感が得られる数少ない機会でもあった。

一方でこれは、夫や子どもを戦争に協力させてこそ母親（女性）として一人前であるという抑圧と表裏一体だった。さきのインタビューでは、「女としてね。一人の親として戦争に一人でも出していたら一人前。だけど（子どもが）女の子で戦争に誰も出さなかったら半人前以下」という発言もなされている［NHK 二〇一一］。

女性の社会的活動の意義を唱えていた女性知識人たちのなかには、こうした状況に積極的に参画する者もいた。[8] そこで「家庭」は、社会、国家に接続されていった。たとえば婦人運動家の高良《こうら》とみは、一九四二（昭和一七）年に、「国家・社会・家庭」という論考を発表し、次のように述べている。「家庭は今日国家の政策を、ただちに実行に移してその効果を挙げてゆく（…）政治、国防、国家経済と密接不可分のものであります（…）一家として団結を強める役目は、多くの場合婦人にあります」［高良 一九四二：二八］［図15］。

また戦争と女性の社会進出は、相互に関連しているものでもあった。戦局が悪化するにつれて女性も軍需工場などに動員されるようになり、「家庭」の主婦としてだけでなく、「生産戦士」としての活動も要請された。

動員の主な対象となったのは未婚女性だったが、工場付属託児所の設置など、既婚女性を対象とした方策もなされていた。勤労要員として働いた女性たちからは、「子供を連れて働けるとは今一度世の中へ出られる思いほん当に嬉しく思いました」、「家庭においてはわからない時局的な教育を会社から直接間接に教えられることによって大いに認識を強め大きな心持ちになってきた様に思われます」という声もあがっている［宮尾 一九四一：四三一―四三二］。

これはある意味では、女性が「家庭」と仕事を両立する機会でもあった。婦人運動家の市川房枝《いちかわふさえ》は一九四三（昭和一八）年に、「かつては家庭と職業とは両立しないとまでいわれてきましたが、今日においては、国家の為にこれを両立させなければならない」と述べ、託児所など福祉施設の拡充、そして「主婦自身も家庭生活を徹底的に合理化、簡素化する」必要があると主張している［市川 一九四三：二七］。

図15　高良とみ
出典：『月刊神戸っ子』2018年11月号

兵士と「家庭」

戦時中は家族政策が活発化した時期でもあった。戦争を行うには優良な兵士をはじめ、人的資源を確保する必要がある。そのため戦争は、人びとの健康や遺族への支援など、生活保障への関心が高まる契機にもなった。

これらの政策のなかには、戦後の「家庭」を取りまく社会保障に連なるものもある。最後にこの点をいくつか確認して、第三章への橋渡しとしたい。

一九三八（昭和一三）年には、兵士の供給源でもある農山漁村を主な対象とした国民健康保険法が制定されている。これは戦争、敗戦の社会混乱のなかで実質的には機能不全になっていったが、一九五八（昭和三三）年の法改正で再出発した。

また一九四二（昭和一七）年には、現在の母子健康手帳のルーツにあたる妊産婦手帳が発行されている。総力戦のための人的資源の要請は、人口政策、そして妊娠、出産の健康管理にまで及んだ。

労働者を対象とした社会保障も、生産力の拡充という観点から整えられた。一九四一（昭和一六）年には工場などの男性労働者を対象とした労働者年金保険法が、そして一九四四（昭和一九）年には、事務職員、女性も対象とした厚生年金保険法が成立した。一九六一（昭和三六）年には、自営業者や農業従事者が主に加入する国民年金制度が実施され、いわゆる「国民皆年金」が実現することになる。

法学者の利谷信義《としたにのぶよし》は戦時中に実施された家族政策について、「総力戦体制を形成し維持するという目的に資する限りにおいて、家族を掌握し、介入し、保護するという方向が追求された」と指摘している〔利谷　一九七五：七〇〕。だが現実には、これらの政策は十分に機能せず、人びとの家族生活は苦しくなる一方だった。

実際の生活状況が悪化しているからこそ、家制度や「家庭」のあるべき姿が国家によって喧伝《けんでん》される。こうした矛盾と悪循環に多くの人びとは苦しんだ。戦争によって生活を破壊された人びとは、戦後にその再建、なによりも平和と安定に支えられた「家庭」を求めていくことになる。

こうした人びとの想いは、戦後に生きることが果たせなかった戦死者たちの言葉にもみてとることができる。たとえば学徒兵の遺稿集である『きけ　わだつみのこえ』には、「君」とともに築く「家庭」を想って綴《つづ》られた、次のような手紙がある。彼は日本大学専門部医科を卒業した後、一九四二（昭和一七）年に入営した。

寝ても覚めても常に君のことばかりが頭を去らない。この気持は入隊して特に著しい。会いたい語りたい願いは君に劣らぬほど切だと思う。（…）

男には自分の負担する家庭のためにまた一部には男の意地とか、野心とかいうものが相組んで社会面に擡頭《たいとう》する。そこに激しい火花なき戦闘が常に起ってくる。

これからこうした人世に身を置かねばならぬだろうとの想《おも》いは君に対する自分の責任を負うことを考える時一層強く感じられる。

狭く小さく君と僕とそれから、それに直接血の継《つな》る家庭とを守って巷《ちまた》にかくれた町医になり、貧しい不幸な病人の友となって正しく虔《つつま》しい生活が送れれば、それが何よりの幸福であろうが……〔日本戦没学生記念会編 一九九五：一〇四―一〇五〕。

この手記を記した兵士は一九四五（昭和二〇）年六月に戦死した。「家庭」がそもそも「町医」のような階層が高い者の場であったこと、また「男の意地」といった言葉の並びに近代的な性別役割分業の浸透を見出すこともできるだろうが、ここでは問わない。

この兵士と同様の想いを抱きながら亡くなった者は、同時代に多く存在していたと思われる。戦後の生活の再建、そして「家庭」とともに新たな社会を作ろうとしたエネルギーの源は、人びとがこうした戦死者たちをときには間近でみており、その無念を感じとっていたこととも無縁ではなかっただろう。

第三章　「明るい民主的な家庭」の困難——「家」から「家庭」へ

1　家制度の解体と存続

†『青い山脈』の時代

一九四九（昭和二四）年に公開された『青い山脈』（監督：今井正《いまいただし》）という映画がある。二週間で五〇〇万人を動員したといわれ、一九四七（昭和二二）年に連載された石坂洋次《いしざかようじ》郎《ろう》の原作とともに、戦後初期を代表する作品となった［図1］。

地方の女学校を舞台とするこの映画のテーマのひとつは、「民主主義」である。まだ旧来の文化が残るこの場所で、男子学生と親しげにしていた転校生がほかの女子学生に目をつけられ、男女交際禁止の校則に反していると校内で孤立させられてしまう。そこに原節子《はらせつこ》演じる英語教師が、健全な男女交際もできないような状況を問題視し、教員や保護者と対立しながら、「民主主義」を勝ち取っていくという筋書きである。

図1　映画「青い山脈」のワンシーン

　映画のシナリオには、転校生を追い詰めた女子学生たちを英語教師が説得するシーンがある。そこで彼女は、人びとの自由が束縛されていた戦時中の反省を込めながら、次のように述べている。

　私達は……日本の女は、遠い昔から長い間奴隷のように圧迫され、酷使されまるで自分というものを失くして暮して来ました。そして悪夢のような戦争がすむと同時に真暗の所から突然明るい光の中へつき出されたように解放されました。(…)そういう環境の中で一番正しい健康な男女の交際の、或いは恋愛のあり方はどういうものか……皆さんと一緒に考えたいと思います。(…)

　家のため、国家のためということで、個々の人格を束縛してむりやりに一つの型にはめこもうとする……日本人のこれまでの暮し方の中で一番まちがっていたことです〔今井・井手　一九四九：三四〕。

まだ戦争の記憶が生々しかったこの時代において、「恋愛」や「個人」といった言葉は特別な意味をもっていた。それは、全体主義体制のなかで「個人」が抑圧され、恋愛はおろか夫婦で連れ立って出歩くことでさえ白い目でみられていたような状況に対するアンチテーゼだった。

そして「家庭」という言葉もまた特別な意味をもった。「正しい健康な男女の交際」の行く先にあるのは、「家」ではなく「家庭」だったからである。『青い山脈』の原作のラストでは、プロポーズを受けた英語教師が、「夫婦は互いに尊敬し合うこと」など、結婚後の生活を確認し合うシーンがあり、「これまで内々で、かげで認められておった女の存在を、日向に、おおっぴらに持ち出していかなければ、家庭も社会も、ほんとに健全な発達を遂げることはできないと思います」と述べる〔石坂　一九五八：四六七〕。

男女平等を定めた新憲法と民法改正による家制度の廃止は、当時の人々に強烈なインパクトを与えた。そのなかで「家庭」は、来たるべき民主主義社会の基盤として再び脚光を浴びることになった。

†「明るい家庭」の理想と困難

家長が支配する「家」ではなく、対等な夫婦が中心となる「家庭」、その象徴的なフレーズが、「明るい民主的な家庭」であった。戦後の初等中等教育に定着した家庭科では、民主的な「家庭」がテーマのひとつになった。一九四九（昭和二四）年刊行の中学校第一〜第三学年用の教科書には、「明るい家庭」、「楽しい家庭」、「よりよい家庭」というタイトルのものがある。さまざまな論者が、民主的な「家庭」とは何かを説いた［図2］。

しかし民主主義と「家庭」の関係を考えた論者のなかには、両者の緊張関係を指摘する者もいた。たとえば評論家の磯野富士子《いそのふじこ》と法学者の磯野誠一《いそのせいいち》は次のように述べている。

多くの教科書には「明るい民主的な家庭」として、お父さんが、にこにこと家事を手伝い、お母さんも子供の意見に耳を傾ける家庭の様子が描かれ、子供はこのようなのが、お手本とすべきよい家庭であると教えられる。これは、内容こそちがえ、子供が両親に向って平伏している昔の修身教科書の絵を連想させる。（…）

個人個人を独立させ、各人に独立の主張を認めれば、利害の対立は必至であり、それを調整する対策が講じられなければ、家族は分解する。「明るい民主的な家庭」のスロー

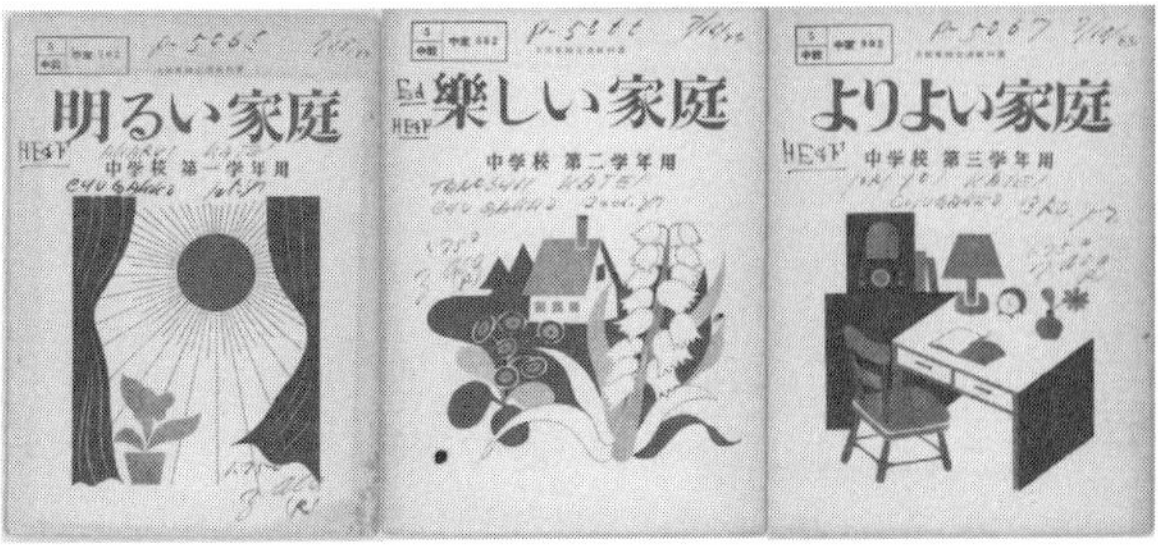

図２　『明るい家庭』『楽しい家庭』『よりよい家庭』
出典：国立国会図書館デジタルコレクション

ガンは、近代家族の直面する現実の難問題をおおう危険な幻想である［磯野・磯野　一九五八：一二八―一六四］。

磯野らの発言は、「明るい民主的な家庭」の理念がある程度広まっていた一九五八（昭和三三）年になされたものである。その背景にあるのは「明るい民主的な家庭」の否定ではなく、「家庭」における「個人」の問題をみることなしには、真の「明るい民主的な家庭」は達成できないという問題意識であった。

戦後の社会変化はしばしば単純化して語られる。戦前の封建的な「家」から、民主的な「家庭」が目指されるようになった、というのもそのひとつである。あるいは占領下における民主主義の「押しつけ」であったとみなすことや、そもそもこの時代のイメージがわかないということも少なくないだろう。

実際のところ、敗戦から高度経済成長期に向かう一九五〇年代なかばまでは、「家庭」をめぐる状況に限っても、かなり混沌とした時代である。生活基盤としての「家」は農村部を中心にまだまだ根強かった。また一九五〇年代には復古主義的な機運が高まり、家制度の復活が取り沙汰された。

一方で、学校教育などでは「家庭」が打ち出されるようになり、民法改正を担った法学者だけでなく、マルクス主義者などさまざまな論者が来たるべき「家庭」とは何かを語った。そのなかで、「家庭」と「民主主義」の関係も問われていった。その議論のなかには、今日でもアクチュアリティがあるにも関わらず、忘れられているものも少なくない。

本章でみるのは、こうした変革期における「家庭」の諸相である。

†「家」から「家庭」へ

まずは、法制度上の「家」から「家庭」への転換を簡単におっていこう。

一九四七（昭和二二）年五月三日から施行された現在の日本国憲法二四条には、家族生活における個人の尊厳と両性の平等が定められた。これは通例では、家制度の廃止と関連づけて理解されている。

戦前の家制度では、主に男性である「戸主」が多大な権力をもっていた。戸主は「家」の統率者であり、構成員の結婚や養子縁組に対する同意など、「家」の出入りを管理した。

こうした地位を支えていたのが、「家」の財産を前戸主から一人で相続する家督相続である。

対して二四条は、「個人の尊厳」と「両性の本質的平等」を定めた。とすれば当然、家督相続や夫婦間の不平等も再考されることになる。これらは基本的には、封建的な要素の払拭を狙ったＧＳ（民政局、ＧＨＱの部局）の主導のもとに導入されたものであった。

憲法の規定を踏まえて、一九四八（昭和二三）年には改正民法が施行された。戸主権、家督相続は廃止され、家制度は解体されることになった。

法学者の於保不二雄《おほふじお》は、以上のような法制度上の変化を「家から家庭へ」という図式でまとめている。於保によればそれは、「差別的支配的従属的な義理による家族道徳」から、「個人」を基調とした「平等・協同・開放的な性別血縁のみによる人情に従った家庭道徳への切換」であり、「家の原理から家庭原理への転換はわが国の家庭生活、社会生活に一大変化を生」じさせるという。それは、「民主主義精神」の実現なのであった〔於保 一九四七：六六〕。

†浮かび上がる「家庭」

とはいえ改正民法には、「家」の残存ともいえる要素もあった。そのひとつは、民法第七三〇条の「直系血族及び同居の親族は、互いに扶《たす》け合わなければならない」という、「親族間の扶け合い」の規定である。この条項は、法学者の牧野英一《まきのえいいち》をはじめ、民法改正の際に保守派の立場に立った論者の要望に沿ったものだったとされる。

家制度の廃止は、決して順風満帆に行われたわけではなかった。憲法、民法改正の審議にあたっては、保守系政治家たちが「家」の必要性を主張した。彼らによれば「家」は、第一章でみた家族国家観のように天皇制と結びついており、またそこでは社会保障がなくても成員同士で相互扶助が行われている。そのため家制度の廃止は、国のあり方、そして人びとの生活基盤を根底からゆるがしてしまうというのであった〔本多 二〇一七〕。

もっとも、保守系政治家たちの多くは新憲法を受け入れていった。新憲法は象徴天皇制を認めているため、国のあり方については一定の見通しがついたことがその理由のひとつである。天皇家を総本家として、日本国を一大家族とみなす家族国家観は、政策の場では次第に立ち消えになっていった。

一方で、実際の生活基盤としての「家」は、民法改正後もしばしば問題となった。新聞の投書欄などには、「家」がなくなると家族生活そのものが変わってしまう、あるいは家族の結びつきが弱まってしまうのではないか、という疑問がしばしば寄せられた[1]。

こうした疑問に対して、民法改正を支持した法学者たちの多くは、法律上の「家」は廃止されるが、実態としての家族生活は継続するのだと応答した。そしてその残った家族生活こそが、「家庭」であった。たとえば法学者の末川博《すえかわひろし》は次のように述べている。

こうして家というものがなくなる。然《しか》らば、あとに何が残るか。家から解放された個人はどうなるか。人によっては、こんな点について心配するかもしれない。だが、心配は無用である。現に人々は夫婦親子兄弟でつくっている家庭をもっているではないか。（…）すなわち紙の上の存在たるに過ぎなかった家はなくなったけれども、現実の生活関係たる家庭や親族は制度的にもハッキリ存在するのである。そしてそこに、広く社会組織の基盤として、家庭本位の生活単位が浮びあがって来る都合である［末川 一九四七：四七―四八］。

第二章でもみたように、進歩的な法学者たちは戦前期から、「家」が生活の実態と乖離していることを問題視していた。

たとえば戦前の戸籍で、戸主、妻、長男が記載されていたとする。この場合、長男が両親とは別の場所で独立の生計をたてて暮らしていても、法律上は戸主、妻、長男の「家」

があるとされた。そして長男が結婚した際は、妻は戸主の「家」に入るかたちで戸籍に記入されることになった。

すでに大正期の段階で核家族世帯は過半数を超えていたので、法律と実態はこのようにしばしば乖離していた。戦後の民法改正は、こうした法と実態のギャップを縮小しようという、戦前から続いていた問題を解消する試みでもあった。

†「家庭」としての戸籍

戦後は家制度の廃止にともない、戸籍法も改正された。現在の戸籍法では、夫婦と未婚の子を単位とし、結婚によって新たな戸籍が作られる。戦前の戸籍との大きな違いのひとつは、三代以上の戸籍が作られないことである。

とはいえ、戸籍が親族単位で編成されるという点は継続していた。この点は当時から批判があり、たとえば法学者の川島武宜《かわしまたけよし》は、家制度を廃止するなら個人単位の身分登録制度にするべきであると主張していた。

しかし保守派への配慮と、敗戦直後の紙不足により個人単位で書き改めることは難しいという現実的な判断から、親族単位の編成は継続することになった。[2] 当時の法改正に携わっていた法学者の我妻栄《わがつまさかえ》は、「民法上の家は廃止されたが、氏は残った」と述べている

［我妻　一九四九：一〇］。

もっとも、民法改正を支持した法学者には、戦後の戸籍法を問題視しない傾向もみられた。なぜならそれは、夫婦と未婚の子という「家庭」単位の編成であり、新憲法と民法改正で規定される現実の家族の共同生活を保障するものとみなされたからであった。

たとえば、我妻と共に法改正の場で活躍していた法学者の中川善之助《なかがわぜんのすけ》は、一九四七（昭和二二）年に、戸籍が「『戸』の籍ではなく、『家庭』の籍であればそれでいいではないか」と述べている。中川によれば、戦後の戸籍は「夫婦が作る家庭の籍」であり、現在の国民感情にもある程度適ったものであるという［中川　一九四七：一四］［図3］。

図3　中川善之助
出典：東北大学史料館

中川はまた、女性の社会進出によって結婚前からの名前を名乗り続ける必要性が高まれば、妻が夫の氏にすることが多い夫婦同氏の原則は問題になるだろうとも述べている［中川　一九四八］。とはいえ民法改正の時点では、家制度的な色彩が部分的に残ったとしても、夫婦と未婚の子どもからなる「家庭」を実質的に保障することが優先された。

実際にこの時期は、世論においても家制度の廃止に戸惑う声は多かった。一九四七（昭和二二）年の毎日新聞社の世論調査では、家制度の廃止の是非について、賛成が五七・九％と多数派ではあったものの、反対も三七・四％あった。とくに農漁業者のあいだでは、賛成が四三・三％、反対が五四・六％と、反対が上回っていた。生活基盤としての「家」には、まだまだリアリティがあったのである（『毎日新聞』一九四七年三月二五日）。

†生活基盤としての「家」の継続

敗戦直後においては、家族や親族は生活を支える砦だった。戦争によって、人びとの生活基盤が破壊されていたからである。

働き手を失った家族、傷病者を抱える家族、戦災孤児、戦争の被害で生活困難に陥る者たちはたくさんいた。

生き残った者たちも生活の再建にはさまざまな問題があった。軍需工場の閉鎖、そして復員兵や引揚者が本土に流れこんだことにより、街には失業者が溢れかえった。

とりわけ都市部はインフラや住宅が破壊されており、生活条件が悪かった。食糧や生活必需品は戦時中から引き続き配給制がとられたが、供給量が不足していた。そのため都市部の住民は、農村部への買い出しや闇市で食糧を探した。手持ちの衣類を食糧との物々交換で失っていく姿は、筍の皮を剥がすさまに見立てて、「タケノコ生活」と風刺された。

空襲と疎開（火災防止のために木造家屋などが取り壊された）で破壊されていた住宅の不足も深刻だった。住まいを失った人びとは、狭い簡易住宅や、廃材で建てたバラック、バスや汽車の廃品などに住んだ。親族や縁者のもとに家族ぐるみで間借りするケースも多かったが、食べ物をめぐるトラブルが絶えなかったという［鴨下　二〇〇五］。

こうした状況だったため、復員兵や引揚者、都市部の住民はしばしば、親族などを頼って農村に向かった。その結果、疎開時から続いて都市部の人口は減少し、地方人口と第一次産業の従事者が一時的に増加した。

一方で農村の方も、余裕があるわけでは必ずしもなかった。鳥取県出身で農林中金元副理事長の上山信一《うえやましんいち》は敗戦直後の状況について、「なにか食べ物はないかと、考えて暮らす毎日でした。戦後は家族一〇人に、引き上げの親戚縁者などがあって食料確保が大変でした」と回想している［JAcom　二〇一八］。

新憲法と民法改正は、「家」から「家庭」への道筋を提供した。しかし法制度の変化によって、実際の家族生活が「家」から「家庭」に急に移行したわけではなかった。第四章でもみるように核家族世帯の割合が急増したのは、都市部の生活基盤が改善し、大規模な人口移動が起きた高度経済成長期である。

†相互扶助の家族精神は残さなければならない

戦後初期においては、多くの人びとはこれまでの家族、親族関係のなかで生活を維持せざるをえない状況に置かれていた。経済学者の玉城肇《たまきはじめ》は一九四八（昭和二三）年に、「貧困者、老廃者、失業者、戦災者等」への支援の不十分さは、「家」が維持される要因だったと指摘している〔玉城　一九四八：一九三〕。

法制度の改正と農地改革によって農村のあり方も大きく変わった面もあったが、女性の地位についてはさほど向上しなかったという回想は少なくない。評論家の阿部《あべ》静枝《しずえ》は一九四七（昭和二二）年に、「憲法は男女平等という、民法は家を解消したという（…）映画は青春を讃美している、けれども自分の生活のどこが変ったかしら？　と、農村の女性は思うだろう」と述べている〔阿部　一九四七：六六―六七〕。

彼女たちは戦前と同じく、義父母や夫の優位のもとで、日々の農作業と家事、育児に従事することが多かった。こうした状況については生活改善普及事業などで改善が図られていくが、これは後にふれよう。

人びとが家族や親族に依存し、「家」の実態が残存していたという状況は、民法改正を支持した法学者たちも理解していた。とはいえむしろ彼らには、こうした相互扶助は

「家」の廃止後も維持されるべきだと考える傾向もあった。たとえば中川善之助は一九四八（昭和二三）年に次のように述べる。

新らしい憲法や民法は、わが国古来の家族制度をこわす、といって非難する人が多い。たしかに家は崩れるだろう、と私も思う。（…）ただしかし、社会施設を行うに十分の資力をもたない国の中で、また国民各自もみんなが十分に独立できるほど豊かでないというような日本の現状では、（…）やはり近親相依り相助けて、互に乏しきを分ち合うという心構えがなくては、家庭生活の楽しい社会は営まれない。

この意味において、復員の従弟を引取るとか、出戻りの姉を見るとか、失業の弟が帰ってくるとかいう相互扶助の家族精神だけは、まだまだ日本になくてはならない精神だといえよう［中川 一九四八：九五―九七］。

敗戦を迎え、経済再建の見通しがたたず、生活困窮者が溢れている状況では、「相互扶助の家族精神」だけは維持されなければならない。中川の発言は、こうした現状認識にもとづくものだった。

とはいえ中川は、「相互扶助の家族精神」は維持されても、それは戦前と戦後では異なるとも述べている。中川によればそれは「個人の尊厳」であり、「これが今までの家と、これからの家とを別ける標識」なのだという。

この時代、「個人」をめぐってどのような「家庭」が構想されたか。以下ではその議論をみていこう。

2 民主主義と「明るい家庭」は両立するか?

†「肉体」と「個人」

戦後初期において「個人」の確立は、戦前からの脱却を目指す際の象徴的なスローガンとなっていた。それは、戦前の社会および、総力戦体制時における「個人」の抑圧へのアンチテーゼだった。戦後の民主化をリードした社会科学者たちの多くは、民主主義は「個人」の確立とともに達成されると主張した。

「個人」の確立は、家族論においては家制度批判として展開された。家長が強大な権力を有し、結婚に際しても当事者の恋愛感情を重視しない「家」の道徳は、「個人」の確立と民主化を妨げるものと位置づけられた。

　こうした志向はアカデミズムだけでなく、当時の文化にもみられるものだった。たとえば小説家の田《た》村《むら》泰次《たいじ》郎《ろう》は、「個人が解放され、恋愛の自由が確保されたとき、日本人にはじめて世界的な文化を建設する条件が備わる」と述べている〔田村　一九四七：七〕〔図4〕。

　田村の名を一躍有名にしたのは、一九四七（昭和二二）年に発表された『肉体の門』という小説である。もっとも、同作品が描いていたのは、『青い山脈』のような健全な男女交際などではなく、占領期をたくましく生きる街娼《がいしょう》たちの生き様だった。

　占領軍の男性を主な相手としていた街娼たちは、当時の文学作品のテーマのひとつになっていた。「性」や「肉体」は、戦後初期の文化を彩るものであり、ストリップショーやカストリ雑誌と呼ばれる性雑誌が人気を博した。

図4　田村泰次郎
出典：『田村泰次郎選集　第一巻』日本図書センター

　カストリ雑誌で主に描かれたのは、未亡人や人妻、街娼との性描写である。これらは敗戦による虚脱状態と解放感がない混ぜになった男性たちの文化でもあった。歴史学者のジョン・ダワーはカストリ文化について、「現実逃避主義、性的なくすぐり趣味、そしてひどい低俗趣味」としつつ、「古い権威や根拠のない独断からの解放を人々に強く印象づけるような熱気と活力」があったと指摘する［ダワー　一九九九＝二〇〇四：一七〇―一七一］。

田村もまた「古い権威」に対する反感を抱いていた。彼は兵士としての自身の戦争体験を踏まえて、日本兵の残虐さは、他人を愛する経験の乏しさに由来すると述べている。田村によれば、兵士の大多数は「恋愛の経験」がなく、「純粋な愛情の経験のない、いわば非『人間』的な若者」である。そのため他者への共感が欠落しがちなのだという。

しかし戦争体験もある田村は、日本兵にも同情のまなざしを向ける。彼は、そもそもの問題は「個人」の恋愛を抑圧している「家」であるとし、次のように続けている。「兵隊を責める前に、私は見合結婚制を、――そして、それを必要とする日本独特の封建的家族制度を責めねばならない。（…）問題はそこまで行かなければ、根本的の解決は見出されないのである」［田村　一九四七：六］。

ここには、男性たちの戦争体験と「個人」の解放、そして「家」への批判がない混ぜになっている様子が読みとれる。『肉体の門』で描かれたのは、街娼のひとりが好意を寄せる男性と金銭抜きの性行為に至り、自我に目覚める姿であった。

もっとも、カストリ雑誌の大半は短命に終わった。それに代わって一九四〇年代末頃からは、夫婦の性生活をテーマとした夫婦雑誌が台頭した［山本　一九九八］。

夫婦雑誌はしばしば、夫婦の性生活の樹立こそが旧来の家族生活を民主化し、「家庭」を築くのだと謳った。代表的な雑誌である『夫婦生活』には次のようにある。「国家社会の単位」は「家庭」にあり、「家庭」の基本は「夫婦生活」である。そしてそれを「幸福」にすることが『夫婦生活』という雑誌の役目である、と〔『夫婦雑誌』創刊号：一四四頁〕。

夫婦の性生活に革新的な意味合いがあったというのは、今日では想像しにくい感覚である。とはいえ第一章でもみたように、「家」（とくに上層階級）では夫婦の性愛感情は抑制されていたため、性生活の強調は旧来の家族規範への対抗にもなった。『夫婦生活』は当時のベストセラー雑誌のひとつであり、一九五五（昭和三〇）年の廃刊まで毎月一五〜二〇万部ほどの売上げを維持したといわれる〔図５〕。

図５　『夫婦生活』創刊号

こうしたお題目が掲げられていたものの、カストリ雑誌や夫婦雑誌は、基本的には低俗なものとみなされていた。実際、『夫婦生活』の誌面は、性科学や夫婦の性生活に関する医学的解説（避妊、性病など）と、ヌードグラビアや不倫小説などが渾然一体となっていた。同誌は夫婦のマニュアル本としてだけでなく、ポルノグラフィとしても受容された。

とはいえ恋愛や、それにもとづく「家庭」の確立は、もはや否定されるものではなくなっていた。そして国家の側も、健全な男女交際や「家庭」を確立するための教育を模索するようになる。

†純潔教育と健全な男女交際

一九四七（昭和二二）年一月に文部省社会教育局長は、「純潔教育の実施について」という文書を都道府県に通達した。その目的は、「新日本建設の重要な基礎」である「同等の人格として生活し行動する男女の間の正しい道徳秩序をうち立てる」ことだった。この頃の純潔教育は、家庭教育、社会教育を念頭に構想された［近代日本教育制度史料編纂会 一九四七＝一九五八：四三七―四三八］。

歴史学者の小山静子《こやましずこ》は、純潔教育が唱えられた時代背景を二点指摘している。ひとつはさきにもみたような街娼などの性風俗が隆盛していたことである。こうした性風俗は、青少年たちの健全さを脅かすものとみなされ、純潔教育の必要性と結びつけられた。

もうひとつは、男女共学の実施である。戦前の教育制度では、中等教育段階以降は男女別学だった。しかし一九四七（昭和二二）年制定の（旧）教育基本法は男女共学を奨励したため、新制中学校と多くの高等学校で男女共学が実施されることになった。

だが、思春期の男女が同じ場で学び合うことは日本の教育機関にとって未曾有《みぞう》の経験だった。ここで、「男女交際とは何であるのか、中学生や高校生にとってどのような男女交際が望ましいのかという問題が、純潔教育の課題として浮上し」たのである〔小山 二〇一四：一九〕。

一九五〇（昭和二五）年に文部省純潔教育分科審議会が刊行した『男女の交際と礼儀』には、純潔教育が目指した「正しい」男女交際の様子がみてとれる。目次には「お互いに人格を尊重すること」、「交際を強制しないこと」、「自分の意志をはっきりと表わすこと」、「自分の行為に責任をもつこと」といった心構えのほか、「ことばづかいと話題」、「服装」、「文通」、「キャンプ・旅行等」などの具体的場面まで記されている。ごく簡単にまとめれば、「個人」の相互尊重と純潔を基調にした、健全な男女交際の指南である。

そしてこうした健全な男女交際の到着点こそが、「家庭」だった。同書によれば「よい家庭」は、「よい父母と健康な素質のよいこどもがあって、はじめて可能」である。その実現のためには、男女が互いを尊重し、また性病などに陥ることがないよう互いに純潔を守ることが大事だという〔文部省純潔教育分科審議会編 一九五〇：六九〕。

純潔教育分科審議会には、戦前の廃娼運動（公娼制度反対運動）でも活躍したメンバーもいた。第一章でもみたように、戦前では公娼制度で買売春が公認されており、当事者同士の恋愛、性愛感情にもとづかない「家」(の男性)を補完していた。純潔教育は、「家」から「家庭」への性道徳の移行の際に提起されたものでもあったといえる。

†家庭科と民主主義

民主的な社会にふさわしい健全な男女交際を説くのが純潔教育だったとすれば、その先に達成される「家庭」を説いたのが家庭科という科目である。

今日、学校の家庭科の授業で「民主主義」を学んだ実感がある読者の方は多くないだろう。しかし戦後初期の家庭科は、民主化と連動して構想された科目だった。

一九四七(昭和二二)年の「学習指導要領家庭科編(試案)」には次のように記されている。「家庭は社会の基礎単位」であり、「次の時代にみんなが平和な生活をするか、戦争を好むか、信頼ある、愛情に富んだ豊かな生活をするか、不安な憎しみに満ちた貧困な生活をするかを決定する男女の性格を培っている」。そのため、「家庭」を営んでいくための生活技術だけでなく、「家庭」における「個人個人」の関係についても学ぶ必要があるという[文部省 一九四七]。

この「個人個人」の関係を営む指針とされたのが「民主主義」だった。一九四九(昭和二四)年の「学習指導要領家庭科編 高等学校用」では、「家庭生活における民主主義的な生活の理解と価値の認識」が教育目標のひとつとしてあげられ、父と母との関係やきょうだいの関係、また「家の中の仕事の分担」が民主的かどうかを話し合うことが学習活動の事例とされた［文部省　一九四九］。

「学習指導要領家庭科編（試案）」の作成には、後に農林省の生活改善課長として農村の生活改善普及事業の基礎を築く大森《おおもり》（山本《やまもと》）松代《まつよ》が関わっていた。クリスチャンの家に生まれ、ワシントン州立大学家政学部に留学した大森は、アメリカで家政学を学び、「民主的で合理的な家庭生活」をみた。

一九四八（昭和二三）年に発表された大森の論考には、学習指導要領では抑えられていた家制度批判と「民主化」志向がよくあらわれている。大森によれば、「民主主義の家庭」では「家」のように「親の命令のまま働くだけでは何の意味をもなさない」。各人が進んで「家庭の仕事」に協力して、「共に家庭を社会を建設する」ということが必要である。家庭科はそのための教科でなければならないという［大森　一九四八：二九］。

家庭科は戦前の家事裁縫教育と違い、男女ともに学ぶ科目として位置づけられた。小学校では必修科目であり、中学、高校においても、女子の履修が主に想定されてはいたが、選択科目として男女ともに履修することができた。逆に一九六〇年代には、家庭科は女子が学ぶ科目として位置づけられるようになってしまうが、それは第四章でみよう。

こうして家庭科は、衣食住に関する技術、家計のつけ方や衛生観念など合理的な家族生活を送るための知識だけでなく、「家庭」の人間関係を「民主的」にするための態度を身につける科目として構想された。

もっとも、多くの教科書では、民主的な「家庭」のイメージは乏しく、「民主主義」は「明るい家庭」と関連づけられる傾向にあった。

本章冒頭でも取り上げた磯野富士子と磯野誠一は一九五八（昭和三三）年に、戦後初期では「『民主的な家庭』について教えなければならない人たち自身が、民主的な家庭生活を体験として身につけていなかった」と述べている。そのため、「家庭の民主化教育」は、「明るい民主的な家庭」を描いてみせることが主になってしまったのだという［磯野・磯野 一九五八：一二八］。

磯野らによれば、「民主主義」は、「明るい家庭」を保障するものではないという。それはどういうことなのか。その議論をみていこう。

†必ずしも明るく和やかにならない民主的家庭

一九五八（昭和三三）年に出された磯野らの議論は、戦後初期における家族関係の民主化論の総決算的なものである［図6］。

磯野らによれば、そもそも「家庭を明るいと感じるか暗いと感じるか」は、そこにいる人たちが家族のあり方に適応しているか否かによる。つまり「家」においても、そのあり方に適応してさえいれば、明るく和やかな生活は十分に成り立つ。「家」においても明るく和やかな生活が成り立つというのは、今日では想像しにくい感覚かもしれない。家長を中心に、夫と妻、義父母と嫁、長男ときょうだいのあいだに序列があることは、明るく和やかな生活と矛盾するようにみえる。

しかし家族内に序列があることは、裏をかえせば、家族生活にわかりやすい一定の指針があることを意味する。各人が自主性をもたず、その指針に従ってさえいれば、波風が立つことはない。そして磯野らによれば、「親や夫や姑《しゅうとめ》が温情をもって目下を遇《ぐう》し、目下は誠意をもって目上に仕えていれば」、「家」においても「なごやかな日常生活」は成り立った。そのため、横暴な家長や夫などを例にあげても、「自分は妻や子に温情をもって接してきたと信じている人々」を説得することは難しい。

対して「民主的な家庭」は、平等を原則とする

図6　磯野富士子
出典：『家族のなかの人間』筑摩書房

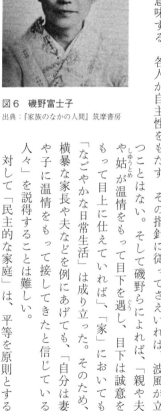

ため、「家」のようなわかりやすい指針がない。そして「個人」を尊重するため、相互の意見が対立することもある。つまり、家族関係の民主化は、「家族の分解の契機をはらんで」おり、「民主的な家庭は必然的に明るいのだと説くことは、理論的にも誤」まっている。磯野らによれば、「家」と「民主的な家庭」の根本的な違いは、「個人」の「権利の主張」が認められているか否かにあるという〔磯野・磯野 一九五八：一五九―一六六〕。

磯野らの議論は、戦後初期に目指された「個人」の確立と「家庭」との関係を突き詰めたものだったといえる。今日でも保守系論者が、家族関係における「行き過ぎた個人主義」をしばしば問題視している状況を考えれば、アクチュアリティがある議論といえるかもしれない。

磯野らは、「民主的な家庭」を営むにはどうすればよいのかということについても論じている。まずひとつは「愛情」である。「民主的な家庭」では「権利の主張によって生ずる緊張」が発生するが、それにも耐えられるような「愛情」を育む必要がある。そしてもうひとつは、「家族関係の科学」の確立である。それは、家族関係で生じる心理的な問題に対処するための心理学的アプローチだけでなく、家族関係に影響を与える経済的、社会的要因について考える社会科学的アプローチが考えられる。こうした術を適切に運用することが重要になるのだという〔同上：一八九―一九三〕。

実は戦後初期には、これまでみた民主化論とは異なるアプローチから、家族関係を取りまく社会的要因、とくに経済的要因に着目した独自の議論があった。マルクス主義にもとづく家族論がそれである。

†マルクス主義と「家庭」

戦後初期の論壇においては、共産党およびマルクス主義が大きな権威をもっていた。共産党は戦争に反対した政党であり、マルクス主義という社会科学に裏づけられた確かな存在であるとみなされていた［小熊 二〇〇二］。

新憲法の制定を契機とした男女平等が論壇の注目を集めたこともあり、戦後のマルクス主義系論者は、恋愛論や家族論についても活発な議論を行っていた。その主張をやや単純化してまとめれば、資本主義社会においては、理想的な恋愛や結婚、そして「家庭」は成り立たないというものである。

マルクス主義の歴史観においては、人びとは前近代的な共同体に埋め込まれていた中世から、「個人」を解放した近代資本制社会に移行する。しかしブルジョワが中心となった近代資本制社会では人びとは十分に解放されておらず、より高次の段階として共産主義社会が位置づけられる。マルクス主義の家族論では、この共産主義社会でこそ、「個人」の純粋な愛情にもとづく理想的な「家庭」が営まれるとされた。

一例として、マルクス主義的な観点から婦人問題についての著作を多数執筆していた能《のう》智《ち》修弥《しゅうや》の議論をみてみよう。能智によれば、日本では近代資本制社会への移行が中途半端に終わってしまったため、「家」のような「個人」を縛りつける制度が残存している。しかし、近代資本制社会への移行がみられるところでも、理想的な恋愛や結婚がなされているわけではない。政治家や財閥の政略結婚にみられるように、社会経済的な条件が恋愛や結婚を制限してしまっている。

そしてなにより、近代資本制社会では労働者が貧しく不安定な状況に置かれている。「いつ会社をくびにされるかわからないような不安な世の中では、ほんとうに自由な、何ものにも制限されない恋愛は生れてこない」［能智　一九四九：六七―六九］。

こうした歴史観に賛同するかはさておき、能智の議論は、理念だけでは家族生活は改善されないとみなすものだった。能智は、新憲法は「ただそうあるべきだという民主主義の理想」が示されただけで、実質的な改革をともなっていないと批判する［同上：一〇七］。

では具体的にどのような改革が必要になるのか。そのひとつは「家庭の社会化」、すなわち家族の機能、とくに家事や子育てなど女性に課された役割を社会で担うことだった。マルクス主義の観点から恋愛や結婚、そして「家庭」を精力的に論じていた評論家の平《ひら》井潔《いきよし》は、一九四九（昭和二四）年の著作で「家庭の社会化」の必要性を力説する。平井によれば、近代資本制社会において女性は、工場など職場で働くだけでなく、家事や育児にも労力を割いており、自由な社会活動ができていない。

対して、「社会主義は、家庭生活全体を革新する」。たとえば食事や洗濯は、「中央炊事工場」や「中央洗濯所」など、社会でまとめて行うことにより合理的に処理される。子育ても母親がつききりになるのではなく、「教育上からも医学上からも完備した施設」で、専門家によって適切に行われる。

こうした議論は極論にみえるかもしれない。しかし平井によれば、近代資本制社会の常識に染まっている者は、「家庭と台所」を一緒に考えている。そのため、「炊事や育児や洗濯が個人の家庭の外に追放されるときくと、『家庭』は消滅するのではないかとおそれる」。むしろ家事や子育ての機能を適切に社会化し、負担を軽減してこそ、「家庭」は「純粋に、精神的人格的な本性をとり戻す」のであるという[平井　一九四九：一八六―一八九]。平井は、「本来の意味の共産主義」は、「家庭の敵ではなくて、むしろ真の家庭の平和の基礎」なのだと述べている[平井　一九五一：一七七][3]。

マルクス主義系の家族論は抽象的なものが多く、具体像まで踏み込んだものは少ない。そのため平井の議論を、マルクス主義の公式的な見解として位置づけるのは躊躇されるが、資本主義社会の「家庭」を問題視する論理の一端はうかがえよう。「家庭」をめぐる経済的条件や、その機能をどのように社会で担うかということは、すぐれて現代的なテーマである。

†民主化論の陥穽とアクチュアリティ

もっとも、「家庭の社会化」の議論には、女性の家事からの解放という志向はみられるものの、女性と家事の結びつき自体は自明視している傾向もうかがえる。実際に、男性も家事を女性と平等に担うという発想を、マルクス主義系の議論から見出すことは難しい。じつはこの傾向は、当時の家族関係の民主化論にある程度共通するものである。多くの論者は「家庭」での男女平等を説きつつも、そこでの性別役割分業を積極的に是正するという発想は希薄だった。家庭科も基本的には、女子が学ぶ科目と想定されていた。

とはいえ、戦後初期の民主化論には、今日にも連なるテーマが多数提起されていることは見逃せない。「家庭」における「個人」の衝突はどのように調整されるのか、そもそも「個人」が自由に「家庭」を営むことができる社会的、経済的な条件とはどのようなものか。そこにはさまざまな議論の萌芽があった。

しかしこうした民主化の機運は徐々に衰えていった。政治の場では、「逆コース」という反動的な動向が目立つようになり、「家庭」もその流れのなかに巻き込まれていく。

3　逆コースと「家庭」

†家制度復活の兆し

占領期の後半頃からは、労働運動への制限や公職追放を受けた者の解除、そして再軍備の進行など、初期の改革とは矛盾する政策が実施されるようになった。こうした一連の動向は当時のメディアに「逆コース」と呼ばれた。

「逆コース」は家族政策にも及んだ。一九五一（昭和二六）年には当時の与党であった自由党が首相の吉田茂《よしだしげる》に、占領期の改革の行き過ぎについて意見を提出しているが、そのなかには「家」の廃止の見直しも含まれていた。同年の『朝日新聞』には、「首相は社会秩序の一つのより所として〝家〟を重視し、改正民法が家族制度にメスを加えたのは良い面もあるが、行き過ぎもあったと解している」と報じられた（『朝日新聞』一九五一年九月一〇日朝刊）。

一九五四（昭和二九）年には自由党憲法調査会が「日本国憲法改正案要綱」を出し、その具体的なプランが提示された。同調査会の会長は、A級戦犯被疑者として逮捕されながらも、政界に復活していた岸信介《きしのぶすけ》だった。

「日本国憲法改正案要綱」は、天皇を「日本国の元首」と位置づけ、また再軍備を肯定しているものであり、戦前体制の復活とみなされた。実際に、男女平等を定めた第二四条の見直しは、家制度の復活といえるものだった。

現在でも自由民主党（一九五五年に自由党と日本民主党の合同で結成）は改憲を唱えており、二〇一二（平成二四）年に公表された「日本国憲法改正草案」では、第二四条に「家族は、社会の自然かつ基礎的な単位として、尊重される。家族は、互いに助け合わなければならない」と加えられている［自由民主党 二〇一二］。

では、一九五〇年代にはどのような改憲案が唱えられていたのか。具体的にみていくこととしよう。

†孝養の義務化

「日本国憲法改正案要綱」の第二四条改正の要求は大きく分けて二つある。ひとつは、「子の親に対する孝養の義務を規定」することであり、もうひとつは、均分相続制を部分的に見直すことだった。

前者は、第一節でもふれた改正民法第七三〇条の「直系血族及び同居の親族は、互いに扶け合わなければならない」という文言、そして今日の自民党の改憲草案にも連なるものである。「日本国憲法改正案要綱」によれば、新憲法は、「極端な個人主義の立場」にもとづいており、「子が親に対する尊敬と、老後の扶養」が軽視されてしまっている。「夫婦親子を中心とする家族」は「健全な社会構成のため保護尊重」すべきである。しかし「経済力の貧弱なわが国状」のもとでは、社会保障によって老後の生活を支えることは「許さざる所」である。そのため、「子の親に対する孝養の義務」を規定するべきだという〔自由党憲法調査会　一九五四＝一九七六：五四四〕。

親への「扶養」ではなく「孝養」と記されている点は、第一章でもみた家制度の教説である「孝」の復活を想起させるものであった。またここには、家族に社会保障を代替させることが露骨にうたわれており、こうした発想は戦前および現在の日本の家族政策にある程度通底するものである。ではもうひとつの主張である均分相続の見直しはどうか。

†均分相続と保守政権

均分相続の見直しは、近年の保守論調にはあまりみられない。しかし戦後初期においては相互扶助の義務化と並んでよく見出される主張だった。

「日本国憲法改正案要綱」の主張は次のようなものである。日本は一戸あたりの農地が小さく、「わが国のように農地の細分化されている国は外にはない」。均分相続ではきょうだいでわずかな農地を分け合うことになり、「農地が更に零細化され」、「農家経済の存立を危機に陥《おとしい》れる」。そのため、均分相続を採用するとしても、農地の細分化を制限するための規定を設けるべきだという〔自由党憲法調査会　一九五四＝一九七六：五四四―五五五〕。

　こうした主張は当時の民主化論者には、家督相続（単独相続）の復活とみなされた。家制度における家長とその相続者の権威を支えていた物質的基盤は、「家」の財産を一人で相続する家督相続であった。「日本国憲法改正案要綱」には家督相続の復活とは明記されていないが、均分相続の見直しは、こうした家制度の復活のニュアンスが含まれていた。

　均分相続の見直しは、当時の保守政権の支持基盤を固めるための政策だったともいわれる。法学者の唄孝一《ばいこういち》と渡辺洋三《わたなべようぞう》によれば、農村では「土地所有の大きさ」が、「支配の強さをはかる重要なバロメーターとしての意味」をもっている。しかし均分相続では旧地主層や一部の上層農家がもつ土地が細分化されてしまうおそれがあり、保守政権の基盤でもある彼らの支配力が弱まってしまう。均分相続の見直しは、そうした事態を防ぐために唱えられたものでもあったという。

　また農地改革で生じた自作農たちは、地主のような財産や広大な土地を所有していないことが多く、均分相続では経営が成り立たなくなる可能性がある。そのため保守政権は、新たに生じた自作農の支持を安定させるために、均分相続の見直しを主張したのだという〔唄・渡辺 一九五四：三六―三八〕。

このように、当時の保守論調は現在のそれに比べて、明確に戦前の家制度の基盤と連なっていた。「子の親に対する孝養の義務」は、「孝」の教説という精神的基盤に、そして均分相続の見直しは家督相続という物質的基盤と接続していた。

そしてこうした主張は、当時においては一定のリアリティもあった。この時期はまだ国民年金制度もなく、「家」の相互扶助は老後の生活の基盤でもあった。また一九五〇年代の日本は、就業者の二人に一人が第一次産業に従事しており、農家の支持を取りつけることは政治家にとって重要な課題であった。

しかしこれらの改正案は実現しなかった。法学者や婦人団体を中心に、家制度復活に対する反対運動が盛り上がったのがその一因である。

†反対運動の高揚と「家庭」への移行

家制度復活への反対の声は、「日本国憲法改正案要綱」が打ち出された直後から沸き起こった。同要綱が出された一九五四（昭和二九）年には、婦人団体を中心に日比谷公園で家族制度復活反対総決起大会が開かれ、街頭行進も行われた〔図7〕。

図7　家族制度復活反対デモ
出典：共同通信社

法学者の田辺《たなべ》繁子《しげこ》は、自身も参加した街頭行進の様子を次のように伝えている〔図8〕。「赤ちゃんづれのお母さん達、あかるい顔の職場の若き女性。（…）行進の先頭宣伝カーには、午後の会合を知らせてアナウンスをする人一人の外は全部、赤ちゃんをおんぶしたお母さん、三、四歳の子をつれたお母さんとそのあどけない子供によって充満した。（…）宣伝ビラを見て列に加わる女性、涙して見つめる老婦人。（…）家庭の女性と職場の女性が互に力になり合って進む、この様な運動はわが女性解放史上最初のものである」。家制度復活に反対する講演会や大会は全国的に波及した〔田辺　一九五五＝一九七六：五六六―五六七〕。

家制度復活への反対の声は、女性たちのものが目立った。一九五四（昭和二九）年三月二六日の『朝日新聞』には、「日本伝来の家族制度の美点とは、どんなことをいうのでしょうか。男のみ自由があり（…）長男相続であり、男子中心の家であり、女にはなんの権利もない家ではなかったでしょうか」と述べる投書が掲載された。

書き手は「分家の娘」であり、以下のように続く。「本家だの分家だのと仲よくつながれている家でも、私のように分家の娘として育った者からみれば、それは自主性も個人の自由も個人の幸せもない、ただよくても悪くても本家に対してヘコヘコして過した生活があるだけです」（『朝日新聞』一九五四年三月二六日夕刊）。こうした声を、進歩的な法学者や革新政党の政治家たちは論壇や政治の場で後押しした。

一九五五（昭和三〇）年二月の総選挙の争点のひとつは憲法改正だった。改憲を唱えた鳩山一郎《はとやまいちろう》内閣に対して、左派社会党と右派社会党は改憲阻止を掲げ、憲法改正の発議を抑えることが可能な総議席の三分の一以上を獲得した。同年には右派左派の社会党が日本社会党として統一、また自由党と日本民主党の合同で自由民主党が結成された。与党自民党と一定規模の野党勢力が拮抗する、いわゆる「五五年体制」の成立である。

図8　田辺繁子
出典：近藤宏二『あなたも長生できる』主婦の友社

改憲を阻止された自民党はその後も憲法改正を掲げた。しかし家制度復活に関しては、そのトーンがかなり抑えられるようになった。一九五六（昭和三一）年に自由民主党憲法調査会は「憲法改正の問題点」を発表しているが、そこでの家族に関する改正案は、「母子、老人等の保護に関する規定」と「家族（家庭）の存在意義」に関する「何らかの規定」を設けることなどに留まっている。

この文書には注目すべき点がある。それは、「家庭」という言葉が「家族」に括弧をつけるかたちで用いられていることである。本書でこれまでみてきたように、保守系論者が国家や社会の基盤と位置づけてきたのは、夫婦中心の意味合いが強い「家庭」ではなく、家長が中心となる「家」や「家族制度」であった。[4]「家庭」は、戦後初期においてはいまだ、革新系の論者が「家」に対置して使う言葉でもあった。だがこの文書では、「家族（家庭）」が用いられ、「戸主権中心の旧家族制度の復活の如きは全く考えられていない」と明記された〔自由民主党憲法調査会　一九五六：九三〕。

このように、一九五〇年代後半からの保守系論者は、「家」や「家族制度」といった戦前的なニュアンスが強い語に代わるかたちで、「家庭」という言葉を積極的に使うようになっていく。高度経済成長期にその傾向はますます強まるが、それは第四章でみよう。

そしてもうひとつ、「憲法改正の問題点」で唱えられていた主張、とくに「家族（家庭）の存在意義」に関する「何らかの規定」についても言及しておきたい。この規定は、GHQの新憲法の草案作成時から現代までたびたび争点になっているものである。

†ベアテ・シロタ・ゴードンの苦闘

先述の通り、二〇一二（平成二四）年公表の自民党改憲案には、「家族は、社会の自然かつ基礎的な単位として、尊重される」という文言がある。これは、一九五〇年代の改憲案の発想から連なっているものであるといえる。この文言は、「家族は、互いに助け合わなければならない」と続き、国家による私的領域への介入、あるいは家族に社会保障を代替させる狙いがあるのではないかとしばしば批判されている。

実は一見よく似た文言は、GHQの新憲法の草案作成時にもみられた。第二四条のもとになった草案には、「家庭は、人類社会の基礎であり、（…）それ故、婚姻と家庭とは、法の保護を受ける」とも記されていた（原文で「家庭」はFamily〔Gordon 2014〕）。

この文案を作成したのは、当時二二歳であったベアテ・シロタ・ゴードンだった〔図9〕。東京音楽学校（現東京芸術大学）の教師だったユダヤ人ピアニストの娘であるベアテは、少女時代を日本の乃木坂で過ごしていた。語学が堪能な彼女は、日本語、英語、フランス語、ドイツ語、ロシア語、スペイン語の読解ができ、草案の作成時には、これらの言語で読める各国の条文を調べたという。

しかしベアテが念頭に置いていたのは、家族に社会保障を代替させることではなく、女

図９　ベアテ・シロタ・ゴードン
出典：ベアテ・シロタ・ゴードン　フォトギャラリー

性の権利を保障することだった。日本の女性の地位の低さを見聞きしていた彼女は、草案作成時にも「『女子供』（おんなこども）とまとめて呼ばれ、子供と成人男子との中間の存在でしかない日本女性。これをなんとかしなければいけない」と思っていた。

そのためベアテは女性の権利をベースに、「家庭」の社会保障についても積極的に記していた。妊婦および子育てを行う女性への公的支援、婚外子への差別の禁止、さらに「老齢年金、扶養家族手当、母親の手当、事故保険、健康保険、障害者保険、失業保険、生命保険などの十分な社会保障システム」のほか、男女の職業の機会均等や、男女同一賃金なども盛り込まれていた。

だがこれらの項目は、最終的に削除された。その理由は簡単にいえば、憲法に明文化するには細かすぎるというものだった。ベアテは後年に、「この憲法作成作業に携わったＧＨＱのアメリカ人すら、女性への理解者ではなかった」と回想している［ゴードン　二〇一六：一八二—二二〇］。

†「家庭」の保護の二重性

こうした社会保障の整備を念頭にいれた「家庭」の保護は、当時の左派も唱えていた。たとえば一九四六（昭和二一）年に日本社会党の鈴木義男《すずきよしお》は憲法草案について、「古き家族制度の解体、新しい家庭の成立に当りまして（…）家庭生活の保護ということを追加致して置きたい」と述べている［第九〇回帝国議会衆議院本会議　一九四六年六月二六日］。同年に社会党が発表した憲法改正要綱には、「国民生活の安定向上を図るは国の使命」、「国民の家庭生活は保護せらる」とも記されていた［社会党　一九四六］。

ベアテや社会党にみられるのは、「家庭」は国家や社会の基盤であるからこそ、何らかの社会的支援によって保護するという発想である。これは同じく「家庭（家族）」を国家や社会の基盤と位置づけていても、社会的支援を整備するというよりは、「家庭（家族）」での相互扶助を期待するために道徳的な保護や尊重を強調しがちな保守系論者とは志向が異なっていた。

一九五九（昭和三四）年に磯野富士子は、日本においては、「国民の旺盛な権利意識」が発達していないため、家族生活への国家の介入は、「円満な家族生活の条件整備よりも、一家和合の心がけを説く道徳教育の強化となる危険がきわめて大きい」と述べている。磯野によれば家族の保護は、家族のあり方に対して干渉することではなく、「各人の自主性を十分にのばしながら家族全体がなかよく暮せるには、どのような客観的条件が必要であるか」を検討することからはじめなければならない〔磯野 一九五九：一八四―一八六〕。

これは、「家庭」における「個人」の確立を重視した彼女の議論と連動している発想であった。第五章でもみるが、現在でも「家庭」の保護が、「一家和合の心がけを説く道徳教育の強化」に繫がりやすい状況を鑑みれば、アクチュアリティのある指摘だといえる。

しかし戦後初期の「家庭」の保護に関する議論は、あまり煮詰められないまま立ち消えとなった。「家庭」の保護のイメージが立場を超えて共有されなかったこともあるが、第一節の中川善之助の発言にもみたように、当時の民主化論者は「相互扶助の家族精神」を自明視する傾向があったことも一因としてあげられる。

たとえば家制度批判の急先鋒だった川島武宜は、「日本国憲法改正案要綱」の「子の親に対する孝養の義務」という規定に対して、子が老親の面倒をみることは「自明の理」であり、「日本国民の多くが自分自身をさえ養いかねているという現在の経済状態」では、憲法に扶養義務を書いても無意味であると批判している〔川島 一九五七＝一九八三：二六一―二六二〕。社会保障を拡充するほど経済状況がよくないという認識は、保守革新を問わず共有されていた。

こうして、家族内での相互扶助を自明視する傾向は継続しつつも、制度上の「家」は解体されることになった。家制度の復活論争がピークを過ぎた一九五六（昭和三一）年の『経済白書』には、経済の復調を踏まえて、「もはや『戦後』ではない」と記された。

第四章で詳述するが、高度経済成長期にかけて、国家や社会の基盤は「家」ではなく「家庭」が位置づけられていくことになる。とはいえそれは、「民主的」な「家庭」というよりは、国家や社会の基盤として機能的に働く「合理的」な「家庭」であり、戦後初期にその種は埋め込まれていた。最後にその様相を確認しておこう。

4 「家庭」の合理化

†民主化と合理化

本章ではこれまで、さまざまな立場の論者による「家庭」論をみてきた。「家庭」の法整備を唱えた論者、健全な男女交際とともに「家庭」を構想した論者、「家庭」のなかでの「個人」の確立を重視した論者、資本主義社会での「家庭」の限界を批判的に見据えた論者、そして実質的な「家」の継続を狙った論者、などである。

彼らの議論は、それぞれの立場を超えてある前提が共有されていた。それは、当時の日本が貧しく、欧米先進諸国に比べて立ち遅れているという認識である。

一九五〇（昭和二五）年の時点では、就業者の二人に一人が第一次産業に従事していた。農村は農地改革などによって土地や所得の平等化は進んだものの、生活様式は大きく変わらなかった。経済学者の吉川洋《よしかわひろし》は一九五〇年頃の農村について、「今では信じられないほど伝統的であり、また自給自足的なものだった。自分達の履く草鞋《わらじ》をつくることから干し柿、味噌づくり、ソバ打ち、餅つき、繕い仕事、フトンの綿入れなど数え上げればきりがない」と描写している［吉川 一九九七：二五］。

こうした生活状況だったため、戦後初期の家族関係の民主化論は、「民主化」と生活の「合理化」がセットになっていることが少なくなかった。

たとえば家庭科は、家族関係における「民主主義」だけでなく、衛生知識や家計簿のつけ方など、生活を近代的、能率的にする科目として構想されていた。マルクス主義系論者が「家庭の社会化」を唱えたのも、女性が家事育児の負担で社会活動をする余裕がなかったということが大きい。当時は、家事負担を軽減する電化製品などは普及しておらず、日々の生活環境の維持で一日のほとんどの時間が使われていたのである。

こうした状況に対しては、さまざまな施策が実行された。そこでは、「民主化」と「合理化」がしばしば結びついており、実質的には後者に傾いているものもあった。そしてこれらの試みは、高度経済成長期の「家庭」の普及を準備することにもなる。

†生活改善普及事業と「家庭の民主化」

戦後初期において生活の「民主化」、「合理化」の対象となったのは、まず農村だった。旧来の生活様式が色濃く残る農村は、「遅れた」日本の象徴的な存在であった。

GHQは占領政策の一環として、農村の「民主化」を重視していた。「家庭」に関わるものとしてあげられるのは、一九四八（昭和二三）年に農林省で発足した生活改善普及事業である。初代生活改善課長として指揮をとったのは、農林省初の女性課長であり、家庭科の設置にも関わっていた大森《おおもり》（山本《やまもと》）松代《まつよ》だった。

大森は生活改善普及事業を開始するにあたって、「生活文化の育成と向上」、「農業生産の増大」、そして「家庭生活の民主化」という目標を掲げた。アメリカ留学で「民主的で合理的な家庭生活」を見聞きしていた大森は、戦時中に農村で疎開生活をしており、生活状況の改善の必要性を痛感していた〔中間・内田　二〇一〇〕。

大森がモデルとしたのは、「農業経営と家庭生活」を、「男女ともにひとつになってお互いに積極的」にこなしているアメリカの農家生活だった。生活改善普及事業は、農村およびその「家庭」を「民主化」するために、生活水準の向上、とくに女性の地位向上を目指して発足することになった［太田　二〇〇八］。

「民主化」を掲げた生活改善普及事業の取組みは、台所や給水設備、栄養状態の改善など、多くが実践的なものだった。一日の大半の時間を家まわりの雑事に捧げている女性の生活環境の向上がなければ、「家庭生活の民主化」は成立しなかったからである。

図10　生活改善普及事業によるかまどの改善（1948年）
出典：農林水産省HP

生活改善普及事業でよく知られている活動は、「かまど」の改善であった［図10］。現在ではかまども古びたものに映るが、当時の農家の多くは、煮炊きをいろりで行っていた。女性史研究者のもろさわようこも述べるように、「いろりがつぶされ、煮たきがレンガやコンクリートでつくった改良かまどに変わることは生活文化の前近代から近代への移り変わりを意味」していた［もろさわ　二〇二一：八三］。かまどの改善は、女性たちの助け合いや内職収入によってしばしば補われた。

戦後初期の生活改善普及事業は、単なる上からの施策ではなく、農家の人びとのニーズを実際に抽出しながら展開されていたことが今日でも評価されている。初期の生活改善普及事業には、女性のスタッフが多く関わっていた。彼女たちは農家で立場が弱かった女性の地位向上を課題のひとつとして、熱心に仕事に取り組んだ。[5]

†新生活運動と「明るい家庭」

戦後初期に生活状況の改良を目指したものとしては、新生活運動が知られている。新生活運動は、支配体制に対する抵抗というよりは、国家や企業との連携などによって、生活水準の向上を意図したタイプの運動だった［ゴードン 二〇〇五］。「家庭」に関する運動で注目されるのが、企業を中心に行われていた、家族計画と連動した新生活運動である。

家族計画は、生活水準の向上を目的として、避妊などによる出生の抑制を働きかける方策だった。現在の日本では少子化対策が重要な政策課題としてあるが、戦後初期は人口抑制が課題だった。一九四〇年代後半のベビーブーム（団塊の世代）や、兵士の引き揚げなどによる人口増加に、敗戦で疲弊した国力では対応できないと考えられたからである。

一九四八（昭和二三）年には人口対策の一環として優生保護法が制定され、中絶が条件つきで合法となる。「優生上の見地から不良な子孫の出生を防止する」ことを目的とした同法は、障害をもつ人への中絶や不妊手術を可能とするものでもあった。その後の改定では「経済的理由」も中絶適応要件に加えられ、手続きも簡素化された。

とはいえ中絶の増加は「母体保護」の観点からみて問題があるとされ、しだいに家族計画が政策でも重視されるようになる。企業における取組みのモデルとなったのは、日本鋼管《にっぽんこうかん》(現JFEスチール)の新生活運動だった。ここには、半官半民の組織として一九三三(昭和八)年に結成された、財団法人人口問題研究会が指導に関わっていた。

日本鋼管の新生活運動の発端は、労務部長の「Kさん」が、工場での事故の原因究明にあたったこととされている。Kは事故の要因が、従業員が徹夜で子どもの看病をしていたことにあり、彼らの「不安や疲労」、つきつめれば「家庭生活内部の不安定」にあるのではないかと考えた。「家庭生活」には衣食住だけでなく、育児や娯楽などさまざまなことが含まれている。そのため「家庭生活が明るくなり、元気よく工場に送りだされれば、きっと産業事故も減るにちがいない。そうだ、『安全は家庭から』だ」という。

Kは在社時間の管理だけでなく、「従業員の退社後の家庭生活にまで、あたたかい手をさしのべるべきだ」という発想まで行き着く。それは、男性従業員の妻を対象とする取組みであり、「主婦を中心に、教養をたかめ、生活の合理化をすすめ、健康をますなどのよき指導と相談相手となる運動」を実行することだった。

この運動に家族計画が位置づけられた。なぜなら、「三人子供を生むのも、八人の子供を生むのも、また全然生まないのも、個人の自由意志の問題」だが、「子供たちと家庭生活の幸福を考え」るならば、出生をコントロールし、「合理的に家庭生活をきずきあげ、心身ともに健康で、すぐれた能力をもつ子供」を育てることが必要になるからだという。「家庭を基本に考え、家庭の幸福→家庭生活の向上→職場の明朗化」という方向こそが、運動の「中軸」となるべきだという〔人口問題研究会 一九五七：五―九〕。

こうして日本鋼管の新生活運動が発足した。運動では、助産婦の指導員が主婦のグループを指導するだけでなく、従業員を戸別訪問し、性に関する悩みの相談にのった。現場工員の世帯では、事務職員の世帯に比べて避妊が行われていなかったが、次第に実行率も上がっていった。当初は川崎市内の社宅を対象に行われていた新生活運動は、日本鋼管傘下の他の製鉄所や造船所に拡大していくことになる。

主婦たちのグループ形成は連帯の機運も生んだ。彼女たちからは新生活運動を多面的にして欲しいという要望が寄せられ、会社も積極的に協力しながらさまざまな講習会が開かれた。講習会の内容は、料理や裁縫、ふとん綿入れから生花まであり、育児や子どもの純潔教育についての講座もあった〔同上：六一―九〇〕〔図11〕。

新生活運動は、家族手当の削減などを通して企業に利益をもたらすものでもあった。そもそもこの運動は労務管理だけでなく、経営コストの削減や、日本鋼管厚生課の仕事探し（戦時中に行われていた労働者への食糧物資補給の役目がなくなっていた）などの目的もあった

図11　新生活運動

出典：『職場の新生活運動』人口問題研究会

といわれる。

　こうした取り組みは、他の企業にも波及していった。日本鋼管の新生活運動に協力していた人口問題研究会が指導した企業のなかには、東芝電気、トヨタ自動車、日立造船などの大企業が名を連ねている。

　また新生活運動は、「近代家族」的な生活スタイルを労働者階級に浸透させるものでもあった。労働者階級の女性にとって、出産や子どもの教育に関するイニシアチブを獲得し、また「主婦」としての教養やスキルに触れる機会は新鮮なものだった。第四章でもみるが、この時期は労働者階級にも、戦前のホワイトカラー労働者と同じく長期雇用や年功賃金が広がりはじめており、男性稼ぎ手モデルを実践する経済的基盤も整いつつあった。

　社会学者の田間《たま》泰子《やすこ》は、戦後初期には「民主化」を契機として「明るい暮らし」、「明るい家庭生活」が人びとを動かす表象になっていたと指摘している〔田間　二〇〇六：二五二〕。

新生活運動はいわば、家族生活を「合理的」にすることから「明るい家庭生活」の実現を目指すものであった。

磯野富士子、磯野誠一の議論にもみられるように、「民主的な家庭」は必ずしも「明るい家庭生活」としてのみ構想されていたわけではない。しかし多くの人びとは「民主化」を「明るい家庭生活」として受け止め、その実現に希望を見出したのであった。

†「家庭」と排除

第四章では高度経済成長期に時代が移るが、その前に最後にふれておきたいことがある。それは、「家庭」がもたらした排除についてである。

ある理念が正統の座を占めるようになると、その理念に沿うものと沿わないものとのあいだに優劣がつけられるようになる。戦後初期は、男女の健全な恋愛によって成立する「家庭」が、「家」に代わって台頭した時代だった。ここには、「家庭」の理念にそぐわないものへの否定的なまなざしが顕在化する契機もあった。

たとえば純潔教育は、敗戦直後に隆盛していた性産業が、健全な男女交際、ひいては「家庭」に悪影響を与えるという考えをもとに構想されていた。ここにはもちろん、買売春や性産業に従事する女性を、「家庭」にいる女性と分別する志向がある。

戦後初期の「性」に関する政策は、こうした女性の分断をともなうものだった。たとえば政府は戦後真っ先に占領軍相手の売春施設を設立しているが、その目的は、一部の女性を性産業に従事させることによって、一般女性の「防波堤」と位置づけることだった［図12］。

一九五七（昭和三二）年には、売春防止法が施行された。同法では売春を「社会の善良の風俗をみだすもの」と位置づけ、売春を行う、また行う可能性がある女性を「保護更生」することが意図されている。

社会学者の青山薫《あおやまかおる》は売春防止法について、「国が差し伸べる保護や更生を受け入れる（「純潔なる家庭」を守る）女性と、これらを拒否したりそこから落ちこぼれたりする女性」を分断し、後者を劣位に置く機能を果たしていると指摘している。そしてこうした分断は、現代においてもセックスワーカーの権利を軽視する傾向などに連なっているという［青山二〇二一：七―八］。

また男女の恋愛や性愛が正統の座を占めることは、異性愛以外の愛情関係、たとえば同性愛を劣位に置くことでもあった。第二節でも記したように、敗戦直後の夫婦雑誌などにおいては、夫婦の性愛が「民主化」と連動して語られており、性科学者たちがそうした議論をリードしていた。

こうした議論においては、同性愛はしばしば「異常」なものとして位置づけられた。歴史学者の酒井晃《さかいあきら》によれば、戦後初期の性科学者が「家庭」における夫婦の性愛を論じ、正統化したことは、同性愛を周縁化させる効果をもったという〔酒井　二〇一六〕。

性産業に従事する女性や同性愛が社会において周縁化される現象は、もちろん戦前からあったものである。とはいえ戦後に「家庭」が正統の座を占めるようになると、そうした事態は「家庭」を中心に加速するようになったといえるだろう。

ここにあげたのは、「家庭」からの排除をめぐるほんのわずかなことがらに過ぎない。「家庭」（母親）をもたないために愛着形成に問題があるとみなされた戦災孤児〔土屋　二〇一四〕、戦争によって夫を失い生活困難に陥った未亡人、戦争で結婚するタイミングを逸したために、男性優位の職場環境のなかで不利を蒙りながらも働き続けた女性〔塩沢・島田　一九七五〕、「優生上の見地から不良な子孫の出生を防止」する優生保護法のもとで、人工妊娠中絶が実施されたハンセン病患者や精神障害者。「家庭」が暗黙のうちに周縁化してきた人びとは、枚挙にいとまがない。

図 12　日本人女性と占領米軍の兵士

写真提供：共同通信社

本書は、「家庭」が社会の基盤として位置づけられる過程に重きを置いている。しかし「家庭」が周縁化してきた人びとの生きづらさに焦点をあてるならば、まったく異なる歴史が描かれるだろう。

第四章 企業・団地・マイホーム——一億総中流と「家庭」

1 高度経済成長と「家庭」

†新・家庭論

一九六八（昭和四三）年の『朝日新聞』に、「新・家庭論」というシリーズが連載されている。高度経済成長以降の「家庭」の変化をさまざまな側面から浮き彫りにしようという企画である［図1］。

テーマとなったのは、「家」の衰退にともなう親族関係の薄まりや老後の問題、家電の登場による家事の変化、団地や持ち家をはじめとした「マイホーム」の問題、恋愛結婚や共働きと夫婦関係の行く末、などであった。高度経済成長のまっただなかにあった、この時代の人びとの関心のあり様がよくあらわれている。

そのテーマのひとつに、「遠くて近い政治」というものがある。こうした生活環境の激変に対して政治がどのように対応すべきなのかということが論じられ、読者に向けても次のような呼びかけが記された。「はつらつとした夫婦や子ども。しあわせいっぱいの顔、顔、顔。――そんな家族集団を大写しにした政党の色刷りポスターが、町に、いなかに、目立ちはじめた。家庭の幸福を。生活の安定を。いつも投げかけられるスローガン（…）政治と家庭との結びつきを、国と家庭、地域社会と家庭との関係を、もう一度考えよう」（『朝日新聞』一九六八年六月八日朝刊）。

一九五〇年代後半から七〇年代前半にかけての高度経済成長期は、「家」に代わって「家庭」が生活基盤の主役として躍り出た時代だった。こうしたなかで政治の側、とくにこれまで「家」を重視してきた保守の側も、「家庭」を取り上げる必要に迫られた。ときの首相であった佐藤栄作《さとうえいさく》は一九六八（昭和四三）年の国会答弁で、当時の家族の変化への困惑を交えつつ、次のように述べている。

まぁ保守だからというわけじゃありませんが、あまりにも進み過ぎるというか、実は驚くような面もあるのであります。（…）しかし、とにかく新しい家庭がつくられつつある。それに対しての政府の政治そのものも、やっぱりそれに対応していくことが必要だと、かように実は痛感するのであります［第五八回国会参議院予算委員会第二〇号］。

本書でこれまでみてきたように、夫婦と子どもを中心とし、また性別役割分業が組み込まれた家族のあり方は、「家庭」という言葉とともに明治期に理念としてあらわれたものだった。こうした「家庭」は、大正期頃から新中間層を中心に広く実践されはじめ、戦後の新憲法の制定と民法改正によって制度的にも保障された。そして高度経済成長を迎え、製造業を主力とした工業化社会が本格的に形成されるなかで、「家庭」を営む層は拡大し、それは日本社会の基盤であると、政治的な立場を超えて認識されるようになった。

図１　新・家庭論
出典：『朝日新聞』（1968年6月8日朝刊）

もっともこの変化は、必ずしも単線的に進んでいったわけではない。たしかに高度経済成長期には、企業の発展、団地や持ち家をはじめとした新たな生活空間の台頭、そして家電や自動車の大量生産とともに、人びとは豊かな「家庭」生活に向かっていった。

とはいえその道のりにはさまざまな戸惑いや模索があった。一九六三（昭和三八）年の『朝日新聞』の社説には次のように記されている。「家族制度下の『家』の概念が、『家庭』中心に切りかわったため、夫婦や親子の関係に、いろいろととまどいや混乱も起っている。（…）いわば、民主社会における『家庭像』というべきものが、まだはっきりつかめていないところに、問題があるようである」〔『朝日新聞』一九六三年五月二九日朝刊〕。

急激な社会変化には人びとの生活実感だけでなく、制度や政策もなかなか追いつかなかった。たとえば一九六〇年代に次々と建てられた団地は、新たな生活の場としてあこがれの対象となった一方で、設立当初は保育施設などが周辺に整っておらず、若い居住者たちは子育ての場に悩んだ。こうしたなかで人びとは、ときには自分たちで子育ての場を創り、あるいは声をあげて生活の問題を政治の場に届けた。

高度経済成長、東京オリンピック、大阪万博、平和と繁栄。二〇一四（平成二六）年にNHKが実施した「戦後七〇年観」の世論調査では、これらのキーワードが上位を占めた。現在イメージされる「戦後」の多くはこの時期のものだ〔荒巻・小林　二〇一五〕。

もっともその実態のなかには、現在では見過ごされがちなことも多い。たとえば一九六〇年代は大企業を中心に男性稼ぎ手モデルが広まる一方で、女性の労働力率は同時期の他の先進諸国に比して高かった。また核家族世帯が増加する一方で、三世代で暮らす拡大家族世帯も一定数維持されていた。高度経済成長期の「家庭」は、女性の働き方、保守革新が提示する「家庭」像、政策や企業が想定した家族モデルやライフコース、そして、地域社会や自営業の根強さに人びとの「豊かさ」への期待など、さまざまな動きのなかで形成されたものである。

二〇〇〇〜二〇一〇年代には、「戦後レジーム」からの脱却を唱える安倍晋三《あべしんぞう》が憲政史上最も長く総理大臣を務めた。「戦後」から何を引き継ぎ、何を変えるかが問われる現在、あらためて高度経済成長期、「一億総中流」のなかの「家庭」をみていきたい。

†「民族大移動」と核家族世帯の増加

高度経済成長は、それまでの日本社会の光景を大きく変えた。一九五〇（昭和二五）年の日本は、就業者の二人に一人が第一次産業に従事していた半農業国とでもいうべき国家だった。しかし高度経済成長にともなう産業構造の転換と、「民族大移動」とも形容された農村部から都市部への大規模な人口移動は、人びとの生活のあり方を全国的に変容させていった。

戦後初期に増加していた農業従事者は、一九五五（昭和三〇）年から一九六五（昭和四

図２　集団就職列車
写真提供：共同通信社

〇）年にかけて約四〇〇万人減少し、多くの者が都市部へ移動した。とくに若年層の移動が多く、一九六〇（昭和三五）年から一九六五年にかけて減少した農業従事者の八七％は三五歳未満の者だった［上村　一九六九：三五―三七］。

「民族大移動」の象徴は一九五〇年代なかばからはじまった、いわゆる「集団就職」である［図2］。当時の農村部は子どもを高等学校に進学させる余裕がない世帯が多く、また人口増のために余剰人口を抱えていた。そのため農村部の新規中卒者は、都市部に働きに出ることになった。一九六一（昭和三六）年の新規中卒者のうち、三八％は出身県外で就職し、そのうち九三％は東京、大阪、愛知の三大都市圏に集中していた［吉川　一九九七］。

新規中卒者たちは、当時発展していた機械工業企業への就職を希望することが多かった。しかし人気が集まっていた機械工業企業は、宿舎施設などを必要とする地方出身者よりも、家から通勤可能な都市部の中卒者を採用する傾向にあった。

そのため地方出身の中卒者たちは、都市部出身者が就きたがらない繊維産業や、小さな町工場、個人商店などで働くことが多かった（たとえば住み込みの工員や蕎麦《そば》屋の出前といった仕事)。こうした地方出身者たちのなかには、独立して自営商店を営むことを目指す者もいたが、この点は第五節でまたふれよう〔加瀬 一九九七〕。

農村部から出てきた若者たちはやがて結婚し、都市部における核家族世帯の増加につながっていった。一九五五(昭和三〇)年に約一〇三〇万だった核家族世帯は、一九七〇(昭和四五)年には約一七〇〇万にまで増加し、とくに首都圏、近畿、東海の増加率が著しかった〔福田 一九八三〕。

一九六〇年代後半から七〇年代は、年間出生数が二六〇万人を超えていた「団塊世代」(一九四七~四九年生まれ)が家族を形成する時期にあたる。「民族大移動」と人口増加が重なり合いながら核家族世帯は増えていき、一九六〇年代に「核家族」は広く知られる言葉になった(もとはマイナーな学術用語だった)[1]。本章の冒頭で紹介した佐藤栄作の発言がなされたのもこの時期のことである。

†企業社会と「家庭」

また高度経済成長期は大企業を中心に、長期雇用や年功賃金(年齢や勤続年数で上がる賃金体系)を特徴とする「日本型雇用」が確立した時期でもあった。

日本型雇用は、男性労働者を一家の稼ぎ手とする「男性稼ぎ手(主)モデル」を前提としたシステムだった。ここで男性労働者は、結婚して妻子を養う年齢に差し掛かると、そのライフステージに応じた賃金を得ることができた。

もっとも日本型雇用は、女性の排除で成り立っていたシステムでもあった。一九五〇年代には大企業を中心に男性労働者の五五歳定年制が広まる一方で、女性労働者の定年は三〇代に抑えられることも多く、さらに結婚、妊娠、出産を理由とする結婚等退職制が浸透した。企業にとって長期雇用と年功賃金の維持は大きな負担であり、その軽減のために女性の場所を「家庭」に位置づけ、経営の調整弁として活用したのである［大森 二〇二一］。

一例として、一九六四（昭和三九）年に、結婚退職を迫られた女性が会社を提訴した「住友セメント事件」をみてみよう。被告会社である住友セメント（原告の入社当時は磐城《いわき》セメント）は、一九五八（昭和三三）年から結婚退職と三五歳定年制を女性職員の労働契約に組み込んでいた。

裁判においても住友セメントは、女性は結婚後、「家庭本位となり、欠勤がふえ（…）労働能率が低下する」として、結婚等退職制は「企業の合理性の維持促進という業務上の必要から」、「正当な措置」であると主張していた［田中ほか編 一九八〇：九八］。この裁判は一九六六（昭和四一）年に原告側の勝訴に終わるが、男性には長期雇用、女性には短期勤続を前提とした雇用管理を行う企業はその後も少なくなかった。

また企業は、男女の出会いの場も提供した。国立社会保障・人口問題研究所の岩澤美穂《いわさわみほ》と三田房美《みたふさみ》によれば、一九五〇年代までの日本では見合い結婚が主流だったが、それ以後は職縁結婚の割合が増え、一九七〇年代から九〇年代までは出会いのきっかけのトップを占めた。とくに大企業の事務職や官公庁勤務の男女が、職縁結婚（見合い結婚を含む）に至りやすい傾向にあったという［岩澤・三田 二〇〇五］。一九六〇年代に見合い結婚と恋愛結婚の比率は逆転しているが、その推進力となったのは職場での恋愛結婚だった。

戦後初期から高度経済成長期にかけての企業は、一種の共同体という側面をもっていた。一九六〇年代頃からは大企業を中心に、運動会や慰安会といったレクリエーション行事のほか、スポーツ施設などの福利厚生が整えられていった。一九六〇年代は都市部においても安価なレジャー施設が十分になかったため、これらの福利厚生は、上京して孤立しがちな若年労働者を取り込む対策にもなっていた［能塚 一九九四］。

こうした企業の福利厚生は、従業員の家族を対象としたものでもあった。レクリエーション行事などの活動は、家族ぐるみで参加することも念頭に置かれていた。

一九五〇〜六〇年代の社内報にはしばしば男性従業員と専業主婦の家族生活が取り上げられている。一九六〇年代の日本通運の社内報には、「安全は家庭から」、「大和協調による企業の発展は家庭から生れるといっても過言ではないのです」といった文言も記されていたという［大門　二〇二〇］。こうした共同体的な雰囲気のなかで、同僚や上司の紹介、介入などによって、男女が出会うことも珍しくなかっただろう。

高度経済成長期は、日本社会で暮らす多くの人びとが「村人」ではなくなっていく時代であった。社会構造の変化のなかで人びとは農村部から新たな共同体のなかに埋め込まれていき、その代表格が企業だった。

†家電と団地

高度経済成長は人びとの生活のあり方も大きく変えた。現在の私たちが慣れ親しんでいる生活やライフイベントの多くは、この時期に浸透したものである。

一九五〇年代の日常生活を取りまく道具は、基本的には戦前期の延長線上にあった。たとえば洗濯は、主婦たちが洗濯板などを用いた手洗いで行うものであり、「お洗多苦」とも呼ばれる重労働だった。

こうした状況は、高度経済成長にともなう消費生活の浸透と、家電の普及によって大きく変わっていった。一九五〇年代後半には、白黒テレビ、洗濯機、冷蔵庫が、いわゆる「三種の神器」として人びとのあこがれのアイテムとなり、一九七〇（昭和四五）年頃には約九割の世帯が所有するに至った。とくに洗濯機は、主婦たちの家事労働を低減させるものとして受け入れられた。たとえば洗濯機があることで、洗濯しながら炊事、掃除をすることが可能になったのである〔天野・桜井 一九九二〕。

また企業の発展とともに、職場から離れた郊外での豊かな家族生活が人びとの心を捉えていった。その象徴的な存在が団地である。人口移動による住宅不足を補うために一九五〇年代後半から続々と建設された公団の団地は、当時としては最先端のライフスタイルを提供する場だった。

ダイニングキッチン、浴室（当時の都市部では銭湯に行くことが多かった）、水洗トイレ、そしてシリンダー錠を備えた団地は、まだ目新しかった食寝分離の生活とプライバシーの観念を広範にもたらした。一九五六（昭和三一）年に名古屋の団地で新婚生活をはじめた男性は次のように語っている。「明るい台所にはステンレス製の流し台が設置され、浴室と水洗トイレが住戸内にある。これこそ新しい時代の住まいだと、大変な衝撃を受けました。（…）出始めた家電の三種の神器、テレビ・洗濯機・冷蔵庫をちょっと無理して購入して、まさに時代の最先端の生活、憧れの暮らしを楽しみました」〔UR都市機構 二〇一四〕。

団地は「近代家族」の居住空間でもあった。初期の公団の団地では、ダイニングキッチンと部屋二つの「2DK」が標準となり、手狭ながらも、食事の空間と夫婦の寝室、そして子ども部屋というような近代的な生活空間が実現されたのである。

†ライフイベントの施設化、商業化

都市部の居住空間の発展とともに、多くの人びとは旧来の地域共同体から切り離されて生活するようになった。その結果、これまで地域共同体の慣習とセットになっていたライフイベントの施設化、商業化が進んでいった。

たとえば一九五〇年代までの出産は、自宅などで助産婦の立会いのもとに行われることが多かった。一九五五（昭和三〇）年の自宅等出産の割合は八三％である。しかし一九六五（昭和四〇）年にその割合は一六％にまで低下し、出産は医療施設で行われるものになった。この背景には、衛生上の問題から医療施設での出産が奨励されたことだけでなく、団地のように周囲に親族がいない狭い居住空間では、自宅出産がしにくいという事情もあった［白井　二〇一四］。

結婚は商業化の波に乗っていった。戦後まもなくまでは、自宅での結婚式が普通だった。だが高度経済成長期頃からは、東京オリンピックの際にホテルの建設ラッシュを迎えたこともあり、商業施設で神前結婚式と披露宴をセットにした結婚式が台頭していった［斎藤　二〇〇六］。一九六〇（昭和三五）年一二月に行われた石原裕次郎《いしはらゆうじろう》と北原三枝《きたはらみえ》の結婚式では、約一メートルのウエディングケーキが登場し、注目を集めた。

同年九月には、当時の皇太子夫妻（現上皇明仁《あきひと》、上皇后美智子《みちこ》）が、東京都のひばりヶ丘団地を訪問した［図3］。この時期は、二人の結婚による「ミッチーブーム」の予熱がまだ残っていた頃であり、多くの住民が押し寄せた。平民出自ながらも皇太子とはテニスコートでの出会いを通して恋愛結婚に至ったという美智子妃のシンデレラストーリーに、人びとは熱中していた。また美智子妃は、東宮御所内でエプロンをまとって料理をする姿など、慎ましくも華やかな「主婦」のイメージの発信源でもあった［図4］。

恋愛結婚で結ばれた皇太子夫妻が団地に訪れ、「近代家族」の担い手でもある住民たちが好奇とあこがれのまなざしをもって取り囲む。ここには戦後の「家庭」をめぐるひとつの縮図があった。高度経済成長のなかで地域共同体から解き放たれた多くの人びとは、皇太子夫妻に象徴されるような華やかな結婚を夢見ながら、「家庭」に新たな豊かな生活と希望を見出したのだった。

皇太子ご夫妻の団地族訪問
六畳のアパートに日本一のお客さま
東京・ひばりケ丘団地をご見学された日の皇太子ご夫妻とエピソード
■街の話題■
――去る六日午後、東京都北多摩郡田無町のひばりヶ丘団地でのこと。
折から訪米旅行を半月先にひかえて、ご視察に忙しい皇太子ご夫妻が、
いわゆる庶民の"団地族"の生活をはじめてごらんになられた。
以下、ご夫妻が直接垣間みられた"団地夢"訪問記――
"イヤア今日ハ"と気易く挨拶
週刊平凡　26

図3　皇太子夫妻とひばりが丘団地の人びと
出典：「週刊平凡」1960年9月21日号

図４　台所で料理をする美智子皇太子妃
出典：毎日新聞社提供

高かった女子労働力率

こうして大企業の男性労働者を中心に、性別役割分業型の「家庭」が広範に営まれるようになっていった。一九六〇（昭和三五）年に五四・五％だった女性の労働力率は、団塊世代の多くが出産、子育て期をむかえる一九七五（昭和五〇）年には四五・七％となり、戦後で最も少ない数値を記録した。いわゆる「近代家族」の最盛期は、この時期であるといってよいだろう［厚生労働省編　二〇一二］。

さて、この数値をみて、思っていたより女性の労働力率が高い、と感じた読者も多いのではないだろうか。実際に一九七五（昭和五〇）年でも日本の女子労働力率は、フランスやイギリスよりも高かった。日本より早く「近代家族」が大衆化した一九四〇～五〇年代のアメリカの女子労働力率は二〇～三〇％代である。戦後から一九七〇年代初頭まで、日本の女子労働力率は欧米先進諸国よりも高い水準にあった［経済企画庁編　一九九七］。

女性の労働力率が高かった理由のひとつは、自営業や中小企業の家族従業者として働いていたからである。高度経済成長期の日本は同時期の欧米先進諸国よりも自営業率が高かった。一九六〇（昭和三五）年の全就業者のうち、自営業主と家族従業者の割合は、アメリカが一六％、西ドイツが二三％、対して日本は四九％だった［野村　一九九八：六二］。

一方で、女性が育児期をフルタイム雇用で過ごすパターンも一定程度存在していた。社会学者の田中重人《たなかしげと》によれば、高度経済成長期における既婚女性のフルタイム継続率は、二割程度で一定していたという［田中　一九九九］。

また一九六〇年代なかばからは、大手電機メーカーなどが中高年女性のパートタイマーを導入し、子育てをある程度終えた女性がそこで働くようになった。経済学者の竹中恵美子《たけなかえみこ》によれば、一九六四（昭和三九）年までの女性の雇用労働者の増加は自営業主や家族従業者の減少と連動していたが、一九六五（昭和四〇）年以降は、それまで家事に従事していた者が供給源になったという［竹中　一九八九］。

結婚、出産を機に仕事を辞め、育児が一段落した中高年期にまた働きだすと、女性の労働力率はM字型のカーブを描く。このパターンはM字型就労と呼ばれる。世代別にみるとM字型の底は、一九三六（昭和一一）〜一九四〇（昭和一五）年生まれ、一九四六（昭和二一）〜一九五〇（昭和二五）年生まれになるにつれて低くなる、つまり戦後生まれに近づくほど主婦化が進行し、結婚、出産を機に仕事をやめるようになる。しかしこれらの世代も、育児が一段落した頃には働くことが多かった［落合　二〇一九］。

第五節でも述べるが、高度経済成長期の家族は、日本型雇用のもとで働く男性労働者と専業主婦の「家庭」のみで構成されていたわけではない。たしかにこの層は高度経済成長期に拡大したが、妻がパート労働などで家計補助を行う形態もあらわれはじめていた。また長男が農村部で両親とともに同居する傾向も根強くあり、農家や自営商店の多くは共働きで営まれていた。これらのさまざまな人びとが、それぞれの状況のなかで少しずつ豊かな生活を目指していたのが、高度経済成長期の家族生活の実情である。

とはいえ、製造業を中心とした企業社会の成立は、その実態以上に、企業で働く夫と主婦で営まれる「家庭」のイメージをかたちづくった。そして「家」から「家庭」が社会の基盤であるとみなされるにつれて、家族問題の語り方も変わっていくことになる。

2 「マイホーム」の家族問題

†「家」からホームドラマへ

高度経済成長期において「家庭」は、文化やジャーナリズムのメインテーマのひとつになった。

文学の領域では「家」から「家庭」へのテーマの変化というべき現象が起きていた。文芸評論家の奥野《おくの》健男《たけお》は一九六〇年代の評論で、庄野潤三《しょうのじゅんぞう》の『静物《せいぶつ》』(一九六〇年)など同時期の話題作が、「家庭」や夫婦関係への戸惑いを扱っていると指摘する。『静物』は、夫婦と三人の子からなる家族のエピソードを淡々と綴《つづ》った短編小説だが、妻の自殺未遂など日常に潜む不安定感が描かれていた。

第一章でもみたように、戦前の文学はしばしば「家」の抑圧をテーマにしていた。奥野によれば、戦前の「家」は強固であり、文学者にとっても手応えのあるテーマだったが、戦後の社会変動のなかで崩壊してしまった。代わって「家庭」がテーマとして浮かびあがったものの、それは文学者が日常的に暮らす場でもあり、「家」のような対抗相手とはなっていない。そのため多くの文学者(とくに男性作家)は、「家庭」を描くことに困難を抱えているのだという〔奥野　一九六四〕。

一方で女性作家たちは、サラリーマンの妻が抱える問題を描きはじめていた。河野多恵子《こうのたえこ》の『蟹』(一九六三年)、大庭《おおば》みな子の『三匹の蟹』(一九六八年)は、ともにサラリーマンの妻を描いた芥川賞受賞作であるが、単なる夫婦円満が描かれていたわけではない。前者では夫の会社の保養所の近くに部屋を借りた妻のひとり暮らしが（結核の療養のため）、後者では夫の海外赴任に連れ添った妻が現地で若い男性と過ごすアバンチュールが描かれていた。文芸評論家の斎藤美奈子《さいとうみなこ》は両作品について、「妻にとっての夫が抑圧であること」を示しており、こうしたテーマは主婦の急増とともにあらわれたと述べている〔斎藤 二〇一八〕。

こうした表現が登場しはじめていたものの、一九六〇〜七〇年代前半はテレビのホームドラマの全盛期でもあった。ホームドラマの多くは、家族の日常と団欒、時には何らかのトラブルに巻き込まれる様子を描きながらも、最後は明るいハッピーエンドで終わる。テレビのホームドラマに影響を与えたとされるのは、一九五〇年代後半から六〇年代なかばにかけて日本でも放映された、アメリカのテレビドラマである。

アメリカのテレビドラマが映す家族生活は、豊かな「家庭」の象徴だった。『パパは何でも知っている』、『うちのママは世界一』などの作品では、頼もしい「パパ」と専業主婦の「ママ」、そして子どもたちからなるアメリカの中流家族の生活がコメディタッチに描かれ、人気を博した。映像にあらわれる冷蔵庫やキッチン、広いリビングなどは、当時の人びとに大きなショックと憧れを与えたといわれる。

アメリカのテレビドラマは「豊かさ」だけでなく、新しい父親像と母親像を提示したものでもあった。『うちのママは世界一』では、日本映画でおなじみのセンチメンタルな母性愛ではなく、夫と子どもたちから信頼され家族生活を取り仕切る「ママ」の姿が、『パパは何でも知っている』では、子どもたちを一方的に怒鳴りつけるのではなく、頼もしくも誠実に接する「パパ」の姿が描かれた。

『パパは何でも知っている』を少年時代にみていた文芸評論家の校條剛《めんじょうつよし》は、「パパ」の姿をはじめアメリカのテレビドラマからは、「道徳とか倫理観」、「極端に言うと、善なるもの、正義なるもの、さらに大きくいうと民主主義なるもの」を学んだと回想している。そして、「何でも知っているパパと、素敵なママと、長女ベティ、長男バド、末っ子キャシィ。（全員声を合わせて）『パパは何でも知っている！』」という番組の始まりの文句は、「声が聞こえてくるほどに馴染んでしまっ」たという〔校條　二〇一七〕。

アメリカ産のテレビドラマを参考にするかたちで、『ママちょっと来て』（一九五九―六三年）、『カミさんと私』（一九五九―七二年）、『咲子さんちょっと』（一九六一―六三年）といった国産のホームドラマも続々と作られていった。『パパは何でも知っている』の登場人物は保険会社の営業部長の「パパ」と専業主婦の「ママ」であり、『ママちょっと来て』も会社の部長の「パパ」と「ママ」の物語だった。

こうしたホームドラマの全盛期を支えていたのが、テレビの普及である。一九五八（昭和三三）年の白黒テレビの普及率は一〇％程度であり、多くの人びとは商店などに人集め用に置かれたものを視聴していた。一九六五（昭和四〇）年にその普及率は九〇％を超え、ホームドラマはお茶の間で家族揃って楽しむコンテンツとなった。

社会学者の加藤秀俊《かとうひでとし》は一九六二（昭和三七）年に、『ママちょっと来て』で描かれた家族生活は、この時代の「家庭」観、とくに主婦のあり方の象徴だったと述べている。加藤によれば、戦後初期は「家庭哲学」が不在だった。しかし生活水準の向上とアメリカ文化の影響から、「休みの日に夫がこどもの三輪車を押している、その間に妻が台所でおいしいものをつくっている」といった新たな「家庭主義哲学」が生まれた。『ママちょっと来て』の「ちょっときてママ、ちょっときてママとみんなから呼ばれ、たよられているあのふんい気に現代主婦がシンボライズされている」という〔『読売新聞』一九六二年一月三日朝刊〕。

†男性の「女性化」とマイホーム主義

テレビのホームドラマは、映画評論家の佐藤忠男《さとうただお》も述べるように、「平和で、社会問題などの影のささない、きれいごとで家庭を扱った」世界だった。そこでは女性が「家庭」の中心として位置づけられていた。佐藤によればホームドラマは、男性が主な客層とされてきた映画と違って、主婦層が視聴者として想定されている。そのため男性目線でキャスティングされていた未婚の若手女優ではなく、中高年の女優が主婦層の代弁者として進出した。それは、「主婦」が「大衆」になったことでもあったという〔佐藤　一九七八：八八―二四八〕。

「主婦」が大衆文化のシンボルとなる一方で、一九六〇年代は、一部の保守系論者が男性の「女性化」について盛んに論じていた時代でもあった。彼らによれば、高度経済成長で社会が豊かになり、女性中心の私的な「家庭」が席巻するなかで、男性たちは公的な生きがいを見失っているというのであった。

たとえば保守派の論客として知られた歴史学者の会田《あいだ》雄次《ゆうじ》は、一九六〇年代の評論で「男性家庭」の必要性を主張した。会田によれば、男性は本質的に仕事、商売、芸術などの活動に生きがいを見出すものであり、そうした生き方を肯定するのが「男性家庭」である。しかし戦後は「女性家庭主義万歳の時代」になってしまい、平穏なサラリーマン家庭が理想化されるようになった。そのため、「日本には肉体上の男性はいても、精神上の男性はいなくなった」のだという〔会田　一九六七：一七―三二〕。

またフランス文学者で、後年に日本会議の前身である「日本を守る国民会議」にも所属した村松剛《むらまつたけし》は、会田の評論に肯定的な見解を示し、一九六三（昭和三八）年に『女性的時代を排す』というエッセイ集を刊行している。村松によれば、戦前、戦中は「男性的なものが無法に威張っていた」が、「平和の回復とともに、女性的なものが出てきた」。村松は平和自体を否定しているわけではないが、「日本人も自立的なもの、男性的なものを、改めて回復していいときではないか」と述べる［村松　一九六三：一一一―一二三］。

こうした論調は「マイホーム主義」への否定的な見解としてもあらわれた。一九五〇年代末から六〇年代にかけては、「マイホーム主義」という言葉がジャーナリズムを中心に流行し、人びとが「家庭」に埋没して公的な関心を失っているとしばしば論じられた。「マイホーム主義」は、当時の統計にもあらわれていた。社会学者の日高六郎《ひだかろくろう》は、統計数理研究所の国民意識調査のデータをもとに、戦前から戦後にかけて、社会へのコミットを重視する「〈公〉志向」から、趣味や安楽を重視する「〈私生活〉志向」に転換したと述べている。日高によれば、高度経済成長期に差し掛かる一九五八（昭和三三）年には後者が優位になっていたという［日高　一九八〇：七九―八〇］。

保守系論者たちはしばしば、こうした私生活重視の傾向を男性の「女性化」と捉え、国家や経済活動に献身する男性の生き方の回復を唱えた。とはいえ彼らは、「家」や「家長」の復権まで唱えたわけでは必ずしもなかった。次節でもこれから述べるように、一九六〇年代は保守系政治家のあいだでも世代交代が起きており、戦前的な家制度の復活論も下火になりつつあった。

男性の「女性化」論は、高度経済成長にともなう男性の生き方の変化への戸惑いと捉えたほうが適切かもしれない。[2] 戦前に教え込まれていた国家や天皇への献身や、「家」の後継者になることは戦後に価値を失っていった。

そして敗戦直後の混乱が終わり高度経済成長期に差し掛かると、サラリーマンとして「家庭」で平穏に生きる男性像が台頭してきた。それは男性たちにとっても生き方の転換をもたらすものであった。「男性家庭」の建設を唱えた会田は、高度経済成長を迎え豊かさを手に入れた日本社会の人びとは、「みな心の底にいいえぬ空虚感を残している」と述べている［会田　一九六七：四〇］。

一方で、女性が主婦として「家庭」の責任者になるというイメージもますます広まっていった。これはとくに、子どもの養育責任とセットで論じられることになる。

†父親中心から母親中心の「家庭」へ

高度経済成長は子どもの教育環境も大きく変えた。一九五〇年代頃までの農村部では、戦前に引き続き、親の手伝いをはじめとした労働のしつけが重視されていた。しかし一九五〇年代後半頃からは共同体的なつながりも弱まり（たとえば機械化の進行により共同作業の必要性が薄れた）、脱農志向も高まっていった。

そのため農村部の親たちは、子どもに家業を継承させるのではなく、学歴をつけさせて条件の良い仕事に就かせることを目指すことが多くなった。一九五五（昭和三〇）年に五一・五％だった全国の高校進学率は、一九六五（昭和四〇）年には七〇・七％、一九七五（昭和五〇）年には九一・九％にまで上昇する。家族内でも、家内の実権を握っていた祖父母の権威が弱まり、代わって農作業や家事の機械化により時間的余裕が生じた母親の影響力が増した。子どもたちは家業の手伝いをすることも少なくなり、「家庭」と学校が主な居場所となっていったのである［広田　一九九九］。

こうして都市部の新中間層に限らず、さまざまな階層の親たちが家庭教育に関心を向けるようになった。「教育ママ」という言葉が揶揄的な響きをもって広がったのも一九六〇年代であった。小学館は一九六五（昭和四〇）年に、親向けの家庭教育雑誌である『家庭の教育』を刊行しているが、同誌は学級での回覧や母親同士の口コミにより、売り切れる書店が続出したという［桜井　二〇〇二］。

母親たちの育児役割は子どもに対する「愛情」として内面化されていった。高度経済成長期に結婚、育児を経験した女性たちにインタビュー調査を行った社会学者の斧出《おので》節子《せつこ》によれば、子どもの弁当づくりや学校行事への参加といった行為は、階層に関係なく子どもに対する愛情表現として捉えられていたという［斧出　二〇一九］。

心理学者の牛島義友《うしじまよしとも》は一九六四（昭和三九）年に、こうした家族関係の変化を、「父親中心から母親中心へ」という図式でまとめている。牛島によれば、「家」が中心の社会では生産活動と家族生活が一体であり、家業を統率する父親の権威も強かった。しかし工業化が進行すると仕事と生活の場が分離し、父親たちはわが家に疲れ果てた姿で戻ってくる。そのため子どもを養っていても、教育する役割を充分に果たすことができない。

こうした状況に対して父親たちはどのようにするべきか。牛島が提示する解決策のひとつは、「父親が母親に教育権を委譲」することであった。なぜなら母親（主婦）は仕事と生活の場が分離しておらず、母親の日常生活を子どもが真似ても問題がないからである。そのため牛島によれば、「お母さんにくっついて台所の仕事を手伝ったり、洗濯のまねをしたりするのが最も自然な家庭教育の姿」であり、母親中心の生活のなかで子どもたちと過ごすことは、男性たちが「近代的家庭」に適応することだというのであった［牛島 一九六四：二二一―三二］。この時期はまだ、母親の教育役割を受け入れることが新しい生活への適応としても語られていた点に注意したい。

本書で何度か言及しているように、「男性は仕事、女性は家庭」という性別役割分業は近代以降に成立したものである。大企業を中心に男性稼ぎ手モデルが成立した高度経済成長期にこの生活スタイルは、広く定着していった。そして女性が「家庭」、とくに育児に専念すべきであるという観念も科学的な装いをまとって普及していく。

一九六〇年代は、三歳までの子どもは母親が育てるべきであるという、「三歳児神話」が広まった時期でもあった。三歳児神話の源流のひとつは、精神医学者のジョン・ボウルビィの議論とされている。ボウルビィは一九五一（昭和二六）年の報告書で、当時の孤児院などの子どもたちにみられた発達の遅れは、母性的な養育が欠けていることが原因であるとみなした。

ボウルビィの議論は、日本における児童福祉政策にも大きな影響を与えた。一九六四（昭和三九）年のある著作には次のように記されている。


わたしは別にジョン・ボールビイ一辺倒ではない。しかし彼の学説は（…）母性的愛情というものはあたかもビタミンや蛋白質《たんぱくしつ》と同様に乳幼児の人格形成には不可欠なもので、家庭での養育が非常に重大であることを主張している。（…）したがって、家庭で子どもを育てるにしくはない。（…）家庭における養護ということを第一義に考え、それを守る施策をとるのが最もよい方法である［黒木　一九六四：四六―四七］。

この文章は、当時の児童福祉の中心的人物であった厚生官僚の黒木《くろき》利克《としかつ》によるものである。この時期の国家は、家長中心の「家」に代わって、母親中心の「家庭」を日本社会の基盤として位置づけなおしつつあった。以下では保守政治の変容を踏まえながら、そのプロセスをみていこう。

3 「家庭」の再編と政治

†保守政治の変容

高度経済成長は「家庭」に関する保守革新の構図も変えていった。ひとことでいえば、保守と革新の双方において、「家庭」が社会の基盤として位置づけられるようになった。

戦後初期までの保守陣営は、論点の差はあれ、基本的には家制度を国家、社会の基盤として位置づけていた。対して革新陣営は家制度の抑圧を批判し、「家庭」を対置していた。本書でこれまでみてきたように、明治期以降の保守系論調においても「家庭」という言葉は使用されはじめていたが、それは基本的には、家制度と一体化した「家庭」だった。

しかし一九六〇年前後からは、家制度を社会の基盤とみなす論調や、第三章でみたような家制度の復活論は、少なくとも政治の表舞台からは退潮していった。この変化は、革新陣営や人びとの運動の成果でもあったが、保守陣営が戦前のような家制度はもはや社会の基盤とはならないとみなした結果でもあった。

まずは保守政治の変容からみていこう。一九五〇年代後半からは、家制度復活の熱量が衰えていたことは第三章でもみた。そして一九六〇（昭和三五）年には、保守政治のあり方を大きく変容させる出来事が起きる。国会議事堂周辺を数十万人におよぶ「市民」たちが取り囲み、当時の首相、岸信介《きしのぶすけ》の退陣にまで至った、いわゆる安保闘争である［図5］。

日米安保条約の改定をめぐって起きた反対運動の高揚は、戦争に再び巻き込まれたくないという反戦意識と、戦前のような不平等な社会に戻りたくないという反復古主義の心情に支えられていた。岸信介は、第三章でもみた自由党憲法調査会の会長でもあり、保守的、復古的な政治家とみなされていた。

実際に岸内閣のもとでは、憲法改正を目指す憲法調査会の活動が開始されていた。議会でも強権的な態度をとった岸は戦前的な政治のシンボルとみなされ、安保闘争は外交問題だけでなく、「民主主義」の定着をめぐる運動にもなった。

安保闘争自体は条約改定の阻止にまでは至らなかった。しかし運動の全国的な高揚は、当時の保守陣営と革新陣営の双方に大きなインパクトを与えた。とくに自民党の若手議員たちは、旧来の権威主義的な政治では国民に支持されないという危機感を抱き、彼らはしだいに保守政治のあり方を変えていく原動力となる。

政治学者の渡辺治《わたなべおさむ》は、安保闘争が一九六〇年代以降の政治や社会の出発点だったと位置づけ、闘争直後には自民党内に党の改革を志向するグループがいくつか生じたことを指摘している。渡辺によれば、一九六〇年代以降の保守政治を主導したのは、池田勇人《いけだはやと》のブレーンをつとめた宮澤喜《みやざわき》一《いち》や大平正芳《おおひらまさよし》らをはじめとした経済成長派だった。

図５　国会を包囲にする反安保のデモ
写真提供：共同通信社

経済成長派は、新憲法が国民に定着してきたことを容認しており、当時の自民党の反共志向と復古主義を批判的に捉えていた。とはいえ格差の是正は経済成長で解決するとみなしており、労働者の権利についても関心は薄かった。一九六〇（昭和三五）年には池田によって所得倍増計画が打ち出され、企業の社会的影響力の増大とともに、経済成長が自民党の中核路線になっていく。

経済成長派は憲法改正にも消極的な姿

勢をみせた。安保闘争を経験した彼らにとって、国民感情を逆なでしてまで憲法改正を目指すメリットがなかったからである。池田は一九六三（昭和三八）年の総選挙の際に、在任中は憲法改正をしないと明言し、翌年には憲法調査会から提出された報告書をお蔵入りさせてしまう。改憲への消極的な姿勢は、池田政権以後も継承されることになった［渡辺二〇〇四］。

こうした保守政治の転換のなかで、復古主義的な改憲論や政策論は目立たなくなっていった。家制度の復活論の退潮とともに戦前的な家族のあり方を示す「家族制度」という言葉も用いられなくなり、代わりに「家庭」が保守陣営および国家政策においても主要キーワードとしてたちあらわれていく。ひとことでいえばそれは、企業中心の社会のなかに埋め込まれた「家庭」だった。

†「人づくり」から「家庭づくり」へ

高度経済成長期以降の社会体制に適合した新たな「家庭」像は、一九六〇年代に経済成長を目指す政策と連動しながら形成されていった。

一九六二（昭和三七）年の記者会見で池田勇人は、新しい「国づくり」、「人づくり」の重要性を唱え、いわゆる「人づくり」政策を掲げた。この「人づくり」とは何なのかという記者の質問に対して、池田は「学校教育」と「社会教育」の改善、そして「家庭のしつけ」であると答えた〔『読売新聞』一九六二年七月一九日夕刊〕。

池田が掲げた「人づくり（つくり）」は「家庭つくり」として、さまざまな議論や政策に発展していく（ちなみに「づくり」から「つくり」になったのは、人に関する言葉は濁点を外して澄んでいたほうがいいという進言があったからとされる）。一九六三（昭和三八）年には厚生省と全国社会福祉協議会が全国児童福祉会議を開催し、第一分科会では「新しい家庭つくりをどうすすめるか」がテーマとなった。同会議には池田も出席し、「人つくり」のための「家庭つくり」をうったえた〔外崎　一九六六〕〔図6〕。

図6　池田勇人
出典：国立国会図書館「近代日本人の肖像」

この年にはさらに、厚生省の中央児童福祉審議会保育制度特別部会から「保育問題をこう考える」、同審議会家庭対策特別部会から「家庭対策に関する中間報告」という文書がそれぞれ出された。これらはともに、高度経済成長という社会変動を踏まえた上での「家庭つくり」を目指したものであった。

たとえば「家庭対策に関する中間報告」には次のように記されている。「家庭こそ（…）社会の最も究極的、現実的かつ具体的な基本的社会単位」である。戦後は戸主中心の「家」から夫婦中心の「核家庭」に移行しつつあるが、急激な変化に人びとは対応しきれておらず、「家庭」に対する教育的、経済的な政策を打ち出していく必要がある。なぜなら、「良い子は健全な両親、とくによい母親とその家庭から生まれる」ものであり、「ひとつくりの観点からは、家庭こそ基本であるといわなければならない」からだという〔中央児童福祉審議会家庭対策特別部会　一九六三：一四三―一四八〕。

この報告の記述からは、国家の基本的な家族モデルが、「家」から「家庭」に本格的に移行している様子がうかがえよう。またこうした「家庭つくり」は、官僚や企業の思惑とも連動していたものであった。たとえばさきにもみた厚生官僚の黒木利克は、マスコミや池田勇人の動きを見据えて児童福祉問題を社会に発信しようとしていたことを後年に回想している〔黒木　一九六四〕。

企業も「家庭」に、高度経済成長に対応した機能を求めるようになっていた。一九六三（昭和三八）年には総理大臣の諮問機関である経済審議会から『経済発展における人的能力開発の課題と対策』が出された。そこで論じられたのは、工業化で仕事と生活の場が分離しており、後者を近代的産業に対応した人材を育成する場、労働者の憩いの場とすることであった。同答申には、「家庭においては、努めて家庭ぐるみの団らんの機会を作ることが望ましい」と記されている〔経済審議会編　一九六三：三四二〕。

これらの「家庭」に関する議論は、特定の個人によってすすめられたというよりは、さまざまな社会的勢力が同時並行的に「家庭」への関心を強めていくなかで形成されたとみたほうが適切であろう。高度経済成長で生活、労働環境が激変していくなかで新たな社会の基盤が模索され、そこで「家庭」が浮上した。そしてこの頃には国家だけでなく、企業や保守系政治家たちも、「家」ではなく「家庭」を前提とするようになっていたのである。

†「家庭」支援の構想

ここで浮上した「家庭」は、基本的には母親が子育ての中心を担う「家庭」だった。とはいえ注意しておきたいのは、この時期の「家庭」をめぐる政策論では、「家庭」の社会的支援や女性の労働環境の整備についても積極的に議論されていたことである。

たとえば一九六〇（昭和三五）年に出された「国民所得倍増計画」では、全世帯向けの児童手当や、「健康で文化的な最低生活」の実現のために「公的な養老施設や老人ホーム」、「児童、母子、身体障害者等のための施設」の拡充が唱えられていた〔経済審議会　一九六〇：二一〇―二四六〕。

またさきにもみた『経済発展における人的能力開発の課題と対策』では、児童手当のほかにも、「男女の性別にかかわりなく、個人の能力と適性に応じて人を採用し、配置し、訓練し、昇進させることが望ましい」という提言もなされている。

同答申によれば、女性の労働は結婚や出産前もしくは子育ての終わった後に限られており、終身雇用と年功序列に特徴づけられた日本企業の雇用環境においては、「未熟練労働の地位」に抑えられ、「一生の相当期間を妻として、母として、家庭の主婦として」過ごす状況にある。その改善のためには、「わが国においても将来は現在のアメリカ婦人にみられる如く既婚者の再雇用を含めた広範な活用」ができる環境を整えるべきだという。なおこの答申では、「家庭の事情」のためにフルタイムで働けない女性に対してのパートタイム労働の拡充についても言及されている〔経済審議会編　一九六三：三二一―三二四〕。

この時期の経済審議会には、影山裕子《かげやまひろこ》や西清子《にしきよこ》など、女性の労働問題について積極的に発信していた評論家も参加していた。とくに西は、一九六二（昭和三七）年に欧米諸国を視察した際に、女性が退職したあとも能力があれば再雇用されることを知り、労働環境の整備を主張していた。一九六六（昭和四一）年の著作で西は、女性は自由に「職業」と「家庭」を選ぶことができるべきだとし、企業は能力に応じた正当な評価制度を構築すること、そして国家は中高年女性の就労支援や、子育て中の女性の社会保障を整備する必要があると述べている〔西　一九六六〕。

『経済発展における人的能力開発の課題と対策』はほかにも、児童対策には「家庭」だけでなく社会的な支援も必要であるという姿勢もみせている。具体的には公衆衛生の改善や児童を対象とした施設の拡充、そして児童館や図書館、公園などの公共施設の建設などである〔経済審議会編　一九六三〕。

この点はさきにも取り上げた「家庭対策に関する中間報告」も同様であった。確かにこの文書は、児童福祉については「家庭と両親」によってあらかじめ問題が生じないように取り組まれるべきであり、将来的には国家の負担を抑えるべきだとしている。しかしその実現のためには、家庭相談所などの専門機関の設立、社会福祉協議会などの地区組織と「家庭」の連携、そして児童手当をはじめとした経済的援助がまず必要であるという認識を示していた〔中央児童福祉審議会家庭対策特別部会　一九六三〕。

今日でも子どもの問題は「家庭」、とくに母親の養育責任と過剰に結びつけて論じられる状況を考えれば、「近代家族」の拡大期にこれらの答申が出されていたことは意外にみえるかもしれない。ひとつの理由としては、影山や西といった女性問題に関する評論家が参加していたことがあげられるだろう。

また一九六〇年代前半のこうした姿勢の背後にみられるのは、近代的な「家庭」は、これから新たに達成されるものであるという問題意識である。たとえば「家庭対策に関する中間報告」には、日本では急激に核家族的な「家庭」が台頭したため、多くの人々は「余りにも急速度な転換に適応し得ない」状況にあり、「家庭」、とりわけ児童の育成のためには「社会的保健衛生的施策を適切に講ずることが必要」だというスタンスが示されている〔同上　一九六三：一四五―一四九〕。核家族的な「家庭」が問題なのではなく、核家族的な「家庭」に人びとや社会が適応しきれていないことが問題であるという論調は、この時期の福祉政策、経済政策に関する文書にしばしばみられた。

もっとも児童手当をはじめとした児童福祉の拡充は、企業の要望とも合致したものでもあった。というのもこの頃の企業は、長期雇用と年功賃金に特徴づけられた日本型雇用の広がりに危機感を抱いていたからである。さきの『経済発展における人的能力開発の課題と対策』では、児童手当は企業の年功賃金とは違うかたちで、社会が家族形成を保障するシステムだと位置づけられている〔小熊　二〇一九〕。

総じてこの時期は、高度経済成長期以降の「家庭」、そしてそれを取りまく社会を模索している段階だった。母親が中心となった「家庭」を前提とする流れが形成されつつも、女性の就労形態のあり方や、「家庭」の社会的支援については、さまざまな可能性が提示されていたのである。[3]

†「期待される人間像」と「家庭」

結論からいえば、一九七〇年代なかば頃からはこうした模索はほとんど途絶え、母親に対して子育て、そして家事および家計補助的な労働を期待する方向に向かっていく。

このプロセスについては次章で触れたい。ひとまずここで記しておきたいのは、教育政策においては、労働政策に比して、性別役割分業に根ざした「家庭」が前面にでる傾向があったことである。

その流れのひとつは、家庭科の位置づけの変遷にみてとることができる。第三章でもみたように敗戦直後の家庭科は、新憲法の理念である「民主的」な「家庭」の形成と連動するものであり、中学、高校では男女ともに選択可能な科目だった。

しかし一九五〇年代なかば頃からの教育課程審議会は、高校の家庭科を女子用の科目と位置づけるようになる。そして一九六〇（昭和三五）年の「高等学校学習指導要領」で家庭科は、普通科高校に通う女子の原則必須の教科となった。

なお一九五八（昭和三三）年の「中学学習指導要領」では、企業の技術者養成を視野にいれて、「職業・家庭科」が「技術・家庭科」となっている。そして「技術」は男子が、「家庭科」は女子が学ぶ科目とされた。教育内容においても、戦後初期に唱えられた「民主的」な家族関係を学ぶという姿勢は薄まり、中学、高校ともに調理や裁縫などの実技が中心となっていった。

また文部省は子どもだけでなく、親にも「家庭」を教えることに注力した。一九六四（昭和三九）年には、親を対象に家庭教育のあり方を講義する「家庭教育学級」が、全国小学校区の約三分の一で開設された。

当時の成人教育の参考資料として作成された『子どもの成長と家庭』（一九六四）には、第二節でもみた心理学者の牛島義友も執筆者として名を連ねている。同書で牛島は、共稼ぎの場合をはじめ「父と母との役割は固定的のものではなく」、社会や個人の事情で変わりうるとエクスキューズをつけながらではあるが、家庭教育は母親の家事を子どもに真似させるなど、「母親の主導のもとに」行われることが望ましいと述べている［文部省社会教育局編　一九六四：八―九］。

そして一九六六（昭和四一）年には中央教育審議会から、高度経済成長期以降の道徳教育の指針として「期待される人間像」が打ち出された。ここには、「われわれは正しい愛国心をもたなければならない」と記された「国民として」という章のほか、「家庭人として」という章が盛り込まれている。

「家庭人として」には次のようにある。「家庭は夫婦の関係から出発する（…）愛の場である」。「今日のあわただしい社会生活のなかにおいて（…）清らかないこいの場所となるところは、わけても家庭であろう」。「家庭はまた教育の場である。（…）こどもを正しくしつけることは、こどもを正しく愛することである」。「家庭における愛の諸相が展開して、社会や国家や人類に対する愛ともなる」［中央教育審議会　一九六六＝二〇〇六：二七八―二八二］。

こうした「家庭」の中心となるのは、母親と想定されていた。「期待される人間像」を検討した委員のひとりである教育者の森戸《もりと》辰男《たつお》は、一九六五（昭和四〇）年の講演で、その草案を引きつつ、「家庭は（…）お父さん、お母さん――殊にお母さんが教師であるという意識を強く持っていただきたいものです」と述べている［森戸　一九六六：四二六］。「期待される人間像」は同時代においても、「教育勅語の現代的変形」など、復古主義的ないし保守的なものとみなされていた。とはいえ注意したいのは、ここでも「家」ではなく「家庭」が社会の基盤と位置づけられていたことである。「期待される人間像」の形成過程においても、第一次草案では「家」と「家庭」の語が混在しており、「家を愛の場たらしめよ」と記されていたが、中間草案では「家」は削除され、「家庭を愛の場とせよ」となっている［貝塚　二〇〇六：一五五―一六五］。

さて、第一章から本書を通読してきた読者には、「期待される人間像」で書かれていることに見覚えがあるのではないだろうか。

たとえば「家庭」が「愛の場」、「清らかないこいの場所」であり、そこでの「愛」を広く社会全体に広げることは、明治期のキリスト教者が唱えていたことでもあった。また女性の教育役割の強調や、「家庭」が国家の基盤になることも、明治期の進歩的な知識人が主張していたことでもある。

もちろん明治期の「家庭」論は、ナショナリズムに裏打ちされており、国家との親和性があった。しかし伝統的家族である「家」への批判でもあった彼らの議論の革新的な面は、高度経済成長期にはほぼ空疎化した。「家庭」が国家や保守陣営に取り込まれていくのは明治期から連綿と続いてきた現象ではあったが、「期待される人間像」の記述は、明治期の「家庭」論のエッセンスが明文化されているという意味でも、ひとつの着地点といえるだろう。

そしてこのことは、「家」に対して「家庭」を掲げていた革新陣営が、家族問題について国家や保守陣営に対抗する言葉を喪失していくことでもあった。

4 「民主主義」の模索と「家庭」

†革新系の「家庭」論の困難

法学者の渡辺洋三《わたなべようぞう》は、一九六〇年代には核家族的な家族生活が広範に営まれるようになったため、「家」を批判対象としていた革新系の家族論は迷走していったと指摘している〔渡辺　一九七三〕。第三章でもみた家制度の復活論争までは、保守的、反動的な家族論に対して「家制度の復活」であると批判することは有効だった。しかし核家族を営む人びとが増え、国家政策や保守陣営が「家庭」を前面に押し出してくるようになると、革新系の論者は対抗的な家族モデルを打ち出しにくくなった。

国家政策が掲げた「家庭」に対する革新系の批判は、いくつかのパターンに分かれた。ひとつは「家制度の復活」ないしそのカムフラージュであると指摘することだった。

たとえば教育学者の梅根悟《うめねさとる》は、一九五八（昭和三三）年に発表された小学校、中学校の学習指導要領について、一九五〇年代の「逆コース」の延長にあり、憲法改正を狙うものだと批判している。さきにも記したようにこの学習指導要領は、戦後初期の家庭科で唱えられていた「民主的」な「家庭」の建設に関するトーンを和らげていた。梅根はこうした点について、「二四条に示してあるような民主的家族制度はいけないから、これを改正して家長制を復活し（…）それと見合うような家族制度を憲法によって復活させようという意図」が込められていると述べている〔梅根　一九五九：六五〕。
「民主主義」の後退を指摘するこうした批判は一面では的を射たものではあった。しかし学習指導要領と「期待される人間像」のどちらにも、「家（家族制度）」に関する文言はほとんどなかった。そのためこうした論調はやや説得力を欠いていた。

ほかの批判のパターンは、マルクス主義的な立場からなされたものである。彼らによれば学習指導要領などにみられる「家庭」は、資本主義社会の基盤でしかなかった。

たとえば法学者の外崎光広《そとざきみつひろ》は一九六四（昭和三九）年に、マルクス主義の理論を引きながら、政府の「家庭つくり」政策は、「家庭」に「労働力の供給源としての機能」などを担わせるものであり、「明るく楽しい家庭の建設と保護というキャッチフレーズ」は、「資本主義体制の温存策」に過ぎないと述べている。

第三章でもみたように、マルクス主義に影響を受けた論者たちは、「家」に対して、共産（社会）主義社会の基盤となる「家庭」を構想していた。しかし一九六〇年代の「家庭」は、国家や企業、保守系政治家も好んで用いるキーワードになっていた。外崎は、「ほんとうの幸福を約束する理想の家庭」は、「資本主義をのりこえて、社会主義社会を実現することによってはじめて実現できる」と述べているが、批判対象が「家庭」であり、それに対抗して打ち出すのも「家庭」であったら、マルクス主義に理解がなければ共鳴することは難しかっただろう〔外崎　一九六四：一六三―一八九〕。

もちろんこうした抽象的な批判ばかりではなく、福祉政策に関する議論においては、革新系の政治家や研究者は児童手当など「家庭」の社会的支援の拡充をしばしば主張していた。とはいえ保守陣営が同じく「家庭」という言葉を用い、福祉についても言及している状況では、オルタナティブな家族や社会のモデルを打ち出しにくくなっていた。

戦後初期の民主化論をリードした法学者の青山道夫《あおやまみちお》は、「期待される人間像」の草案で示された「家庭」について、「言葉はなかなか美しい」ものの「内容に具体性がとぼし」いと批判している。しかしこれは、表面上の言葉については、民主化論者も批判しにくかったことを暗に示すものであろう〔青山　一九六七：二三八―二三九〕。

†市民社会の基盤としての「家庭」

国家や企業、保守系政治家も「家庭」を唱えている状況で、それらに対抗する側はどのような「家庭」を打ち出すか。もうひとつの案は、「市民」の生活基盤としての「家庭」を建設することだった。つまり、社会運動などを通じてときには国家や企業にも対抗しうる「家庭」を創ることである。

こうした「家庭」を唱えた論者のひとりが、政治学者の神島二郎《かみしまじろう》である。神島は一九六〇年代の一連の評論で、「生活の拠点としての家庭づくり」を主張した。

神島によれば「家庭」は、自立した男女の「合意」によって営まれる。また「家庭」では子どもを育てることも求められるため、適切な賃金、住居、社会福祉などが整備される必要がある。しかしこうした制度は、政治や社会に対して受け身でいては得ることができない。それらは人びとが「家庭」を拠点として、その「家庭」を実現するために社会や政治を動かしていく必要があるという。

それはたとえば、「家庭」を営むために必要な賃金を企業に求めることであり、児童手当や保育施設の拡充を政府に要求することであった。神島によれば、人びとが「家庭」を確固たる生活基盤として位置づけ団結することで「政治をうごかすことになる」。つまり神島が論じたのは、明治期以降の政府が「家庭」を国家の下部組織として位置づけてきたのとは反対に、「家庭」を国家にも対抗しうる拠点とすることだった。神島はこうした構想を、「家庭拠点主義」と名付けている。

神島が「家庭拠点主義」の具体像として意識していたのは、一九六〇（昭和三五）年の安保闘争だった。安保闘争では、日常的には政治活動を行っていない人びとも国家政策に反対するために声をあげ、デモにも参加した。神島は安保闘争について、戦前的な体制の「最大の被害者としてその矛盾をかぎとった世代」による「新しい時代へのたたかい」だったと述べている〔神島　一九六九：二五一―二六七〕。

神島は元学徒兵であり、戦後は憲法九条にもとづく平和主義を支持していた。彼の「家庭拠点主義」には、「家庭」を脅かす政治に対抗することも含まれている。安保闘争には、戦時中に生活基盤を破壊され、ようやく安定を得はじめていた人びとが、元A級戦犯であり改憲論者である岸信介の強権政治に反対するという側面もあった。神島が唱えた「家庭拠点主義」は、戦争体験に裏打ちされたものでもあった。

こうした「市民」の生活基盤としての「家庭」の建設は、マルクス主義の立場を取らない革新系の社会科学者にも共有されていた。たとえば神島と同じく学徒兵の経験がある政治学者の石田雄《いしだたけし》は一九六八（昭和四三）年に、「家庭」を「民主主義的な価値（個人の権利、自由）の培養基として確立する」ことを唱えている〔石田　一九六八：一一三〕。

「家庭」のなかでの個人の確立と生活の安定を基調とする彼らの議論は、いわば明治期の進歩的な「家庭」論の高度経済成長期バージョンというべきものだった。とはいえ戦争体験の有無が両者を隔てていた。明治期の「家庭」論は国家主義にも転じやすかったが、神島らは戦争が人びとの生活基盤を破壊したことを痛感していた。そのため彼らは国家政治にも対抗しうる「家庭」の建設を構想したのである。

神島はこうした「家庭」を実現するためには、女性（主婦）の政治参加が重要であるとした。彼の著書には、乳幼児の子育ては女性の主な仕事であるなど近代的な性別役割分業がみられるものの、家事の分担は夫婦の相談で行うことや、女性の政治参加、とくに「家庭」との関連が強い地方政治に進出することへの期待も記されている［神島 一九六九］。

もっとも、「家庭」を拠点とした政治参加を期待する彼らの議論が一般の人びとにも流通していたとはいいがたい。第二節でもみたように、一九五〇年代後半からは、政治参加よりも趣味や生活を重視する「〈私生活〉志向」（マイホーム主義）が広まっていた。[4]

とはいえ神島が唱えたような、「家庭」を拠点とした政治参加や人びとの連帯がまったくみられなかったわけではない。そのひとつの震源地はほかでもない、高度経済成長期の「家庭」の象徴的な場でもある団地だった。

†団地と民主主義

第一節でもみたように、一九六〇年代の公団団地は、当時の先端的なライフスタイルを提供する場だった。そこには、家電やダイニングキッチンに囲まれた豊かな生活をシリンダー錠が包み込むという、当時としては新しいプライバシー空間が実現されていた。

しかし団地には、多くの人びとがひとつの建物に暮らすという、集合住宅としての側面もあった。隣の住人とは壁一枚のみで隔てられているだけであり、トイレの音などお互いの生活の様子もしばしば伝わった。階段は主婦たちの近所づきあいの場でもあった。近所の商店街やスーパーなど、住民たちが生活に関わる場を共有していることも多かった。そのため家賃の値上げや保育施設の有無などの生活問題は、個人だけではなく住民全体の問題として意識された。団地は旧来の村落などの共同体から切り離された者たちが集う、都市部のコミュニティでもあったのである。

こうした土壌のなかで、初期の団地では自治会活動が活発に行われていた。自治会では住民たちの共同生活やニーズに関する活動、たとえば住民同士の苦情の処理や団地新聞の発行、牛乳や灯油の共同購入、地方自治体への保育施設の要求など多彩な活動がなされた。活動にあたっては、「民主主義」が大きなキーワードになり、討論や選挙にもとづく民主的な運営が目指されていることも少なくなかった。

自治会活動の主力はしばしば女性（主婦）たちが担った。仕事で外にいる夫と違い、団地の生活に根づいていたのは彼女たちだったからである。家事と子育てを担っていた女性たちは、日々の生活や子育ての問題を階段などで話し合ったり、サークル活動を行ったりするだけでなく、生活実感に根ざした要望を実現するために、ときには団結した。

詩人の滝《たき》いく子の『団地ママ奮戦記』（一九七六年）には、こうした女性たちのコミュニケーションが個々の「家庭」を超え、自治会の民主的運営にまで連なっていた様子が生き生きと記されている［図7］。

一九六五（昭和四〇）年に東京都小平《こだいら》団地に入居した滝は、当初は顔見知りがいないなかで不安を感じながら子育てに勤《いそ》しんでいたが、次第に、母親同士のつきあいや子どもの預け合いをしていくようになる。

滝は母親同士の交流のなかで、「自分の家庭を楽しく保っていくだけ」では解決できない、「共通の不自由と不安」を住人たちが抱いていることに気づく。それはたとえば、砂場にガラスの破片が入っているというようなことから、団地内のスーパーの価格が高めであること、団地内にゴミ捨て箱がないといった問題だった。

滝はこれらの問題を母親同士で話し合いながら、「同じ団地に暮らしてみると、生活の内容も暮らしに対する日常の思いもそれほどの違いがあるわけでな」いことに気づき、「みんなが同じような願いをもっているのだと知ったときから、みんなで何かをした方がいい（…）みんなでやれば何かができるのではないか」と思いはじめる。

そうした思いを抱いていたときに、住民集会が開かれた。住民集会には二〇〇人を超える人が集まり、集会所に入りきらず、野外集会となった。マイクもなしに住民たちが「叫びあうようにして」声をあげるなか、満場一致で自治会の発足が決定される。

自治会はさっそく住民の要望を調べはじめ、さきのような問題から、通勤バスの不足などの交通問題、夜間急患をみる救急医の必要などの医療問題、そして保育所不足などの子どもの問題に取り組みはじめた。バス会社との交渉などは男性の仕事になったが、そのほかの雑務や日常的な活動は、女性の仕事になった。そしてこうした初期の自治会活動の仕事を担っていたのは、滝と交流していた母親たちだった〔滝 一九七六：三〇―四三〕。

ここには、神島二郎が提起していたような「家庭拠点主義」のひとつのかたちが実現されていた。団地の住民はサラリーマン家族が多く、また同じ建物に暮らしていたため、日常生活のニーズも似通っていた。そのため、各々の「家庭」を実現するために団結することが成立しやすかった。

図7 滝いく子
『団地ママ奮戦記』新日本出版社

小平団地に限らず、一九六〇年代の団地ではしばしばこうした住民組織の活動が活発に行われていた。仏文学者の多田《ただ》道太郎《みちたろう》などが関わった大阪府香里《こうり》団地《だんち》の「香里ヶ丘文化会議」のように、知識人が活動に深く関わったケースもある。東京都ひばりが丘団地では、当時の住人であり、後に日本共産党の書記局長をも務める不破《ふわ》哲三《てつぞう》が、「ひばりヶ丘民主主義を守る会」という住民組織の中心人物になっている。

また一九六二（昭和三七）年に平塚《ひらつか》らいてうや教育評論家の羽仁説子《はにせつこ》らの呼びかけで結成された新日本婦人の会は、団地の女性たちへのアプローチを積極的に行っていた。団地の住人は地方の共同体とは異なり、地域に根づいておらず、既存政党とのつながりが少なかったからである。

こうした団地の女性たちの声を受け止めたのは当時の日本共産党だった。都市部にでてきた労働者や女性たちの不満の受け皿となった共産党はこの頃に躍進し、一九六〇（昭和三五）年に三議席だった衆議院の議席数は、一九七二（昭和四七）年には三八議席にまで伸びた［原　二〇一二］。

こうして日々の生活をベースに政治ともつながっていた女性たちは、さまざまな活動を行った。とくに取り組まれたのは、彼女たちのジェンダー役割とも関わっている子育てに関する問題だった。しかし団地では、子育てを個々の「家庭」だけで行うのではなく、協力して行うことも全国的になされていた。以下では、自主運営の保育施設である幼児教室の実践を通してその様子をみていこう。

†幼児教室の実践

幼児教室とは、一九六〇〜七〇年代の団地を中心に全国的に設立されていた、親たちの自主運営による保育施設である。一九七九（昭和五四）年の幼児教室関係者の団体（全国幼児教室交流集会）の発表によれば、全国で七〇ヶ所の幼児教室があり、在園児は六〇〇〇人にのぼっていたという［第一回全国幼児教室交流集会実行委員会 一九七九］。

一九六〇年代の設立当初の団地の周辺には、保育施設が不足していた。団地には若い夫婦がこぞって住み、子どもも多く産まれていたが、公団はこうした事態を予想しきれていなかった。共働きの夫婦は保育所探しに苦労し、専業主婦世帯で近くに幼稚園があっても満員で入れないこともしばしばあった。

一九六〇〜七〇年代は、子どもを幼稚園や保育所に通わせること自体が普及した時期でもあった。一九五七（昭和三二）年における五歳時の幼稚園在籍率は二六・二％、保育所は一一・八％に過ぎなかったが、一九七六（昭和五一）年にはそれぞれ六四・六％、二五・四％まで伸びた。就学前の子どものほとんどが幼稚園、保育所に通うという現象はこの頃に発生したものである［松島 二〇一五］。

周辺に保育施設をもたない団地の母親たちは、共同保育をはじめたり、保育施設の開設運動を行ったりした。こうした取り組みがされるなかで、幼児教室もうまれた。

ひとくちに自主運営の保育施設といっても、その形態はさまざまである。専用の園舎を立ち上げるケースもあったが、初期の幼児教室は、団地内の集会所や近隣の児童館などを利用することが多かった〔図8〕。

初期の幼児教室は、親たち、とくに母親たちの献身的な努力で運営された。保育者については近隣で有資格者を探したり、ボランティアで母親たちが担ったりした。時間や資源が限られているなかで、用具は自分たちで作るなど、さまざまな工夫が行われていた。

幼児教室の多くは、子どもの預け先をつくりたい、子どもに集団保育の場を提供したいという親たちのニーズから生まれている。一九六〇年代は、マスメディアで「団地っ子」が話題になっていた時期でもあった。そこでは、団地で育つ子どもは狭い部屋で母親と密接に暮らしているため、心身ともに欲求不満を抱えているなどと論じられていた。幼児教室は、このような論調に不安を感じた母親たちが立ち上げた場だった。

幼児教室はまた、母親たちの社会参加の場でもあった。運営に際してはしばしば「民主主義」がキーワードになり、各自の自主的な取り組みによる運営が目指された。また専用の園舎をたてるために、団地の自治会や地方自治体に働きかけるケースもあった。全国の幼児教室の関係者が集った、一九七九（昭和五四）年の第一回全国幼児教室交流集会では、社会運動家の浦辺史《うらべひろし》が、幼児教室を「民主主義の学校」だと形容している。

交流集会はそれ以降も毎年開かれ、「民主的な運営」がよく取り上げられるテーマとなった。そこで論じられたのは、保護者と保育者の協同や、母親の主体性の獲得、そして幼児教室への公的な補助を、地方自治体への働きなどを通してどのように獲得していくか、ということであった［本多　二〇二〇］。

幼児教室の多くは、基本的には主婦によって担われた幼稚園類似施設である。いわば高度経済成長期の典型的な「家庭」を担った女性たちによる運動だった。しかしこうしたなかから、母親たち同士で連帯し、そして政治にも働きかけるような、個々の「家庭」を超える取り組みも生まれていたのである。

図８　ひばりが丘団地・パークヒルズ自治会　たんぽぽ幼児教室（現在）
出典：たんぽぽ幼児教室 HP

幼児教室に限らず、一九七〇～八〇年代の住民運動などでは、主婦の存在感が大きかった。こうした人びとは「活動専業主婦」とも呼ばれた。女性学研究者の金井《かない》淑子《よしこ》は彼女たちについて、「生活から政治にせめのぼる新しい社会運動を志向」しており、労働市場への参画とは異なる「社会的自立」を模索していたと述べている［金井　一九八六：二一三］。

†仕事も家庭も、そして平等も！

一方で、労働市場における女性の立ち位置を問題化する動きも活発化していた。ここで問われたのは、近代的な性別役割分業が浸透するなかで、女性が「家庭」と「職場」の二者択一を迫られがちになる社会構造の正当性だった。その一例として、「国際婦人年をきっかけとして行動を起こす女たちの会」をみよう（以下、行動する会）。

同会は、一九七五（昭和五〇）年の国際婦人年に際して民間の女性の機運を高めるために、当時参議院議員だった市川房枝《いちかわふさえ》と田中寿美子《たなかすみこ》が、各所に働きかけるかたちで結成された。政治家や社会運動家だけでなく、企業で働く女性や公務員、さらに自営業の女性や専業主婦まで、さまざまな女性たちが集ったという。

一九七〇年代はじめは、「ウーマン・リブ」が注目された時期でもある。一九六〇年代後半の学生運動をルーツのひとつとするウーマンリブは、若い世代の女性たちを中心に、女らしさといった性役割や、性や生殖の自由など、旧来の女性運動が必ずしも焦点化してこなかった問題を取り上げた。

行動する会に集った女性たちのなかには、ウーマン・リブに触発された者も多く、女性学研究者の井上輝子《いのうえてるこ》は、「生活者版リブの集まり」だったと形容している。とはいえ行動する会は、一九七〇年代初頭のウーマン・リブの担い手よりもやや年上にあたる女性たちが主力になっていた〔井上　二〇二一：二五九〕。

彼女たちは本章でこれまでみてきた、高度経済成長期以降の女性を取りまく不平等な構造に、大きな抑圧を感じていた。それは、結婚や出産を機に「家庭」の主婦になるというライフコースが支配的になっていること、またそのために「家庭」を取るか仕事を取るかという二者択一を迫られること、「家庭」では夫に経済的に従属するために立場が弱くなりがちになること、そして子育て後に再就職を目指そうとしても、経済的自立は難しいパート労働しか現実的な選択肢がないことなどであった。

行動する会の名を一躍有名にしたのは、一九七五（昭和五〇）年に放映された、ハウス食品のCMに対する抗議だった。このCMでは、商品であるインスタントラーメンの前で、女性と少女が「わたし作る人」、少年が「ぼく食べる人」という場面がある。現在においては違和感を覚える方も多いと思われる映像だが、この時期は、こうした描写に対して抗議するというスタイルはあまりなく、同会の行動はその走りともいえるものだった。

同会がハウス食品に持ち込んだ申入書には次のようにある。「私たちは男女共に働く権利があり、男女共に家庭責任があるという考え方をしております。（…）しかるに貴社のCM〝女性が『私作る人』男性が『僕食べる人』〟という内容は従来の男女の役割をますます強固にする働きをします（…）私たちはこうしたコマーシャルが多くの意識を作ることをとても否定できません」［中嶋　一九九九：三四―三五］。公正さにうったえた文言だが、当時のメディアでは、行動する会を揶揄する記事が相次いで掲載された。

ハウス食品のCMは放映中止となり、行動する会は悪意のある記事を掲載した出版社に対しても提訴した。同会の活動はほかにも、教科書の性差別的な記述のチェックや、離婚の駆け込み寺の設置要求、そしてメンバーの呼びかけから生まれた「私たちの男女雇用平等法をつくる会」など、さまざまな領域に及んだ。

「私たちの男女雇用平等法をつくる会」の主張は、「仕事も家庭も、そして平等も！　女性だけでなく、男性にも！」というものであった。そこでは、女性が男性並に働くことではなく、男女ともに仕事と「家庭」を行き来できるような労働時間や残業規制の強化が検討されていた。近代的な性別役割分業そのものを問題化する声は、近代家族的な「家庭」が浸透するなかで、すでにあげられていたのである［井ノ部　一九九九：一二六―一二九］。

5　一億総中流の実態

†三世代同居とホームドラマ

団地におけるさまざまな活動は、基本的には都市部の現象だった。とはいえ第一節でも述べたように、高度経済成長期の家族は、都市部の男性労働者と専業主婦の「家庭」のみで構成されていたわけではない。それは、イメージの世界においても、また現実の世界においてもそうであった。最後にこの点を概観して、この章を終えることとしたい。

たとえば一九六〇年代のホームドラマでは、大家族もしばしば描かれた。核家族世帯が増加する一方で、祖父と息子夫婦、そして七人の孫が登場する『七人《しちにん》の孫』（一九六四―一九六六年）などの作品が人気を博していた。三世代同居の家族を描いた国民的アニメ、「サザエさん」が放送されはじめたのは、一九六九（昭和四四）年であった。

社会学者の落合恵美子《おちあいえみこ》は、こうしたメディア上の家族像は、ある意味では現実の反映だったと示唆している。というのもこの頃は、地方の長男が両親と同居するなど、三世代同居の世帯も一定程度は維持されていたからである［落合　二〇一九］。

†広域化する家族

高度経済成長期の家族形成は、きょうだいが多い世代によって担われていた。第一章でも簡単にふれたが、明治、大正期の日本は乳幼児死亡率が高く、「多産多死」（高出生率・高死亡率）の状態だった。

衛生環境や栄養状態が改善して乳幼児死亡率が下がると、生まれたあとにほぼ全員が成人する「多産少死」の状態となる。この「多産多死」から「多産少死」に移行する過程においては、子を多く産むという習慣は残りながらも、生まれた子のほとんどが成人する。そのため、急速な人口増加が起きる。

日本の場合、「多産少死」の世代にあたるのは、一九二五（大正一四）～一九五〇（昭和二五）年あたりに生まれた人びととされる。高度経済成長期の家族形成を主に担ったのはこの世代であった（たとえば二五歳で結婚するとした場合、一九二五年生まれは一九五〇年に、一九五〇年生まれは一九七五年に結婚する）。

戦後日本においては核家族化が進行したといわれる。これは、核家族世帯が増加し、全普通世帯におけるその割合が高くなったという意味ではその通りである。

しかしそれは、三世代同居の生活習慣が衰退したことを意味するわけでは必ずしもない。じつは一九六〇年代から二〇〇〇（平成一二）年にかけて、「その他の親族世帯」（実質的には拡大家族世帯）の実数は大きく変わらなかった。

つまり、核家族世帯が増えた一方で、三世代同居も一定程度は残存していた。こうした現象の背後にあるのが、「多産少死」世代のきょうだいの多さである。たとえば長男が地方で両親と同居し、ほかのきょうだいは都市部で核家族を営むようなケースがあげられる。読者の身の回りにもこうしたパターンはしばしばみられるのではないだろうか。

実際には、高度経済成長期においては、結婚時に親と同居するような「家」的な生活スタイルを営む人びとの割合は下がっている。とはいえその場合でも、親の近くに住んだり、親の高齢期には同居したりするなどの選択が取られることが少なくなかった。

これは、ひとつの家族が都市部と地方にまたがって展開されたことでもあった。農家の場合、昭和初期生まれの親世代がメインで農作業を担っていても（機械化の進行によりこうしたスタイルも可能になった）、都市部で働く子世代が繁忙期には手伝ったり、農外収入を提供していたりした。あるいは農作物を都会で生活する子世代に送り、食費を低減させることなどもあった。

都市部に出た子世代も、きょうだいで支え合うことが少なくなかった。たとえば子育て期には、姉妹が互いの家に行き来して子育てを手伝ったりしていた。落合恵美子も指摘するように、一九六〇年代の育児や介護は、こうした親族のネットワークに支えられている面があったのである［落合 二〇一九］。

†自営商店と一億総中流

高度経済成長期の家族を把握する上では、自営業の家族もみる必要がある。というのも一九五〇年代から一九八〇（昭和五五）年までは、企業の雇用労働者が増加する一方で、自営業主の数は比較的安定していたからである。

経済学者の野村正實《のむらまさみ》によれば、高度経済成長期には農業人口が減少したものの、それを打ち消すように、非農林業の自営業主が増大した。そのため自営業主の数全体はほぼ横ばいとなった。また農家の家族従業者は第一節でもみたように、企業のパートタイム労働者の供給源になったが、非農林業の家族従業者の数は長期的に安定していた［野村　一九九八：六三―六四］。

第一節でもみた集団就職の上京者たちは、こうした非農林自営業の担い手でもあった。とくに、都市部の機械工業企業に就職できなかった地方出身者は、自営業主としての独立を目指すことが現実的な選択肢だった。彼らが就職した商店や町工場などでは、家族を形成するための経済的条件が厳しかったからである。都内の自営商店の担い手は、地方出身者であることが少なくなかった［加瀬　一九九七］。

第一節でもふれたが、高度経済成長期の日本は同時期の先進諸国に比べて、全就業者に占める自営業主、家族従業者の割合が相対的に高かった。社会学者の新雅史《あらたまさふみ》は、戦後日本における「一億総中流」は、企業の雇用の安定だけでなく、都市部の自営商店をはじめとした自営業の安定があってこそ成立していたことに注意をうながしている。

また新によれば、こうした自営商店の家族は、前近代的な商家とは異なるものだった。江戸時代の大きな商家であれば、住み込みの奉公人など非血縁者がいることも珍しくなく、有能であれば後継者になることもあった。

しかし戦後の自営商店は、血縁関係に閉じた近代的な家族によって営まれた。そのため江戸時代の商家のような柔軟性はなく、子どもが跡継ぎにならない場合は店をたたむことになった。これは現在の商店街などでよくみかける光景だろう〔新 二〇一二〕。

†間接的な「家庭」支援と「家庭」の多様性

高度経済成長期は、たしかに日本社会の光景を大きく変えた。農業人口は減少し、地域共同体や「家」のつながりは弱体化した。そして工業化が進行して、都市部では団地などで暮らす核家族世帯が目立つようになった。

しかしこうした変化は、必ずしも人びとのつながりが薄まったことを意味するわけではない。むしろ社会の近代化に適応するかたちで、人びとはあらたなつながりや家族のあり方を紡ぎ出していった。

たとえば都市部の企業は、一種の共同体だった。企業は雇用だけでなく、職場結婚の機会も提供した。大企業においては長期雇用と年功賃金のもとで、性別役割分業型の家族生活の安定がもたらされた。

自営業の家族は、社会の変化に対応するかたちで広域化するなどの戦略をとった。また地方に残った者たちは、地元の行事や社会活動の担い手になるなど、地域社会の安定を支えていた。

大企業ほどの賃金が期待できない中小企業、あるいは男性自営業主のみの収入で家計を支えられない場合は、妻がパート労働などを通して家計を支えた。子世代が親世代の家計をサポートすることもあった。

子育てや家庭教育も、旧来の共同体単位ではなく、家族内で母親が主に担うようになっていった。とはいえそれはひとりの母親のみで担われたわけではなく、親世代やきょうだいのサポートがあった。またこうした親族ネットワークがない場合は、団地の共同保育や幼児教室のように、近隣の人びととの連携が探られた。

高度経済成長期の家族は、急激な社会変動の影響を受けながらも、それぞれの状況に応じて豊かな生活を目指してきた。一億総中流は、こうしたさまざまな人びとの努力やつながりのなかで成り立っていたものだった。

こうした高度経済成長期の家族に対して、政府は直接的な支援を打ち出すことは少なかった。とはいえそれぞれの層に、各種の保護政策を行い、間接的に生活を保障した。

たとえば農家に対しては、一九六一（昭和三六）年の農業基本法（農家の生活水準の向上を目指した）のもとに、農作物の価格補助などさまざまな保護政策がとられた。

ほかにも自営商店や中小企業に対しては、一九六二（昭和三七）年制定の商店街振興組合法（政府が必要と認めた場合、アーケード建設などに補助金が交付される）、一九七三（昭和四八）年制定の大店法（スーパーなどの出店に規制）などの施策が取られた。中小企業に対しては、一九六六（昭和四一）年制定の官公需法《かんこうじゅほう》によって、受注の機会を確保するための措置が講じられた。

もちろんこれらは、政府（自民党）が支持者を繋ぎ止めるための策でもあった。とはいえ一方で、多くの人びとの生活を安定させる機能も果たした。政治学者のケント・E・カルダーは、高度経済成長期の農業政策について、「政治が介入し、農業政策が次第に社会福祉の様相を帯びて」いったと評している［カルダー　一九八八＝一九八九：二一〇］。

各層へ行っていた政府の対応は、場当たり的に行われたものだとしばしば指摘される。とはいえ高度経済成長期の「家庭」が、こうした一種の多様性をもっていたことは、政府関係者も認識していた局面もみられる。一九八〇（昭和五五）年、ときの総理であった大《おお》平正芳《ひらまさよし》に提出されたある報告書には、次のようにある。

家庭は、産業別や職業別にみても多様な変化を示している。例えば、その家庭が農家であるかどうか、同じ農家でも、専業農家か兼業農家か（…）都市の家庭であっても、世帯主が自営業かサラリーマンかなどによって、家庭生活のリズム、様式は著しく違ってくる。（…）

われわれがここで強調しておきたいことは（…）自分の知っているタイプの家庭だけを家庭の一般像や理想像と性急に断定するというサンプリングの誤謬《ごびゅう》に陥らないことである。家庭は、自由で多様なものである。家庭の多様性をしっかりと認識し、その自由な試行錯誤を最大限に尊重し、開かれた態度で対処していかなければならない［政策研究会家庭基盤充実研究グループ　一九八〇：五四］。

この文章は、大平が発足させた政策研究会が提出した『家庭基盤充実のための提言』という報告書に記されていたものである。議長は経済学者の伊藤善市《いとうぜんいち》、政策研究員および幹事には、政治学者の志水速雄《しみずはやお》、保守派の論客としても知られた政治学者の香山健一《こうやまけんいち》の名前がある。報告書の草稿は志水と香山が執筆しており、いわば保守的な文脈から出されたものであった。

また同報告書には、全体を通して次の点に留意せよと強調されている。「多様な家庭の類型やライフ・サイクルに対応するために、多様な尺度で問題に対処すること」、「家庭生活の設計と充実に関しては、各家庭の自助努力と自由選択を尊重し、政治や行政はその基盤の充実に努め、各家庭のあり方に介入すべきではないこと」〔同上：七頁〕。『家庭基盤充実のための提言』が提出された時期には、高度経済成長期は終焉を迎えていた。一九七〇年代後半には集団就職列車は運行を止め、ホームドラマは新たに「家庭」のひずみを描きはじめていた。

現在の「家庭」をめぐる政策が、果たして「多様」なあり方を承認する方向に向かっているのか、はたまた「自助努力」や「介入」の面が目立ちはじめているのか。あるいは今日求められている「家庭」の「多様性」とは何なのか。『家庭基盤充実のための提言』に記されていた当時の現状認識と提言は、現在にも問いを投げかけている。

第五章　理念と実態の乖離――むき出しになる「家庭」

1　「家庭」の飽和

†個人化の時代

二〇二一年の「こども家庭庁」の名称変更の問題に際して、自民党内からは、「子どもは家庭を基盤に成長する」、「子どもは家庭でお母さんが育てるもの」といった発言が相次いだという『朝日新聞デジタル』二〇二一年一二月二〇日」。こうした発言について、作家の山崎《やまざき》ナオコーラは、自身の子育ての体験を踏まえて次のように述べている。

「子育ての基盤が家庭」という言葉には「家庭」と「社会」を切り離し、閉じた場所であるかのようなニュアンスがあります。でも私には、この二つは地続きです。子育ては家庭で完結しないし、社会人が多様であるように、子どもや親、家庭も多様です。(…)集団でなく、個として子どもや親をとらえられる社会は、小さな声が聞き届けられ、結果的に少数派も堂々と生きられる社会につながるはずです。生まれた瞬間から、人は個として存在している。そのことを忘れないでほしいです。

本書を通読してきた読者にとっては、「子育ての基盤が家庭」という観念は、歴史的に形成されたものであるということは自明であろう。この観念は、明治期に欧米社会の「家庭(Home)」のあり方に影響を受けた知識人たちが広めはじめたものだった。

明治初期であれば、「子どもは家庭を基盤に成長する」、「子どもは家庭でお母さんが育てるもの」という発言は進歩的にも聞こえたかもしれない。「家庭」ではなく、「家」が社会の基盤であった時代では、母親の存在感は大きいものではなかったからである。「子どもは家庭でお母さんが育てるもの」という観念は、かつては女性の主体性の獲得とも結びついていた。「家庭」では「家」と異なり、夫に単に従属するのではなく、家事や育児を通して自律的に動く主婦になることが求められていた。

もっとも現在では、「子どもは家庭でお母さんが育てるもの」という発言は、ある種の押しつけにも聞こえるだろう。「こども家庭庁」の名称変更に際しても、女性からの反対の声が多くみられた。山崎ナオコーラはこの点について、「女性からの声が目立ったのは、『家庭』は母親に向けられる言葉、という側面があるからでしょう。(…)『母親』は実際は自分の子や家庭の中だけを見ているわけではなく、社会を支える側でもある。(…)甘く見ないでほしいです」と述べている〔『朝日新聞デジタル』二〇二二年二月二二日〕。

実際に近年では、結婚、出産後も仕事を継続する女性は増加傾向にある。国立社会保障・人口問題研究所「第一六回出生動向基本調査」によれば、二〇一五(平成二七)〜二〇一九年に第一子出産後に就業継続した妻の割合は五三・八%であり、二〇一〇(平成二二)〜二〇一四(平成二六)年より約一一ポイント上昇した。

女性だけでなく、男性の意識も変化している。同調査によれば、男性がパートナーの女性に望むライフコースの理想像は、仕事と子育ての「両立コース」が最多であり、「再就職コース」や「専業主婦コース」よりも高かった〔国立社会保障・人口問題研究所　二〇二二〕。

また各々の家族の姿もさまざまである。昭和期のような三世帯同居や専業主婦世帯もあれば、夫婦ともに総合職に就いていたり、妻がパートで働いていたりするケースもある。あるいはひとり親世帯として暮らすことや、そもそも結婚しないという選択肢も珍しくなくない。現在は、画一的な「家庭」が営まれている時代ではないのである。

社会で共有されてきた生き方のモデルがゆらぎ、個人の選択可能性が高まることを、社会学では「個人化」と呼ぶ。[1] 現代日本においては、どのような「家庭」を営むか、あるいは営まないかということは、個人の選択の問題とみなされるようになってきている。

個人化は、社会の近代化にともなう現象であり、人びとが自分勝手やわがままになったことを意味するわけではない。また一方で、人びとが本当に生き方を選択できているのかという問題もある。たとえば非正規雇用で経済的に安定せず、結婚したくてもできないというケースや、近隣に子どもを預けることができる環境がなく、仕事と育児の両立を諦めるケースは珍しくない。これらは個人の選択というより、社会構造の問題である。

昭和が終わり、平成、そして令和の時代を迎えた。この道のりは、高度経済成長期に成立した「家庭」のあり方が、理念としても実態としても大きくゆらいだ時期にあたる。かつての「家庭」を支えていた企業や地域社会の安定が失われ、それまでのような家族生活を営むことが困難になる人びとが増える一方で、新しい生活モデルが目指されたり、あるいは特定の「家庭」像が声高に唱えられたりしている。

あらためて現在は、これまでの生き方のモデルがゆらぐなかで、「個人」と「家庭」の関係が問い直されている時代なのではないだろうか。「個人」としてどのような生活を営むのか、あるいはどのような相手とともに暮らすのか、そして多様な「家庭」や共同生活を社会がどのように包摂していくのか。

本章では、これらの問題を考える前提となる、一九七〇年代後半以降の「家庭」の状況をみていく。

†辛口ホームドラマの時代

第四章でもみたように、日本における「近代家族」的な「家庭」の最盛期は、専業主婦の割合を基準にすれば、一九七五(昭和五〇)年前後である。だがこの時期には、「家庭」の解体を予感させる表現も、メディア上に多くあらわれはじめていた。

「家庭」の解体の予兆のひとつは、テレビドラマにおける家族関係の描かれ方にみることができる。一九七七(昭和五二)に放映された、山田太一《やまだたいち》脚本の『岸辺のアルバム』は、その代表的な作品のひとつである。

『岸辺のアルバム』は、一九六〇年代のホームドラマと同様に、東京郊外に住むサラリーマンと専業主婦、そして二人の子どもという、典型的な中流家族を描いた作品であった。しかし六〇年代のホームドラマが明るくハッピーエンドに終わる家族の姿を描いていたのに対して、この作品の基調となっていたのは家族の不和であった。

仕事人間の夫は家族とコミュニケーション不足気味であり、勤めている会社も倒産寸前。妻は良妻賢母的な専業主婦だが、心の穴を埋めるために浮気に走る。大学生の娘は家族に対して心を閉ざしがちで、受験生の息子はバラバラになっていく家族の姿に葛藤を抱えている。

この作品のハイライトは、川の氾濫《はんらん》で主人公たちが住む家が流される最終回のシーンである。避難を急かされるなか、家族写真のアルバムを持ち運ぼうとする夫に対して、現実の家族には関心がないのだと妻は責め立てる。夫は家族のために働いてきたと叫び、妻は夫が仕事に逃げて家族を顧みなかっただけだとやり返す。ひとしきり言い合ったあと落ち着きを取り戻した家族は、流されていく家屋を全員で「さよなら」と見送る。そして川の氾濫がおさまったあとに流された家屋を発見し、そこで家族全員がやり直すことを誓って、ドラマは終わる。

『岸辺のアルバム』は、「家庭」の崩壊と再構築の物語だった。脚本家の山田は、こうした物語を描いたことについて、「われわれの多くの家庭がそのように感傷を含めた曖昧な形で、家庭という形を辛うじて保っている」と述べている〔山田　一九八五：三五三―三五四〕〔図1〕。

一九七〇年代後半は、「近代家族」の最盛期を迎えていた一方で、『岸辺のアルバム』のような作品が、リアルな家族生活を描いた「辛口ホームドラマ」として注目を集めた時代だった。姑《しゅうとめ》と同居するサラリーマン家族の葛藤を描いた橋田壽賀子《はしだすがこ》脚本の『となりの芝生』（一九七六年）、浮気が発覚した高齢の父と、不倫や恋愛に思い悩む四姉妹を描いた向《むこう》田《だ》邦子《くにこ》脚本の『阿修羅のごとく』（一九七九年）などが代表的なものとしてあげられる。一九八〇年代には、郊外住宅地に住む夫婦の不倫劇を描いた鎌田《かまた》敏夫《としお》脚本の『金曜日の妻たちへ』（一九八三年）が人気を博した。

これらの作品は、力点が置かれているテーマの差はあるが、家族関係がもはや不和と隣り合わせであること、そしてそのなかで「個人」が単に「家庭」のなかに埋没されている存在ではなくなっていることを描いたものだった。「性」という個人的、私的な問題がクローズアップされたことも、そのあらわれといえるだろう。

図１　「岸辺のアルバム」の元となった洪水
写真提供：共同通信社

映画評論家の佐《さ》藤忠男《とうただお》は、山田太一の作品にみられるような「家庭」の不和が描かれるようになったことについて、次のように述べている。

テレビのホームドラマはこれまで、高度成長経済のなかで家庭の幸福のイメージの大安売りをやってきた。しかし、いま、ようやくこういう安直な繁栄のイメージではどうしようもない時期がはじまろうとしている。みんなが本当のことを言い、うわべの繁栄のもろさの陰の部分を率直に見つめ直さなければならない時期である［佐藤 一九七八：二七九］。

佐藤の評論は、印象論的な記述に偏っているきらいはあるものの、当時の「家庭」をめぐる雰囲気をよく摑んでいた。実際に一九七〇年代なかば頃からは、「家庭」の内部危機をうかがわせるようなニュースが、新聞などのメディアを彩るようになっていった。

†金属バット殺人事件と「家庭内暴力」

一九七〇—八〇年代は、「家庭内暴力」に関する事件が注目を集めた時期でもあった。有名な事件としては、一九七七（昭和五二）年に家族に暴力を振るう進学校の高校生を父親が絞殺した開成高校生殺人事件、一九八〇（昭和五五）年に大学受験を控えた浪人予備校生が両親を金属バットで撲殺した金属バット両親殺害事件などがあげられる。

これらの事件は、戦後日本の「家庭」の崩壊を示すものとしてセンセーショナルに報道された。「家庭内暴力」という言葉が広まったのもこの時期である。

こうした「家庭内暴力」については、教育学者、心理学者など多くの専門家が議論に参加した。欧米諸国では親から子どもへの虐待や、夫から妻への暴力が問題化されているのに対し、日本では子から親への暴力が目立つとされ、「家庭」の機能不全が唱えられた。「家庭」の機能不全についての言及は、サラリーマン世帯の父親の不在や、それにより発生する母子密着、また核家族化の進行で親族をはじめ多様な人間関係が不足していることを指摘するものなど、さまざまなパターンがあった。とはいえこれらは、青少年の問題と核家族的な「家庭」を結びつける点で共通していた。

核家族的な「家庭」自体に青少年の心を蝕むものがあるという発想は、一九六〇年代にもみられたが、一九七〇年代頃にはより広範に広まっていった。社会学者の広井多鶴子《ひろいたづこ》によれば、一九六〇年代の『厚生白書』や『犯罪白書』などで少年非行と関連づけられることが多かったのは、共働きだった。一九六〇年代には中流家庭の子女による犯罪の増加が注目を集めたが、その原因は「家庭」そのものにあるのではなく、共働きにより母親との接触が少ないことなどにあるとされていた［広井 二〇〇七］。

しかしこの議論は統計的な裏付けが得られなかった。そのため、一九七〇年代の『厚生白書』や『犯罪白書』からは、共働きを問題とする視点は薄まっていく。かわりに台頭したのが、核家族的な「家庭」そのものを問題とする視点だった。核家族は多様な人間関係が不足しており、母親による過保護や過干渉が子どもに悪影響を及ぼしやすいなどといった記述が増加していったのである。一九八一（昭和五六）年版の『警察白書』には、「家庭内におけるしつけ機能の低下も家庭内暴力を誘発している一因とみられる」と記されている［警察庁編　一九八二］。

もっとも実際には、非行少年の親の養育態度にみられた過保護の傾向は目立って多くなかった。広井も指摘するように、核家族化が、「家庭内暴力や校内暴力、不登校、いじめなど、七〇年代後半以降、社会の注目を集めるようになった様々な教育問題、家族問題、青少年問題の原因・背景として拡大解釈され」た側面も見逃すことはできないだろう［広井　二〇〇七：九三］。

むしろここで着目したいのは、「家庭」が周囲の環境から孤立した、ときには不健全な濃密さが支配する空間とみなされるようになっていたことである。高度経済成長もピークを迎えるなかで、多くの論者は「家庭」に、目指すべき理想の場所ではなく、一種の飽和状態を見出した。そして、ここで語られていたような、「家庭」のしつけ機能の低下は、家族問題や教育問題を語る際の定番のフレーズになっていく。

2　伝統化する「家庭」

†「家庭基盤の充実」と「伝統」

このように「家庭」のイメージが色褪《いろあ》せつつあった一方で、政治の側からはむしろ、「家庭」を積極的に唱える動きが目立ちはじめていた。

ここで提示された「家庭」は、西洋諸国にはない、日本の「伝統」である強いつながりや扶《たす》け合いがあるものとされた。もっともその主張は、戦前の家制度への回帰では必ずしもなかった。むしろ実質的には、高度経済成長期の「家庭」を維持強化しようという試みといえるものだった。

とはいえこの時期に唱えられた「家庭」は、今日の保守的な「家庭」像や家族政策の源流のひとつにもなっている。順にみていこう。

一九七八（昭和五三）年に内閣総理大臣に就任した自民党の大平正芳《おおひらまさよし》は、翌年一月の施政方針演説で「家庭基盤の充実」を掲げた。大平はここで、「家庭」は「社会の最も大切な中核」であり、「ゆとりと風格のある家庭を実現するため」には、「各家庭の自主的努

図2　大平正芳
出典：ジャパン　デジタル　アーカイブズ　センター

力」だけでなく、老人や母子への施策などが必要となると述べた［第八七回国会衆議院本会議第二号］［図2］。

一九七九（昭和五四）年に自民党は、「家庭基盤の充実に関する対策要綱」を発表している。同文書によれば、「家庭は社会の基本単位」であり、「民族の文化や伝統や経験は、家庭において純化され充実されて次の時代に伝えられる」。そして、「老親の扶養と子供の保育と躾《しつ》けは、第一義的には家庭の責務である」。

しかし現在では、経済成長や「個人主義、物質主義的な社会風潮等」の影響から、「家庭の崩壊」が危惧される状況となってしまっている。この改善のためには、国民の自主的な取り組みのほかに、「家庭の日」（祝日）の新設、住宅政策や働く女性の母性保護、中小企業や農山漁村の「家庭」への支援が必要になるという［自由民主党政務調査会家庭基盤の充実に関する特別委員会　一九七九＝一九八〇：一三五—一四〇］。

ここにみられるように、「家庭」は社会の基盤であるだけでなく、「民族」や「伝統」の基盤であるともされた。戦前、戦後初期であればこうした文言は、「家庭」ではなく「家（家族制度）」とセットで語られていただろう。しかしこの時期の「家庭」は、「伝統」などのキーワードと並ぶものになっていた。ちなみに大平が掲げた「家庭基盤の充実」は、法学者の八木《やぎ》秀次《ひでつぐ》や教育学者の高橋史朗《たかはししろう》などの保守系論者がたびたび再評価している。

もっとも、「家庭基盤の充実に関する対策要綱」の内容は、同時期のジャーナリズムを賑わせていた「家庭の崩壊」を意識している形跡はあるものの、基本的には、第四章でもみた一九六〇〜七〇年代なかばの「家庭」に関する文書の延長線上にあった。「家庭」が保守的なキーワードとして定着しているのも、一九六〇年代頃からすでにみられた現象だった。

むしろ、「中小企業従事者の家庭基盤充実」、「農山漁村における家庭基盤充実」のための施策が打ち出されている点は、当時の「家庭」が大企業中心の男性稼ぎ手モデルばかりで構成されていないことをそれなりに把握していたともいえる。また「家庭」を掲げている一方で、「国家権力の家庭への介入は避けなければならない。政治は家庭の基盤充実の環境および条件づくりと家庭への外部からの害悪の除去」に限られるべきであると記されている点にも留意されてよいだろう。ある意味では、一定のバランス感覚が保たれていたともいいうる［同上：一三六―一四〇］。

とはいえ「家庭基盤の充実」は、同時代にも批判的に捉えられていた。なぜならこの方針は、時代の変化、とくに女性の役割の変化に逆行するとみなされたからである。

†日本型福祉社会という選択

「家庭基盤の充実」が同時代にも批判された理由は、それが「日本型福祉社会」とセットで打ち出されていた点である。

日本型福祉社会の構想は、一九七九（昭和五四）年に政府が打ち出した「新経済社会七カ年計画」に明文化されている。同文書によれば「日本型福祉社会」とは、「個人の自助努力と家庭や近隣・地域社会等の連帯を基礎としつつ、効率のよい政府が適正な公的福祉を重点的に保障する」社会のあり方である。それは、「欧米」に単に追従するわけではない、日本の「独自の道」だという。さて、これはどのような構想だったのであろうか。

一九七〇年代は、欧米先進諸国の社会経済状況の転換期だった。第二次世界大戦後の欧米先進諸国では、製造業を中心とした工業化社会の成熟期を迎え、男性労働者と専業主婦による家族生活が広まった。第四章でもみたように、一九七〇年代初頭までの日本の女子労働力率は同時期の欧米先進諸国よりも高かった。

しかし一九七〇年代のオイルショックなどを契機に経済成長は止まり、欧米先進諸国はポスト工業化社会の時代を迎えた。男性稼ぎ手モデルも頭打ちになり、それとは異なる労働政策、福祉政策が模索されていった。

ポスト工業化社会における先進諸国の社会保障のパターンとしては、社会学者のエスピン＝アンデルセンによる「福祉レジーム」の三類型がよく知られている。ここでは、各国の男女の就労状況も踏まえながら、やや簡略化したかたちで紹介しておきたい[2]。

ひとつは、アメリカを典型とする自由主義レジームである。市場原理と個人責任を重視するこの体制においては、税負担は少ないものの、社会保障は手薄で、高賃金の中核労働者と低賃金の単純労働者の格差が開いた。そしてアメリカなどでは企業を中心に女性活躍の機会が増え、共働き化が進行した。

ふたつ目は、北欧諸国に代表される社会民主主義レジームである。この体制は、税負担は重いが、包括的な社会保障で格差の縮小が目指される。また北欧諸国では、女性の公的雇用が増大し、共働き化の進行が後押しされた。なお公的雇用といっても、日本でイメージされるような役所の事務職員というよりは、保育や介護関連のケアワーカーが多い。

みっつ目は、ドイツや南欧などの保守主義レジームである。自由主義レジーム、社会民主主義レジームとの比較でいえば、保守主義レジームは、男性稼ぎ手モデルを維持する傾向があった。一家の稼ぎ手である男性の雇用を維持するために、新規採用や女性採用が抑制されたのである。出生率が回復傾向にあるのは、自由主義レジームと社会民主主義レジームという、共働き化をある程度進めた国であるといわれる。

日本型福祉社会は、欧米先進諸国がこうした戦略をとりはじめている際に打ち出されたものだった。「個人の自助努力」と「家庭や近隣・地域社会等の連帯」を基礎とするこの構想は、自由主義レジーム的な性格と保守主義レジーム的な性格が混在したものと位置づけられることが多い。一九七〇〜八〇年代の日本は、経済不況に見舞われる欧米先進諸国に比して経済が好調であり、こうした主張が受け入れられる土壌があった。

実際に自民党は、当時の刊行物などでも、社会民主主義レジーム的な路線を明確に否定していた。そのため革新陣営からは、日本型福祉社会は福祉の切り捨てであるという批判が相次いだ。

そして日本型福祉社会は、多くの女性論者にも否定的に捉えられた。なぜならそれは、「家庭」における女性の無償労働を前提にした構想だったからである。

†A氏の人生と「家庭長」としての妻への「依存」

一九七九（昭和五四）年に自民党が刊行した『日本型福祉社会』には、「A氏」という男性の人生がモデルケースとして取り上げられている。A氏は両親そろった「家庭」で生まれ育ち、大学卒業後に企業に就職し、結婚して子どもをもうける。そして退職後は年金で暮らし、七五歳で生涯を終えるという設定である。

A氏の人生は、「家庭」と企業に支えられている。二〇代前半までは両親の保護のもとに育ち、就職後は企業から経済的な保障を得る。

日々の生活を支えるのは、「家庭長」たるA氏夫人の仕事だ。彼女は二五歳で結婚して三〇歳までに二人の子を産む。三五歳頃には子どもが学校に行くようになるので、「動物レベルでの母親の役割（出産と育児）は大体終ることになる」。その後は、「教育ママ」になったり、パート労働に勤しんだりする。

子育てだけでなく老いた両親のケアも妻の役目と想定されている。同書によれば、子どものうちひとりが老齢の親と同居すれば、老人福祉問題はある程度解決するのであり、「家庭による安全保障」は、「北欧型の福祉国家には見られない日本のよさであり強み」であるという。

こうしたA氏の人生からもみてとれるように、日本型福祉社会とは、企業と「家庭」の女性に依存するかたちで社会保障を安上がりにさせるシステムだった。実際に『日本型福祉社会』には、「日本型社会のよさと強みが将来も維持できるかどうかは、家庭のありかた、とりわけ『家庭長』である女性の意識や行動の変化に大いに依存している」と明記さ

図３　田中寿美子
出典：『田中寿美子の足跡』女性会議

れている。自分たちの主張の性格をよく理解していたともいえるだろう［自由民主党　一九七九：一八〇―一九四、傍点筆者］。

　付言すれば、保守的な文脈における「家庭」は、三世代同居の家族像を示す言葉としても定着していた。かつての「家庭」は、夫婦中心の核家族的な家族像を示す言葉として、大家族的な「家」に対する対抗的な意味合いもあった。しかしこの頃には、こうした対抗関係はほぼ空疎化していた。それは、本来は近代的な現象であったはずの女性の主婦役割が、あたかも伝統的にそうであったかのようにみなされたこととも似ていた。

　こうした日本型福祉社会の構想は、女性の労働条件の改善などに努めていた政治家や活動家から強く批判された。たとえば日本社会党の田中寿美子《たなかすみこ》は日本型福祉社会について、「財源節約のため、個人と家庭に福祉の責任を負わせる」政策であり、そこには「『家制度』的な家庭主義（…）女性が家庭の責任者になれという」意図が込められていると述べている［田中　一九七九：一〇］［図３］。

　第四章でもみた「国際婦人年をきっかけとして行動を起こす女たちの会」も、日本型福祉社会は女性を家庭に縛りつけようとする政策だとみなした。同会は自民党に抗議文を提出し、野党にも公開質問状を出して回答を求めた。そして一九八〇（昭和五五）年には、渋谷の勤労福祉会館で集会を開いた。参加者の決議は、「福祉の切り捨てによる、女の家庭へのＵターンに反対する宣言――家庭の日はゴメンです」というものだった［図4］。

もっとも、こうした女性たちの声に対して各政党の反応は敏感とはいいがたいものだった。行動する会の駒野陽子によれば、社会党や共産党などは、福祉の切り捨てに関しては批判する回答を返したが、「家庭」を大切にすること自体には賛意を示していたという。駒野はこうした傾向について、男性議員は、女性が主軸となる「家庭」像を、党派を超えて共有していたのではないかと推測している［駒野一九九九：二二一―二二三］。

反対運動の盛り上がりもあり、自民党が掲げた「家庭の日」の制定は見送られた。しかし一九八〇年代には、「家庭基盤の充実」に連なる政策が次々と制定されていくことになる。

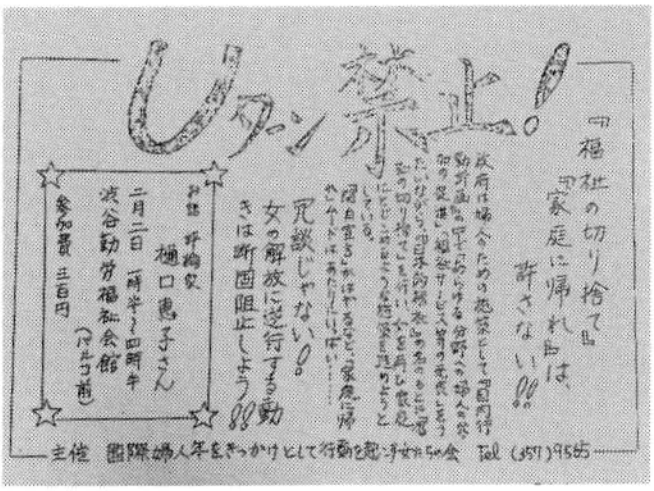

図４　福祉切り捨てによる女の家庭へのＵターンに反対する宣言
『行動する女たちの会資料集成：編集復刻版第一巻』六花出版

3 「家庭」の限界

†パート労働と単身赴任

一九八二（昭和五七）年に内閣総理大臣に就任した中曽根康弘《なかそねやすひろ》は、大平正芳が提唱した「家庭基盤の充実」の路線を引き継いだ。中曽根は同年一二月に行った所信表明演説で「たくましい文化と福祉の国」の実現を掲げ、その根幹としての「家庭」について次のように述べている。

国民の皆様の具体的な幸せは、一体どこにあるのでありましょうか。家族が家路を急ぎ、夕べの食卓を囲んだときに、ほのぼのとした親愛の情が漂います。このひとときの何とも言えない親愛の情こそ、幸せそのものではないでしょうか。夕べの食卓で孫をひざに抱き、親子三代の家族がともに住むことが、お年寄りにとってもかけがえのない喜びであると思うのであります。（…）この幸せの基盤である家庭を大切にし、日本の社会の原単位として充実させていくことこそ、文化と福祉の根源であるとかたく信ずるのであります〔第九七回国会衆議院本会議第三号〕。

中曽根はこうした「幸せ」を国民に保証するために、「政治の光を家庭に当て」ることを宣言した。そのひとつは、専業主婦の優遇政策というかたちであらわれた。

一九八五（昭和六〇）年の第三号被保険者制度の創設は、その一環といえるものだった。従来の制度では、民間サラリーマンなどの妻の国民年金加入は任意とされていた。そのため加入の有無による年金の格差があり、また離婚した際に無年金となる可能性があった。しかし第三号被保険者制度により、直接の年金保険料の負担がなくとも、自分名義の年金を受給できるようになった。

第三号被保険者制度は主婦のパート労働とも連動していた。この制度では年収一三〇万円を超えると、配偶者自身に保険料の納入義務が生じる。そのため働く場合でも、低賃金のパート労働などで家計補助的に働くことが合理的な選択肢になりやすい。パート労働の充実については、一九八〇（昭和五五）年の時点で、第四章でもみた大平正芳の政策研究会である家庭基盤充実研究グループも唱えていた。

パート労働としての女性の活用は、当時の企業の状況とも合致したものだった。オイルショック後の日本企業、とくに中小企業は、経費削減のために女性パートタイマーの活用を進めていた。

既婚女性のパート労働は、中小企業などに勤める夫の家計補助という面もあった。中小企業の多くでは年功賃金があっても、その上がり幅は大企業より小さい。そのため子どもの教育費などのために妻がパート労働でしばしば働いた。一九九五（平成七）年の調査では、既婚女性パートタイマーの働く理由のトップは、「家計の足しにするため」だった〔労働大臣官房政策調査部統計調査第一課編　一九九七〕。

一九八〇年代の日本の大企業の競争力は、こうした中小企業の動向に支えられていた面もあったといわれる。製造業の中小企業は、パート労働なども活用しながら、低コストで大企業の下請けを担っていたからである。

一方で、男性労働者と「家庭」の関係も変化した。その象徴としてあげられるのが単身赴任の増加である。オイルショック後の日本企業は人員調整の手段として、解雇ではなく配置転換や系列会社への出向でしばしば対応した。その結果、単身赴任が増加し、一九八〇年代初頭には社会問題として認識されるようになった。この時期には、「会社人間」という語が、男性の長時間労働の問題などを語る言葉としてメディアによく登場した。

付言すると、この時期の注目すべき活動としては、「男も女も育児時間を！　連絡会（育時連）」（一九八〇年発足）がある。当時はまだ育児休業法が成立しておらず（成立は一九九一年）、授乳を目的とした育児時間制度があった。同会はこの育児時間を男性にも必要であると声をあげたが、政府や会社の理解を得ることに苦労した。

中曽根康弘は、「家庭」の理想像として、「家族が家路を急ぎ、夕べの食卓を囲んだ時に漂う「ほのぼのとした親愛の情」をあげた。しかしこの頃の「家庭」の実態は、こうした関係が切り崩される方向に向かっていたのである。

†キャリアウーマンと「家庭」

専業主婦、パート労働の制度化が進む一方で、一九八五（昭和六〇）年には、男女雇用機会均等法（以下、均等法）が制定された。職場での男女平等を目指した法律であったが、採用や昇進など、多くの項目は経営側の努力義務に留まり、企業の男性稼ぎ手モデルをゆるがすには至らなかった。同法案の作成に尽力した官僚の赤松《あかまつ》良子《りょうこ》は、本来であれば「すべての差別を禁止する」と記したかったと後年に回想している[3]［赤松 二〇二二］［図5］。

図5　赤松良子
出典：『男女平等への長い列』日本経済新聞出版

均等法を機に多くの企業は、「総合職／一般職」

という事実上の男女別採用を導入した。これにより、男性は総合職で働き、女性はごく一部が総合職、大半が一般職という構図が出来上がった。総合職は「家庭」での主婦のサポートに支えられた「会社人間」的な働き方であったため、働いていても出産や育児を担うことが多い女性は構造的に不利になりやすかった。

そのため多くの女性団体は、均等法の制定過程で困惑ないし反対していた。たとえば第四章でもみたように、「私たちの男女雇用平等法をつくる会」が掲げたスローガンは、「仕事も家庭も、そして平等も！　女性だけでなく、男性にも！」だった。このように「仕事」と「家庭」の二者択一の構造そのものを問題視した人びとからすれば、均等法の制定は重要な一歩ではあっても、不満の残るものとなった。

とはいえ均等法は、女性労働者のイメージを変える契機ともなった。文芸評論家の斎藤《さいとう》美奈子《みなこ》はその一例として、小宮悦子《こみやえつこ》や安藤優子《あんどうゆうこ》など、均等法制定と同時期のニュース番組に女性キャスターが多く起用されたことをあげている。いわゆる「キャリアウーマン」的な女性像が大衆的なシンボルになったのである〔斎藤　二〇〇八〕。

こうした「キャリアウーマン」は、しばしば「家庭」の専業主婦と対極的な存在とみなされた。一九八〇〜九〇年代のテレビドラマでは、男性並みに仕事をこなす女性が華々しく描かれるようになった一方で、彼女たちが恋愛や結婚に悩む場面が描かれていることが少なくない。
たとえば一九九一（平成三）年の大ヒットテレビドラマ、柴門《さいもん》ふみ原作の「東京ラブストーリー」をみよう。このドラマでは、キャリアウーマンの主人公（演・鈴木《すずき》保奈美《ほなみ》）が自律的で自分の意思をはっきりと示すキャラクターとして描かれ、女性視聴者からの共感を集めた。ドラマの主軸となるのは、主人公が同僚の男性（演・織田《おだ》裕二《ゆうじ》）とロマンティックな関係を育む物語である。

しかしこの二人は結ばれずにドラマは終わる。同僚の男性はやや依存気質の女性と結婚し社内でも活躍するが、キャリアウーマンの主人公は、海外支社への転勤の後に会社を辞めた。ラストシーンは、主人公が「一人には慣れてるから」と男性に告げたあと、東京の街なかを歩いていくというものである。テレビ番組制作リサーチャーの高橋直子は同作品について、「結局、結婚した方が勝ち、みたいな描かれ方をしている。（…）その図式からなかなか脱却できなかった」と述べている［FRaU編集部 二〇二二］。

†余裕を失う「家庭」

こうしたメディア上の表現は、ある意味では現実の反映でもあった。実際に一九九〇年代においては、第四章でみたM字型就労のパターン、つまり結婚、出産を機に仕事を辞め、子育て後に就業するというライフコースに大きな変化はなかった。社会学者の岩井八郎《いわいはちろう》は、団塊世代から一九七〇年代前半生まれの団塊ジュニア世代までは、こうしたパターンをたどる女性が多かったと指摘している［岩井 二〇一三］。

バブル崩壊後の日本企業は、基本的には男性稼ぎ手モデルを維持する道を選んだ。一九九五（平成七）年には、日経連が「新時代の『日本的経営』」を発表し、中核的正社員である「長期蓄積能力活用型」のほか、「高度専門能力活用型」、「雇用柔軟型」というかたちで労働市場の再編をうたった。

しかしこれは実質的には従来の発想の延長だった。ジャーナリストの竹信三恵子《たけのぶみえこ》が当時の日経連の幹部に取材したところ、「高度専門能力活用型」は弁護士など男性も含めた専門職を想定していたのに対し、「雇用柔軟」は「世帯主に扶養される女性や若者を想定していた」という［大内・竹信 二〇一三：五一］。

とはいえ経済の伸び悩みと地域社会の解体のなかで、家族生活にも徐々に余裕がなくなっていった。内閣府の世論調査では、バブル崩壊以降、生活水準が「向上している」と回答した者の割合が継続的に低下した。また勤労者世帯の実収入、消費支出なども、金融機関の破綻などで閉塞感が強まった一九九七（平成九）年をピークに減少している［厚生労働省編 二〇一二］。

日本型福祉社会の構想で期待されていた、「家庭」における介護の機能も無理が生じていた。平成一〇年版の『厚生白書』によれば、高齢者との同居率は低下し、また介護が行われている場合も、「家族はまさに『介護疲れ』の状態にある場合がしばしば見られ、家族間の人間関係そのものが損なわれるような状況も生じている」。そして女性の介護に大きく依存しているため、退職や休職など「介護はとりわけ女性就業の阻害要因となっている」と記されている〔厚生省 一九九八〕。

こうした現状に対しては、政治の側も対応を迫られた。一九九六(平成八)年に内閣総理大臣に就任した橋本龍太郎は、同年の施政方針演説で次のように述べている。

これまで主として家庭で対応されてきた高齢者介護や子育ての問題をいかにして社会が支援していくのか(…)子供たちに家庭にかわるどのような環境を用意できるのか、こうした問題が大きな課題となり、これに対するシステムづくりが必要となっております〔第一三六回衆議院本会議第一号〕。

橋本は、日本型福祉社会を基礎づけた大平内閣(第一次)で厚生大臣を務めた人物だった。その彼もこのような「家庭」についての認識を示す状況になりつつあったのである。

†「依存」から「自立」へ

一九九〇年代は、少子高齢化の進行を背景として、「家庭」を社会的に支援する政策が検討、実現しはじめた時代でもあった。

きっかけとなったのは、一九九〇（平成二）年の一・五七ショックである。一・五七とは一九八九（平成元）年の合計特殊出生率（その年次の年齢別出生率でひとりの女性が一生のあいだに産む子どもの数に相当）を指す。それまでの最低値は一九六六（昭和四一）年の一・五八だったが、これは「丙午《ひのえうま》」の迷信（丙午生まれの女性は気性が激しく、夫を不幸にするといわれた）の影響があったとされ、例外的な数値と考えられていた。この数値をはじめて割ったため、政府にも出生率低下が強く意識されはじめたのである。

少子化問題は、女性の「家庭」と仕事の両立とセットで検討されはじめた。一九九〇（平成二）年に政府は「健やかに子供を生み育てる環境づくりに関する関係省庁連絡会議」を設置する。そこでは「男性の職場中心主義による家庭の軽視や、家事・育児・介護等の負担を女性のみが担うことを当然視する意識」が問題化され、対策のひとつとして女性の「職業生活と家庭生活の両立支援」が提言された「健やかに子供を生み育てる環境づくりに関する関係省庁連絡会議　一九九一：九九―一〇〇」。

少子化はしだいに「高齢化」とセットで語られはじめる。若年、中年層だけでは、高齢層を支えきれないという論理である。一九九四（平成六）年には厚生大臣の私的諮問機関である高齢社会福祉ビジョン懇談会が「二一世紀福祉ビジョン」を発表し、「個人や家庭、地域組織・非営利団体、企業、国、地方公共団体などが各々の役割を果たす、総合的な保健医療福祉システム」の構築を唱えた〔高齢社会福祉ビジョン懇談会　一九九四：一〇〕。

一九九〇年代なかばからは子育て支援の方針が具体化されていく。一九九四（平成六）年には子育て支援の基本方針を定める「エンゼルプラン」が、そして同年にはその具体的計画として、保育所の量的拡大や地域子育て支援センターの整備などをうたう「緊急保育対策等五か年事業」が策定された。保育の拡充はニーズを満たすまでに至らなかったが、政府は一九九九（平成一一）年に「エンゼルプラン」の基本的な方針を引き継いだ「新エンゼルプラン」を策定している。

高齢者福祉についても、一九九七（平成九）年に介護保険法が制定され、二〇〇〇（平成一二）年から施行された。介護保険は「介護の社会化」、つまり高齢者へのケアを「家庭」だけでなく、社会でも負担することを目指して導入された制度であった。

こうした一連の改革の際にしばしば言及されたのは、「個人」の自立だった。平成一〇年版の『厚生白書』は、副書名に「少子社会を考える――子どもを産み育てることに

図6　椋野美智子
出典：日田市HP

『夢』を持てる社会を」とつけられ、「いろいろな役割を持つ自立した個人が、相互に結びつき、支え合い、『家庭、地域、職場、学校』といった生活に深く関わる場に多様な形で関わっていけるような社会」の建設が唱えられた。

同書には、「個人」の自立をベースとした多様な関係まで踏み込んで記されている。母子家庭、父子家庭を問わず仕事と育児を両立するための支援が求められていること、選択的夫婦別姓制については若年層で容認派が多くなっていること、事実婚や未婚の母への抵抗感が低くなっていること、老親と子のつながりを大切にしつつも相互に自立した生活を実現させるためには社会的な支援が必要になること、などである〔厚生省　一九九八〕。

この『厚生白書』の責任執筆者は、厚生官僚の椋野美智子《むくのみちこ》だった[4]〔図6〕。同書の提言の随所にみられるのは、「個人」の自立をベースにしてこそ、「家庭」が成員相互にとって無理がない関係になるという発想である。日本型福祉社会は自民党も認めるように、女性に「依存」するシステムであった。それに対するオルタナティブを構想する際に、「依存」ではなく相互の「自立」がキーワードとして浮かび上がったとみることもできよう。

一九九〇年代はこうした女性の政策関係者、研究者、運動家などの後押しもあり、さまざまな改革が進んだ。一九九六(平成八)年には選択的夫婦別姓制度を盛り込んだ法律案要綱がまとめられ、また翌年の男女雇用機会均等法の改正では、採用や昇進などの「努力義務」が「禁止」となった。そして一九九九(平成一一)年には、性別にかかわりなく、個性と能力を発揮させることをうたった男女共同参画社会基本法が制定される。

だがこれらの改革は、一九九〇年代末ころから顕在化した保守系論者によるバックラッシュにさらされることになる。そしてそのなかで「家庭」は、よりイデオロギー性の強い概念となっていく。

4 バックラッシュと「家庭」

†「個人主義」の否定

ここでいうバックラッシュとは、一九九〇年代のジェンダー平等を目指した施策に対する一連の批判、バッシングなどを指す。一九九〇年代後半頃からは、保守系メディアを中心にこうした論調が盛り上がった。

バックラッシュの源流は、従軍慰安婦《じゅうぐんいあんふ》問題と選択的夫婦別姓問題とされることが多い。この両者はもちろん別種の問題ではあるが、ともに日本の「伝統」や歴史を貶《おとし》めるものとみなされた。

一九九〇年代は、今日にも連なる保守系団体が次々と設立された時期でもあった。一九九七（平成九）年には、教育学者の藤岡信勝《ふじおかのぶかつ》、ドイツ文学者の西尾幹二《にしおかんじ》、教育学者の高橋史朗といった面々が呼びかけ人となり、「新しい歴史教科書をつくる会」が発足した。また同年には、「日本を守る会」（一九七四年発足）と「日本を守る国民会議」（一九八一年発足）が合流し、「日本会議《にっぽんかいぎ》」が設立されている。日本会議は、発足当初から選択的夫婦別姓制度への反対を掲げた［青木　二〇一六］。

ジェンダー平等を目指した施策に対する批判は、二〇〇〇年代前半頃から、「ジェンダーフリー」、「男女共同参画社会」といったキーワードに対する批判としてまとまっていく。その主要な舞台となったのは、『産経新聞』や『正論』のほか、日本会議の機関誌である『日本の息吹』、『世界日報』（世界平和統一家庭連合［旧統一教会］の友好団体が発行）などの保守系メディアであった。

これらのメディアでは、フェミニズムや男女共同参画は「家庭」を破壊するものであるとしばしば位置づけられた。その論点は多岐にわたるが、一九九〇年代のジェンダー平等に関する議論との対比でいえば、「個人」に対する評価が焦点のひとつとしてあげられる。すなわち、こうした施策は、「個人」を過度に強調する「個人主義」に立脚しており、「家庭」を軽視するものだというのであった。

たとえばフェミニズム批判でも知られるユング心理学研究者の林道義《はやしみちよし》による、山口県副知事の大泉博子《おおいずみひろこ》に対する批判があげられる。林は、大泉が山口県の男女共同参画条例の制定に尽力し、女性の社会進出や夫婦別姓に言及していた点について、「家族・家庭の破壊、個人単位の推奨、男女の役割分担を全面的に否定して、女性の労働者化をはかるという共産主義的な思想」だと述べている［林 二〇〇〇：九五］［図7］。

また法学者の八木秀次は評論家の宮崎哲弥《みやざきてつや》との対談で次のように述べている。欧米諸国では「個人主義の原理」を家族にも持ち込んだ結果、「事実婚の急増、離婚率の驚くべき高さ、母子・父子家庭や『複合家族』の急増、同性愛家族の増加」といった事態が発生している。日本もまたその流れのなかに入りつつあり、「日本の家庭」が「崩れていっている」。そして「家庭が壊れてしまったとき」には、「社会を秩序づける価値あるいはルール」が

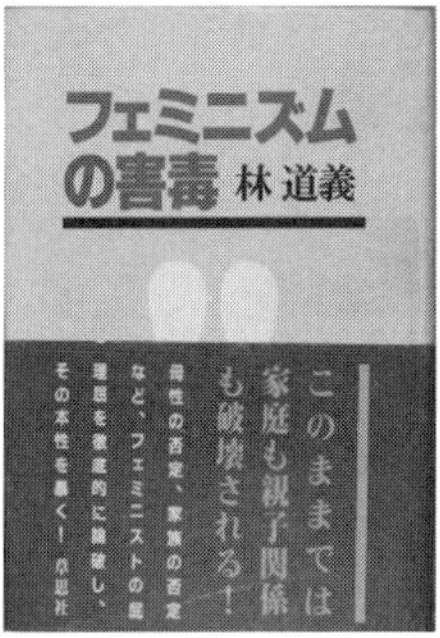

図7　林道義『フェミニズムの害毒』草思社

後世に伝えられなくなるのだという〔八木・宮崎　一九九六：二一〇―二一三〕。「共産主義」や「個人主義」の理解についてはさておき、これらの議論に共通しているのは、「個人」の強調によって人びとがバラバラになり、「家庭」、ひいては社会が解体してしまうという危機感だった。宮崎はさきの対談で自分たちの立場は、「フェミニズム批判」ではなく、「個人主義批判」、「アトミズム批判」であると述べている〔同上：二二一〕。

†「近代家族」の代弁者としての保守系論者

では、こうした論者が議論の前提としている「家庭」観は、どのようなものだったのだろうか。論者の世代や志向により異なる点もあるが、基本的には、高度経済成長期以降の自民党が唱えていた「家庭」観、すなわち三世代同居や民族の伝統といった「家」的な色彩をまといつつも、主婦が家事や育児を担う「近代家族」がベースになっている「家庭」観を抱く傾向にあった。

たとえば林道義は二〇〇二（平成一四）年に、本書でもこれまでみてきたような、性別役割分業が近代社会の産物という経緯を踏まえつつも、「母親が家庭と育児に専念できるという『余裕』の要素」は、「歴史的に新しい（…）近代家族のプラス面」であり、父親と母親が揃っているような家族生活を法制度で保障するべきだと述べている。

林はその具体案として、保育所への支援をやめ、その分を「家庭で育てている母親」にまわすことなどを唱える。林が重視するのは乳幼児の母子関係であり（平成一〇年版『厚生白書』では、三歳児神話は否定されていた）、女性の就労自体を必ずしも否定しているわけではないが、「M字型労働形態は、むしろ非常に理想的な労働形態」だと主張している［林 二〇〇二：一一五―一五六］。

保守系の男性論者は、しばしば自分たちは専業主婦の味方だと自称した。たとえば西尾幹二は、男女共同参画の理念は専業主婦に「無用な劣等感」を与えるものであり、「家庭の中で子育てをしながら、夫と共にいる主婦で充足した毎日を過ごしている人はたくさんいます。その女性に対して無礼ではないでしょうか」と述べる［西尾・八木 二〇〇五：四九］。

もっとも、彼らが主婦の代弁者となっているかどうかはいささか別問題であった。二〇〇〇年代の保守系雑誌に掲載された家族論をレビューした社会学者の鈴木《すずき》彩加《あやか》は、これらの雑誌の主婦の投稿には、主婦以外の執筆者とは異なる傾向が見出されると指摘する。

鈴木によれば、主婦以外の者による論考は、実質的には「国家」や「社会」の安定に重きが置かれており、家族関係については、「夫婦が性別役割分業をしてさえいればよく、その分業体制のもとで分業するがゆえに誰かが苦しんだり葛藤したりしていることはさほど問題」とされていない傾向があった。

対して主婦の投稿は、「国家」や「社会」といった抽象的な文言ではなく、「長男」や「三女」など執筆者からみた具体的な人間関係のエピソードがベースになっている。そして学校の役員をしていたときに多忙で家事が疎《おろそ》かになったことに自責の念を抱くなど、「主婦であることの閉塞感や自責の念といった負の側面」に関する記述もみられた。彼女たちはこうした葛藤を抱えつつも、家族内の思いやりといった心的交流を重視していたという。

なお、鈴木が引用している「生活も経済も夫婦が相手に依存していないというのは事実上は夫婦と呼べない」という主婦の語りは、第二節でみた『日本型福祉社会』の、日本型福祉社会は「家庭長」たる女性に「依存」しているという記述と照らし合わせると興味深い〔鈴木　二〇一九：一五三―一六三〕。

†高度経済成長期の「保守」

また保守系論者のジェンダー平等に関する施策への理解は、やや正確さを欠いているものでもあった。たとえば平成一〇年版の『厚生白書』で唱えられていたのは、「現在、社会の至るところに見られ始めた多様化・流動化の動きを活かし、個人の自立を基本にした『多様性と連帯の社会』をつくる」ことである。つまり、「個人」の強調による社会の解体ではなく、個人化が進行しつつある現状を踏まえた上で、「個人」を基礎とした連帯を創っていくことだった〔厚生省　一九九八〕。

とはいえこれは、目指す「家庭」の相違だけではなく、目指す社会の相違でもあったといえる。保守系論者が唱えていたのは、林道義が女性の「M字型労働形態」を讃えていたことにもみられるように、実質的には高度経済成長期の「保守」だったからである。

彼らの主張は、明治期の保守系論者とも、戦後初期の保守系論者とも異なっていた。まず明治初期の保守系論者であれば、「家」と近代家族的な「家庭」は対立する概念だった。家長ではなく夫婦を中心とする「家庭」は、社会秩序の解体とみなされていた。

また戦後初期の保守系論者が重視していたのは、「家」の家督相続（単独相続）だった。とくに保守系の議員たちは、戦後に導入された均分相続を、自分たちの地盤である農家の経営を危機に陥らせるものとみなしたため、厳しく批判していた。八木秀次などは、戦後初期の法学者の議論を踏まえており、均分相続の廃止も部分的に唱えてはいるが、こうした主張が広範にみられたとはいい難い〔中川・八木・渡部：二〇〇〇〕。

一九九〇〜二〇〇〇年代の保守系論者が描いた「家庭」には、そこでこそ祖先崇拝や民族の「伝統」が継承されるといった「家」的な色彩もみられる。とはいえ彼らの主張は、戦後初期までの「家」の擁護論にあったような物質的、社会的な基盤を欠いていた。この時期の保守系論者の意図は、八木が二〇一一（平成二三）年に日本型福祉社会を再評価していることにもあらわれているように、実質的には高度経済成長期の「家庭」の「保守」にあったといえる〔八木　二〇一一〕。

とはいえ現実は言論よりも複雑だった。その一例として、文化人類学者の山口智美《やまぐちともみ》のエピソードをみよう。山口は二〇〇〇年代に行った調査で、当時の男女共同参画批判をリードしていた『日本時事評論』（日本時事評論社、本社は山口県）の関係者とバーベキューに参加した。

山口によれば、同誌の関係者たちは女性だけに負担させるのではなく、男女ともに肉や魚を焼き、皿の片づけもしていた。そしてそこにいた女性たちの多くは、仕事をもって働いていていた。山口はこうした光景について、「保守系のアンチフェミニストは、性別役割分業への信念が強く、それを実践している」という思い込みを「大きく裏切っていた」と述べている〔山口　二〇一二：九四〕。

「家庭教育」の強調

論壇にバックラッシュが広がっていた一方で、政治の側も「家庭」への介入を強める様子をみせはじめていた。その主要な場面のひとつは、家庭教育である。

第四章でもみたように、一九六〇年代の教育政策においては「家庭」を重視する考え方が広まっており、こうした傾向はあとにも継続した。

一九八一（昭和五六）年の中央教育審議会の答申には、大平内閣が掲げた「家庭基盤の充実」を受けたかたちで、「家庭基盤の充実は、今日国民的な課題であり（…）今後も家庭の教育機能を充実するための施策が求められる」とある。同答申には、同時期の少年犯罪を語るキーワードとなっていた「家庭の教育機能の低下」についても記されており、この認識はその後の文書にも続く〔中央教育審議会　一九八一〕。

とはいえ、一九六〇年代の家庭教育に関する文書が母親による子育てを暗に想定していたのに対して、一九九〇年代以降のそれは家族関係の変化への対応をみせてもいた。中央教育審議会の一九九一（平成三）年の答申では、「育児や教育は母親の役割という考え方を改め」て、父親が「家庭づくりに積極的な役割を果たす」ことが唱えられている〔中央教育審議会　一九九一〕。さらに二〇〇〇（平成一二）年の答申では、男女共同参画社会基本法を踏まえ、「家庭において男女が子育てを協力して行えるよう地域における男女共同参画に関する学習を促進する」ことが提唱された〔中央教育審議会　二〇〇〇〕。

もっともこの答申には、乳幼児の教育の「第一義的責任」は「家庭」にあるといった、両親の養育責任を強調する記述もある。こうした傾向は同時期の家庭教育に関する文書にもしばしばみられ、たとえば内閣総理大臣の私的諮問機関である教育改革国民会議は二〇〇〇（平成一二）年の報告で、「子どものしつけは親の責任と楽しみであり、小学校入学までの幼児期に、必要な生活の基礎訓練を終えて社会に出すのが家庭の任務である。家庭は厳しいしつけの場であり、同時に、会話と笑いのある『心の庭』である」と記されている。「心」など、個人の内面に踏み込んでいることにも注意しておきたい［教育改革国民会議 二〇〇〇＝二〇〇一：七］。

このような国家による私的領域への介入じみた姿勢は、二〇〇六（平成一八）年の教育基本法改正の際にも顕在化した。ここでは新たに「家庭教育」の規定が設けられ、「父母その他の保護者は、子の教育について第一義的責任を有する」と記された。当時の総理大臣だった安倍《あべ》晋三《しんぞう》は改正をむかえて、「品格ある美しい国・日本をつくることができるよう（…）学校、家庭、地域社会における幅広い取組を通じ、国民各層の御意見を伺いながら、全力で進めてまいる決意です」と述べた［文部科学省 二〇〇六］。

この改正の審議の際には、公権力が「家庭」という私的領域に介入することにならないかという批判があった。こうした批判に対して当時の文部科学大臣だった小坂憲次《こさかけんじ》は、改正案では「家庭教育の自主性を尊重する」ことが明記されており、「個々の家庭における具体的な教育内容等について規定するものではありません」と応答している［第一六四回国会衆議院教育基本法に関する特別委員会第八号」。

だがこの後にも、「家庭」への介入を想起させる動きは続くことになる。

†「家庭」への介入

二〇一六（平成二八）年一〇月、自民党の取りまとめによる「家庭教育支援法案」が公表された。ときの総理は、再び返り咲いた安倍晋三だった。

同法案では、同一世帯の家族構成員が減少したこと、「家族が共に過ごす時間が短くなったこと」、「家庭と地域社会との関係が希薄になったこと」といった現状認識のもとに、家庭教育支援の必要性が唱えられた。

家庭教育支援法案には国家や地方公共団体、学校などの責務も記されているものの、個人の心がけを説こうとする姿勢も目立った。たとえば第二条には、家庭教育は「父母その他の保護者の第一義的責任」のもとに「生活のために必要な習慣を身に付けさせる」こと、「自立心を育成し、心身の調和のとれた発達を図るよう努めること」とある。そして家庭教育支援は、「父母その他の保護者」が「子育てに伴う喜びを実感できるように配慮」しなければならないとされた。なお同法案には、当初の素案には「家庭教育の自主性を尊重しつつ」と記されていたが、この文章は後に削除されている〔木村 二〇一七：三―八〕。

こうした文面に対しては、教育基本法の改正時と同様に、国家による私的領域への介入ではないかという批判がなされた。二〇一二（平成二四）年に公表された自民党改憲草案の第二四条で、「家族は、社会の自然かつ基礎的な単位として、尊重される。家族は、互いに助け合わなければならない」と記されている点も、そうした姿勢を懸念させた（自民党は「家族の形について国が介入しようとするものではありません」と述べてはいる）［自由民主党憲法改正推進本部　二〇一三：一七］。

家庭教育支援法案に連なる動きは、教育基本法の改正時から顕在化していたものでもある。二〇〇六（平成一八）年に第一次安倍内閣は教育再生会議を設置し、二〇一三（平成二五）年には事実上の後継組織である教育再生実行会議が発足した。教育再生実行会議が二〇一七（平成二九）年に提出した文書には、「教育基本法において求められている家庭の役割を、各家庭がしっかりと果たせるよう」に、「家庭教育支援を充実していくことが必要」とうたわれている［教育再生実行会議：二〇一七］。

また二〇一〇年代からは、全国各地の自治体に家庭教育支援条例が続々と制定されていった。二〇一三（平成二五）年施行の熊本県を皮切りに、鹿児島県、静岡県などが続き、二〇二三年三月時点で都道府県一〇団体、市町村六団体で制定されている［一般財団法人地方自治研究機構　二〇二三］。

これらの条例の内容は、相互に似通っているものだった。教育史研究者の友野《ともの》清文《きよふみ》によれば、二〇一七（平成二九）年までに制定された条例のほとんどは、「家庭」を「全ての教育の原点」と位置づけていた。そして「親としての学び・親になるための学びの推進」、「生活習慣・自立心・心身の調和のとれた発達への寄与」を行うこと、保護者が子どもの教育について「第一義的責任」を有することといった文言がほぼ共通して記されていたという〔友野　二〇一八：一二〕。また友野は、家庭教育支援条例の制定に尽力した者たちには、「親学《おやがく》」の関係者が少なくないことを指摘している〔友野　二〇一九〕。

「親学」とは高橋史朗が提起した概念である。高橋によれば、現代では「家庭における愛着形成が不足して」おり、「子供の対人関係能力や社会的適応能力」が育っていない。その改善のためには、「『親になるための学び』『親としての学び』すなわち『親学』が必要」になるのだという〔高橋　二〇一二：六九〕。高橋は序章でも記したように、「こども家庭庁」の名称にこだわった論者の一人でもあった。

自民党が下野していた二〇一二（平成二四）年には、自民党議員を中心に超党派の親学推進議員連盟が発足している（会長は安倍晋三、顧問は元民主党の鳩山由紀夫《はとやまゆきお》）。家庭教育支援法は、同連盟が制定を目指していたものだった。

こうした民間の保守的動向と政治との接続は、親学にとどまらない。家庭教育支援法の制定は見送られているが、地方議会では同法案の制定を求める意見書が全国的に可決されている（二〇二二年一〇月七日時点で全国三四の地方議会で可決）。

二〇二二年一〇月一〇日の『朝日新聞』の報道によれば、意見書を可決した自治体が最も多い熊本県では、世界平和統一家庭連合（旧統一教会）の友好団体で幹部を務める男性が立ち上げた団体が、意見書の提出を求める請願の提出者だったという。

社会学者の小熊英二《おぐまえいじ》は同記事について、こうした団体の活動は規模としては小さいものでも、化学反応を促進する「触媒《しょくばい》」としての機能をもつと述べている。「市民」の要請であれば、議員も動きやすく、議会も可決しやすいからである（『朝日新聞デジタル』二〇二二年一〇月一〇日」。現在の保守的動向は、こうした草の根的な活動にも支えられている。

賛成した議員のひとりは、「良い考えと思って迷わず賛成した」と述べていたという。法案の推進者の政治的志向はともかく、結果的に「家庭」の支援につながるのであればよいのではないかと思う読者もおられるかもしれない。

とはいえ、具体的な支援よりも心がけを説く姿勢が目立つことには、多くの懸念が寄せられていることも事実である。そして一九九〇年代からの「家庭」の実態は、個人の心がけでは対処しきれない構造的な社会変動にさらされていた。最後に、その様相を確認しておこう。

5 孤立化する「家庭」

†三世代同居の趨勢

近年の政府は、祖父母、親、子どもからなる三世代同居の支援を進めている。たとえば二〇一六（平成二八）年度の税制改革では、三世代同居に対応した住宅リフォームを行った場合、条件を満たせば所得税が一定額控除されることとなった。個々の自治体でも、三世代同居ないし近居を支援する取組みが行われている。

三世代同居に関する施策は、安倍晋三が掲げた「一億総活躍社会」と関連した少子化対策のひとつとして打ち出されたものだった。ここでは主に子育て支援の担い手としての祖父母の役割が想定されているが、同時に祖父母への介護も期待されている。

とはいえこうした施策は、イデオロギーのひとり歩きであるという批判も少なくない。まず三世代世帯数は、減少傾向にある。二〇二一年の国民生活基礎調査では、世帯総数に対する三世代世帯数の割合は四・九％だった〔厚生労働省 二〇二二〕。

また内閣府の二〇一三（平成二五）年の調査では、「理想の家族の住まい方」として三世代同居をあげた回答者は、全体では二〇・六％だったものの、二〇代の女性は八・六％、男性は一〇・九％、三〇代の女性は一〇・八％、男性は一四・九％だった。子育て世帯に大きなニーズがあるとはいい難い［内閣府　二〇一四］。

政策としては、むしろ不平等を促進してしまうのではないかという批判もある。住宅政策を専門とする平山洋介《ひらやまようすけ》は、乳幼児を育てている三世代世帯は他の世帯に比べて、物質的に豊かであるケースが多いことを指摘する。

平山によれば、乳幼児を含む三世代世帯は、「持ち家率がきわだって高く、住宅が広く、収入は多い」傾向にある。支援を必要とするのは、生活が不安定で住宅も狭く老朽化していることが多いひとり親世帯と低収入世帯である。三世代世帯に支援するのであれば、低収入で住宅が狭いケースが多いひとり親と子、祖父母の世帯を対象にしたほうが効果的である。つまり三世代同居を促進する政策は、「特定のモデルに沿った生き方の価値を無条件に高く見積もる」ことによって、合理性がなく、実際の不平等を見逃してしまうことになるという［平山　二〇二〇：一七八―一八四］。

また三世代同居で介護問題が改善するというのも危うい想定である。というのも、伝統的に三世代同居が強いとされる地域でも、個人化や介護サービスの積極的な利用がみられはじめているからである。

社会学者の相澤出《あいざわいずる》は宮城県登米市《とめし》を事例に、そのことについて述べている。農業が盛んな登米市では、多世代同居の志向が強いといわれてきた。

しかし相澤が見出したのは、同居ではなく、近距離ないし遠距離に住む子が施設などの介護サービスを利用しながら、可能な範囲で老親の面倒をみる姿が広がりつつあることだった。子世代は市外に移動していることが少なくなく、日常的な介護は地元の親族や介護サービスをしばしば頼っていた。自宅で長期の介護をしているケースには、介護に関する知識不足や経済的な理由などの事情がみられた［相澤 二〇二一］。

こうした姿の背景にあるのは、社会構造の変化である。農家の三世代同居の基盤となってきたのは、安定した経営とその家業の継承だった。しかし兼業化が進み、またグローバル経済のなかで地域産業が弱まり都市部への人口移動が定常化すると、三世代同居を前提とする介護は機能不全になっていく。親族のネットワークと介護サービスの利用は、意識の変化だけでなく、こうした社会構造の変化への適応という側面がある。

†雇用環境と未婚化

一九九〇年代以降は、高卒労働市場の縮小や非正規雇用の増大が起きていた。バブル崩壊とポスト工業化にともなう製造業の衰退によって、高校卒業後に工場に就職するといった進路が成り立たなくなっていったのである。代わりに進学のほか、非正規雇用のサービス業などに就いた。

派遣労働の規制緩和も進み、二〇〇四（平成一六）年には製造業にも拡大され、男性労働者の非正規化も進んだ。さきにみた竹信三恵子の取材によれば、これは一九九〇年代に「新時代の『日本的経営』」を構想した者たちも十分に予期していない事態だったという。「雇用柔軟型」で主に想定されていたのは「世帯主に扶養される女性や若者」であり、日本型雇用の解体までは明確に意図されていなかった。しかし、不況で「雇用維持に自信を失った企業が飛びついた」のが「新時代の『日本的経営』」だった［大内・竹信 二〇一三：五一―五二］。

一九七〇年代には比較的安定していた非農林自営業も、一九八〇年代以降は減少していった。規制緩和によって大規模な小売チェーンが地方に進出しやすくなり、一九九〇年代には郊外にショッピングモールが急増し、商店街も苦境に立たされるようになった。

雇用環境の悪化は、未婚化にも直結する。男性稼ぎ手モデルが前提の社会では、男性の雇用と賃金の安定がないと、生活の見通しが立ちにくいからである。

社会学者の加藤彰彦《かとうあきひこ》は、一九七〇年代なかば以降の若年層の結婚確率と経済成長率の関連を指摘している。加藤によれば経済成長率が低下すると、男性の場合は、大企業の就業者に比べて、中小企業、自営業、非正規雇用の就業者の結婚確率が低くなる。経済成長率が高いときは社会階層による結婚確率の差が緩和されるが、経済成長率の低下は、その効果を縮小させたという［加藤　二〇一一］。

第四章でもみたように、「一億総中流」の「家庭」は、いわゆる大企業のサラリーマン家族のみで構成されていたわけではない。中小企業や自営業の安定があってこそ成り立っていたものだった。加藤の議論は、経済成長率の低下によって社会階層の低い男性の結婚確率が低くなり、未婚化が進行したことを示唆するものである。

とりわけ低収入や非正規雇用の男性は結婚しにくい状況にある。社会学者の松田《まつだ》茂樹《しげき》によれば、バブル崩壊後に就職した「ロストジェネレーション」の男性のうち、非正規雇用者と年収三百万円未満の正規雇用者は、年収三百万円以上の正規雇用者よりも結婚しにくくなる。そしてその傾向は、後続の世代にも継続しているという［松田　二〇二一］。

一九八〇～一九九〇年代の労働問題に関する政策文書では、非正規雇用の女性や若者は、世帯主である男性に保護されると暗に想定されていた。しかし九〇年代以降に進行したのは、雇用環境の悪化のなかで若者たちが家族形成しにくくなるという事態だった。一九九五（平成七）年の男性（二五～三四歳）の非正規雇用の割合は二・九％であったが、二〇二〇年には一四・四％となっている。

一方で非正規雇用は、依然として女性を取りまく問題である。さきの男性のデータにあわせれば、一九九五（平成七）年の女性（二五〜三四歳）の非正規雇用の割合は二六・八％であり、二〇二〇年は三四・三％だった［内閣府編　二〇二二］。

じつは非正規雇用の女性も正規雇用の女性に比べて結婚しにくい傾向にある。その理由のひとつは、正規雇用の男性との関係が築きにくいためといわれる。社会学者の太郎丸博《たろうまるひろし》によれば、非正規雇用の女性の職場には、相対的に非正規雇用の同僚が多い。そのため正規雇用の女性に比べると、雇用と賃金が安定した正規雇用の男性に出会う機会が相対的に少なくなり、そのことが結婚のしにくさにつながっている可能性があるという［太郎丸　二〇一一］。

第四章でもみたが、職場結婚は高度経済成長期以降の「恋愛結婚」の主要なルートだった。しかしバブル崩壊以降は、雇用環境の悪化だけでなく、経費削減のために社員へのサービスやイベントを減らすなど、企業の風土も変わっていった。企業の共同体的な雰囲気が薄まっていくなかで、一九九〇年代以降は職場結婚の割合も減少した。

人間関係の変化、とくに結婚後の人間関係の見通しもまた、結婚のしやすさと関連する。人口学者の丸山洋平《まるやまようへい》によれば、地方から東京圏に移動した一九六〇年代後半生まれ以降の女性は、東京圏出身者よりも晩婚化傾向が強かった。丸山はこの点について、女性は男性よりも結婚と子育ての両立について悩みやすいこと、そして地方出身者は子育ての際に親のサポートを期待しにくく、結婚をためらうことが多いのではないかと推測している［丸山 二〇一八］。

実際、出産後に仕事を継続できるか否かは、職場環境や親族のサポートに依存する面がある。社会学者の西村純子《にしむらじゅんこ》によれば、一九六〇〜七〇年年代生まれの女性で、第一子出産を経ても就業できた、あるいは出産後も一〇年以上働き続けることができたのは、専門・技術職や教員、官公庁の正規雇用者であることが多かった。西村によればこうした人びとが働く職場は、「家族責任を果たす人に比較的配慮ある職場」であることが多く、また親との同居や近居も、女性の仕事の継続と関連していたという［西村 二〇一四：一五〇－一五四］。

雇用の不安定化は日本に限らず、先進諸国で共通して起きたことである。とはいえアメリカや北欧などでは、共働きで家族生活を営むモデルが一定程度は成立した。共働きは、パートナー双方の自己実現だけでなく、生活リスクに対する対処法でもあった。

しかし日本をはじめ、男性稼ぎ手モデルを前提とする国ではそうした戦略を取ることが難しい。結果的に、結婚はリスクとみなされるようになり、未婚化と少子化、そして親元同居の長期化が進行する。

†孤立化する育児

子育てを取りまく状況も変化している。そのひとつとしてあげられるのは、子育てに関わる人間関係が築きにくくなっていることである。

ベネッセ教育総合研究所の調査によれば、就学前の子どもをもつ母親が、家を空ける際に子どもの面倒をみてくれる人として「近所の人」をあげた割合は継続的に下がっている［ベネッセ教育総合研究所　二〇一六］。また第一生命経済研究所の調査では、ママ友がいないと回答した未就学児の子をもつ母親の割合は、二〇〇三（平成一五）年では六・二％に過ぎなかったが、二〇二二年には四五％に増加している（二〇二二年は小学校の子どもをもつ母親も対象）［福澤　二〇二二］。

一九六〇年代の子育ては、親族のネットワークに支えられたものでもあった。この時期の子育て世代はきょうだい数が多く、都市部でも妻の親ときょうだいとの交流があった。社会学者の落合恵美子《おちあいえみこ》によれば、一九八〇年代はこうした親族ネットワークは縮小したものの、都市部では子育てを通した近隣づきあいが発達する傾向にあった［落合　二〇一九］。

しかし近年では、こうした近隣づきあいによる子育てのネットワークも弱まる傾向にある。その要因のひとつは、母親たちの状況が多様化していることにある。

第四章でもみた団地の幼児教室には、その変化がよくあらわれている。幼児教室は高度経済成長期に都市部に集った専業主婦たちが築いたネットワークでもあった。それを成り立たせていたのは、子育て中の母親たちが、団地という共通の場に集っており、お互いの境遇やニーズが似通っていることだった。

しかし一九九〇年代頃からは、こうした同質性にもとづく連帯が機能しにくくなった。パート労働で働く母親の増加で自主運営の足並みを揃えることが難しくなり、また団地在住の子どもも減っていった。ある幼児教室では、一九九〇年代になると団地の子どもが過半数を割り、二〇〇〇年代にはほとんどいなくなったという。現在は幼児教室の多くが閉鎖されており、残っている箇所ではしばしば、初期の参加者が献身的に運営を担っている状況にある。

子育てに限らず、専業主婦は地域社会の重要な担い手でもあった。幼稚園や小学校のPTA活動、自治会活動、また環境運動や消費者運動など、一九八〇年代頃までは専業主婦の活躍が目立つ場面は多かった。時間的余裕に比較的恵まれていたことと、学歴や能力を企業などで活かす場面が限られていたことがその背景にある。

とはいえ現在の専業主婦は、恵まれた階層であるわけではは必ずしもない。労働経済学者の周燕飛《しゅうえんび》によれば、二〇一一（平成二三）～二〇一六（平成二八）年の専業主婦世帯の三〇〜四〇%前後は、世帯年収が五〇〇万円未満、つまり「中流」の生活が期待しにくい水準にあった。また二〇一一（平成二三）年には、子どものいる専業主婦世帯の貧困率は一二・〇%だった。彼女たちは、不況時に企業の雇用の調整弁となる非正規雇用、パート労働の潜在的な担い手でもある［周　二〇一九］。

不安定雇用による貧困は母子世帯をより直撃している。二〇一六（平成二八）年の就業している母子世帯のうち、「パート・アルバイト等」の仕事に就いているのは四三・八%だった。シングルマザーの全体的な就労率は国際的にみても高いにも関わらず、二〇一五（平成二七）年の母親自身の平均年収は二四三万円である［厚生労働省　二〇一七］。

一方で父子世帯も、職場への献身が求められる日本型雇用のなかで、子育てに困難を抱えていることが少なくない。社会福祉学者の浅沼裕治《あさぬまゆうじ》が二〇一七（平成二九）〜二〇一八（平成三〇）年に行ったインタビュー調査では、正規雇用の父親は長時間労働の傾向があり、父親自身の両親（母親が多い）などのサポートがない場合は、仕事と家事の両立で体調を崩すケースもあった。[5] また父子世帯は同じ境遇の人とつながりをもつことが少なく、孤立する傾向が強いという［浅沼　二〇二〇］。

†イデオロギーのひとり歩き

以上は、一九九〇年代以降の社会変動のなかで表面化した家族の変化の一側面である。ごく簡単にいえば、一九八〇年代頃まで「家庭」を支えていた社会集団が弱体化し、旧来のモデルが機能不全になっていったプロセスである。

高度経済成長期の「家庭」は、何らかの社会集団に支えられていた。都市部のサラリーマン世帯であれば企業の安定、農家や小売業であれば地域社会の安定といった具合である。もっともそれは、女性の家事労働や低賃金労働への「依存」で成り立っていた。

政府は直接的な家族政策こそ打ち出すことは少なかったが、農家への補償政策やスーパーの出店規制などを通して、間接的に「家庭」の安定を築いてきた。女性が低賃金労働に従事せざるを得ない構造をつくってきたこともそのひとつといえる。

こうした政策は、自民党の支持層の保護でもあった。自民党は、地域社会や各種の業界団体などと結びつき、彼らのニーズに応えてきた。

しかしポスト工業化とグローバル経済の浸透のなかで、自民党のあり方も変わっていった。地方組織や友好団体などの支持基盤は弱体化し、党員数も減った。利益誘導型の政治と新自由主義的改革を両立しようと模索するなかで、党のまとまりを維持するために理念の右傾化が目立つようになった。

二〇一四（平成二六）年のインタビューで自民党の野田《のだ》聖子《せいこ》は、「政策的に個人重視の民主党」に対して、「国家を基本とする政策を重視するというわかりやすさ」を自民党は打ち出すようになったと述べている［野田　二〇一四］。その背景にあるのは、野党時代の自民党の支持基盤にそうした志向をもつ人びとが多いことであったという。近年の自民党の「家庭」に関する政策で、二〇〇〇年代のバックラッシュとの連動や、特定の社会集団との結びつきが取り沙汰されるのもその流れのひとつといえるだろう。

とはいえ問題なのは、特定の「家庭」にのみ寄り添うことが、全体の不平等を見損ねてしまうのではないかということである。社会構造の変動のなかで、これまでの「家庭」を支えてきた安定的な雇用や地域社会のつながりは弱体化し、「家庭」と「個人」は脆弱な状態に置かれている。「個人」と「家庭」、そして「社会」をどのように結び直すかが問われている。

終章 「家庭」を超えて

†「家庭」論の熱さ

本書はこれまで、近現代日本の「家庭」の歴史をみてきた。

本書を通読してきた読者のなかには、実に多くのさまざまな人びとが「家庭」について熱く語っていたということに驚いた方もおられるだろう。

戦前においては、日本の伝統的家族である「家」が社会の基盤であると位置づけられていた。そのため「家庭」を打ち出すことは、「家」と対抗することにもなった。「家庭」をキリスト教的な「愛」の拠点としようとしたキリスト教者、共産主義社会における人びとのつながりの震源を「家庭」に見出した社会主義者、「家庭」での母親の子育てを称揚した教育関係者、伝統的家族である「家」を擁護するために「家庭」を退けようとした保守主義者。本書からごく一部を抽出しても、これだけの多様な立場があった。

戦後においては、「家」に代わって「家庭」が社会の基盤として台頭した。新憲法と民法改正を「家庭」の確立の機会とみなした進歩的な法学者、「民主的な家庭」の困難を考え抜いた民主化論者、「家」の復活を夢見ながらも「家庭」を新たな支持基盤として位置づけようとした保守系政治家、「家庭」を国家にも対抗しうる市民社会の拠点として構想した政治学者、そして、「家庭」に女性の居場所が制限されていることを問題化したフェミニスト。きりがないので、ふりかえるのはこれくらいにしておこう。

本書で取り上げた論者たちの議論は、それぞれの時代状況のなかで、さまざまな立場や試行錯誤のもとになされたものである。そのなかには、深い共感や納得を得るものもあるだろうし、逆に反発や不正義を感じるものもあるだろう。あるいは、後世に与えた影響力を考えるならば、もっと責任を追及すべき議論もあったかもしれない。

「家庭」を論じることにはある種の熱っぽさがつきまとう。なぜなら「家庭」は、その人が何を望ましいと思うか、何を幸福と感じるかといった、個人の感情や価値観と深く結びついているからである。そのため理想的な「家庭」を実現し、他の人もそのような「家庭」を営んでいることに安心を覚えることもあれば、自分の理想とは異なる「家庭」をみて不安を感じることもある。

しかし、単なる道徳論や人生論を離れて、なぜこのように「家庭」に関する多様な議論があらわれたのか。まずはこのことから、近現代日本の「家庭」とは何だったのか、そしてこれからさき私たちは、どのように「家庭」を論じることができるのかを考えたい。

†近現代日本の「家庭」とは何だったのか

結論からいえば、近現代日本の「家庭」とは、明治維新以降の近代化にともなう社会変動のなかで、新たな生活基盤を探るための言葉、概念だった。そしてそれは、近代化によって生じた「近代家族」と連動してあらわれたものだった。

そして本書で打ち出したいのは、近現代日本の「家庭」論は、「家庭はどのようにあるべきか」といったような道徳論、人生論にとどまらず、社会構想に関する議論をしばしばともなっていたことである。

「家庭」という言葉が広まりはじめたのは、明治期だった。第一章でもみたように、江戸時代の人びとは、基本的には生まれた「家」を通して、身分制社会のなかに組み込まれていた。そこでは、生まれた「家」によって、個人のおおよその人生は決まった。

しかし明治維新によってこのシステムが崩壊すると、人びとは「家」や共同体から解き放たれる度合いが増していく。ここで、「個人」と家族、そして社会や国家をどのように新たに結びつけるかということが問題となった。

「家庭」は、こうした状況のなかで使われるようになった言葉である。それは、近代化によって台頭した「近代家族」を表現する言葉でもあった。

「家」は日々の生活を行う場であるだけでなく、家業を通した経済活動を行う場所でもあった。前近代社会の農家などでは、女性や子ども、高齢者も含めて一家総出で働くことが基本だった。そして「家」は、家長を中心とした身分秩序が内部にあっただけでなく、本家と分家など、共同体の序列にも埋め込まれていた。

対して「近代家族」は、「家」のような家業をもたない。そこでは、男性が近代化、工業化によって生じた職場で賃金を獲得し、女性が家事、育児に専念するという性別役割分業が支配的となった。女性には愛情や「母性」が期待され、子どもは村などの共同体単位ではなく、家族と学校教育によって育てられるとみなされるようになる。

こうした家族像は「家族」という言葉では表現しきれなかった。もちろん「家族」という言葉もまた、近代化のなかで意味を変化させている。しかし「家族」は、「家」と「近代家族」の双方の家族像を示す言葉として使われた。

一九五六（昭和三一）年に自民党が出した「憲法改正の問題点」（第三章）をはじめ、近現代日本の家族論をみると、「家族（家庭）」というように、「家族」と「家庭」という言葉を併記している場面にしばしば出くわす。これは、「家庭」が「家族」と近い意味を持ちながらも、それとは異なるものを表現しようとする言葉であったことを示している。とくに戦前においては「家族制度」という言葉が「家」を示すものとして流通しており、「家族」という言葉には、「家」に近いニュアンスが含まれていた。

「家庭」はこうしたなかで、「家」や「家族」という語では表現しきれない願望を託す言葉になった。「家」や共同体に拘束されない恋愛、外界では得がたい安らぎ、理想的な子育てや相互扶助といったことへの期待が、「家庭」という言葉と強く結びついた。これらは近代化という社会変動のなかで、安定した生活基盤を築くために人びとが求めたことでもあった。

そして「家庭」を論じることは、各々が思い描く「家庭」を実現するための社会構想を論じることにもなった。とくに明治期や戦後初期など、来たるべき社会像がまだ未知数だった時代では、「家庭」は社会改革の拠点としても位置づけられた。そこでは理想的な「個人」の生き方、理想的な「家庭」、理想的な社会を確立することは一体のものだった。

しかし実態としての「近代家族」が普及していくと、「家庭」はむしろ既成秩序の一部としてのニュアンスも強めていった。大正期に国家が新中間層の生活を捕捉しようとし、また高度経済成長期に保守系政治家が「家」から「家庭」を強調するようになったのはそのあらわれである。「家庭」は社会や国家の基盤として位置づけられ、標準的な「家庭」に沿わない人びとにとっては、抑圧的にも映るようになる。

また保守系論者が「家庭」という言葉を用いる場合には、三世代同居や祖先との結びつきなど、しばしば「家」のような色彩をまとっていることがある。とはいえそうした場合でも、「家庭」の核になっているのは、性別役割分業や母親による家庭教育、家族の愛情など、近代以降に目立つようになった現象であることが多い。「家庭」という言葉は、「近代家族」と分かちがたく結びついている。

だが現在では、「近代家族」を営むことが困難な人びとが増えた。工業化社会からポスト工業化社会への移行が進み、「近代家族」を支えてきた社会関係――地域社会の安定や、男性稼ぎ手モデルを成立させていた社会経済的条件が崩れてきたからである。

こうした状況で「家庭」は、実態から遊離したイデオロギー性の強い言葉になってきている。従来のような「家庭」を営みたくてもできない人びと、従来の「家庭」とは異なる生活を実現したい人びとが増えるなかで、特定の「家庭」像のみがひとり歩きしているというのが現状ではないだろうか。

それでは私たちは、これからどのように「家庭」を論じたり、構想したりすることができるのか。これは、私たちが近現代日本の「家庭」に関する議論から、何を引き継ぐのかという問題でもある。

†「家庭」と社会構想

本書で重視したいのは、「家庭」に関する議論の多くが「個人」の概念と連動してあらわれていたこと（「個人」を否定するにせよ肯定するにせよ）、そして社会構想をともなっていたことである。つまり、「個人」と家族、そして社会をどのように結びつけるかという議論でもあったことである。

現在の「家庭」という言葉には、「個人」や社会とは相反するニュアンスが含まれていると思われるかもしれない。たとえば作家の山崎ナオコーラは、こども家庭庁の発足にあたって、「『家庭』という二文字が入ったとたん、子どもも、親も、個人としての存在が消えてしまったように」感じられたこと、そして「子育ての基盤が家庭」という論調には、「『家庭』と『社会』を切り離し、閉じた場所であるかのようなニュアンス」があることを指摘している（『朝日新聞デジタル』二〇二二年二月二二日）。

つまり「家庭」という言葉を強調することは、そこで暮らしている「個人」を軽んじ、そして社会ではなく家族（とくに母親）にさまざまな役割を押しつけているように映りやすいということである。「家庭」においては女性が、「個人」というより「妻」や「母」として位置づけられ、社会活動を制限されてきた歴史を考えれば、当然の懸念といえる。山崎はこうした状況に対して、「集団でなく、個として子どもや親をとらえられる社会」の実現を提起している。

これは、現在流通している言葉の意味についての文学者らしい卓見である。とはいえ歴史的にみれば、「集団でなく、個として子どもや親をとらえられる社会」は、近現代日本の「家庭」論でもよく論じられていたことだった。とくに明治期や戦後初期においては、進歩的な知識人が、「個人」と「家庭」の確立をあわせて論じていた。

なぜなら彼らにとっては、「家」から離れた「個人」を、どのように家族や社会と結びつけるのかということが、問うべき課題だったからである。社会学者の米村千代《よねむらちよ》も指摘するように、日本の伝統的家族である「家」は、「広く言えば、人々の共同性に関わる意識や規範の体系」であった。それは人びとに、「生死を超えた超世代的な同一性や帰属意識」だけでなく、「安寧《あんねい》、安心と同時に拘束力」をもたらしていた〔米村 二〇一四：一九〕。

こうした「家」から「個人」として解き放たれたさきに、「個人」同士が営む「家庭」、そして社会が構想された。もっともそこで論じられた「家庭」は、「近代家族」的な家族像に発想が制限されていたものではあった。そして人びとがそこに埋め込まれていくなかで、「個人」同士の関係という点がしばしば見過ごされがちになっていった。

では現在起きていることは何か。それは、社会構造の変動のなかで、今度は「家庭」(「近代家族」)から解き放たれた「個人」が増えたということである。そのあり方は、従来の「家庭」に含まれていた性別役割分業や、異性愛のパートナー関係に限らない共同生活を実践する場合もあれば、経済的な問題などから従来のような「家庭」を望んでいても築くことができない場合もある。

すなわち現在においては、「個人化」という事態を踏まえ、あらためて「個人」をひとつの出発点としながら、家族や共同生活、そして社会を考えることが求められている。人は、何らかの関係を築くことなしには生きることができない。経済的、身体的、心理的に「自立」している(と自分では考えている)者も、何らかの社会関係のなかで生きており、また幼少期をはじめ、誰かの依存のもとに暮らす期間がある。とくに私的領域は、政治哲学者のハンナ・アーレントも論じるように、外界と区別されているからこそ、人びとはそこに安全を見出し、公的領域で生きていくための活力を得ることができる[アレント一九五八＝一九九四]。

「家庭」とはいわば、このように人びとが追い求めてきた私的な共同性に与えられた別名である。近現代日本の「家庭」に関する議論の問題意識のひとつは、社会がどのように「個人」にそうした場所を提供できるかということにあった。

本書がわざわざ明治期から「家庭」の歴史を紐解いてきた理由はここにある。本書の作業は、「家庭」に関する議論が、家族のあり方のみにとどまらず社会構想をともなっていたことを踏まえ、現在求められている議論の足がかりを摑むことであった。

現在では、家族や共同生活についてのヴィジョンは、「近代家族」に限らないものになっている。そのため、「個人」と家族や共同生活、そして社会の結び直しは、できるだけ多様なあり方（生活は独りですることも含めて）を公正に包摂することが望ましいだろう。どのような家族や共同生活を営みたいかということは「個人」の問題であるかもしれない。しかしそれらを包摂する社会を築くことは、「私たち」の問題である。

†「個人」と家族

本書では、さまざまな論者が打ち出す「家庭」をみてきた。それぞれの議論に引き継ぐべきところ、批判的に捉えるべきところ、そして現代には適合しにくくなっているところがあるだろう。

とはいえいずれにしても、ある特定の「家庭」のみを掲げることは、望ましくないように思われる。とりわけ価値観が多様化している現代では、社会や国家は、個人の多様な生き方を包摂する環境づくりを目指すべきだろう。

こうした多様性への志向は、革新的な立場の専売特許ではない。第四章でもみたが、自民党の大平正芳《おおひらまさよし》の研究グループは、一九八〇（昭和五五）年の報告書で、「家庭は、自由で多様なものである」と述べていた。

他方で、他者との共同性を重視することも保守的な立場の専売特許ではない。革新的な立場の論者が「家庭」を重視し、その改良を論じてきたのは本書でみてきた通りである。

もっとも、本書でみてきた「家庭」論には、相互に見解が対立している点も少なくない。その大きな焦点のひとつは、「個人」の位置づけであろう。「家」であれ「家庭」であれ、従来の家族モデルを批判的に捉える際は、「個人」が打ち出される傾向があり、それに対抗する側は「個人」の強調を家族の否定と捉える傾向がある。[1]

この「個人」と家族の関係をある程度整理しないと議論は嚙み合いにくい。近現代日本のように家族と「個人」が対立的に描かれやすい文脈のなかでは、とくに注意が必要である〔阪井 二〇一三〕。

「個人」と共同性のバランスをとることは、過去も現在も、そして未来でも共通するテーマだと思われる。ここで万能な解答を導き出すことはできないが、今後の「家庭」を論じるためには、「個人」と家族の関係について、現代に即したかたちであらためて再検討する必要があるだろう。

本書で確認したいのは次の三点である。まず「個人」が弱まっているからこそ、家族の形成が困難になっていること、また「個人」をベースとした保障の検討は家族の維持にも寄与すること、そして人は何らかの関係のなかで生き、他者への依存を必要とするからこそ、「個人」を考える必要があることである。

†個人化とエンパワメント

「個人」をベースとすることを打ち出すと、以下のような懸念が予想される。すなわちそれは、家族をバラバラにさせることであり、社会を解体に導くのではないか。とくに「個人化」が進行している現在では、むしろ「個人」よりも家族の価値を強調したほうがよいのではないか、と。

　こうした懸念に対しては、まず特定の家族像のみを強調することが、それに沿わない共同生活への抑圧につながっていないか、その公正さを問う必要があるだろう。加えて本書の文脈で指摘しておきたいのは、「個人」が弱まっているからこそ、家族を築くことが困難になっている現状である。

　社会学者の落合《おちあい》恵美子《えみこ》は、韓国の社会学者であるチャン・キョンスプの議論を引用しながら、「個人」を無防備にし、家族にさまざまな責任を負わせている社会では、結果的に結婚や出産の回避が起きることを指摘している。

韓国や日本など東アジアの社会では、家族関係を重視する傾向が強い。EASS 2006（東アジア社会調査2006）でも、「自分の幸福よりも、家族の幸福や利益を優先するべきだ」という考えを肯定した回答者の割合は、韓国、台湾で七～八割、日本でも半数以上にのぼった。

しかし韓国、台湾、日本では、少子化が進行している。これは、家族の価値が下がっているからではなく、家族を大切にしているからこそ起きる現象という側面がある。

これらの国では、「個人」での生活が困難に陥ったときは、家族や親族からの相互扶助が期待されがちである。それは、「自分が家族と親戚から助けてもらう」ことでもあるが、裏を返せば、「助ける側に回る」ことでもある［落合 二〇一二］。

こうしたリスクは、とくに経済的な状況が不安定になっている若者にとっては、厳しいものに映る。そのため、家族を営むことに責任を感じ、大切に思っているからこそ、結婚や出産を先延ばしにする傾向が生じる。

「個人化」とは、家族や共同体などの中間集団が不安定化し、「個人」が脆弱な立場に置かれることでもある。ここで必要になるのは、弱まった「個人」を、社会でどのように支える（エンパワメントする）かという発想である。

†「個人」の保障と家族の再生

「個人」を支援することは、家族の結びつきを弱めてしまうのではないかと懸念する方もおられるだろう。あるいは「個人」ではなく、「家庭」や何らかの形態の家族を単位として支援すればよいと考える方もおられるかもしれない。

こうしたカテゴリー単位の社会的支援を検討する場合でも、「個人」を考える必要があることをまずは指摘しておきたい。これは、家族の扶《たす》け合いの象徴的な場面である介護の現場からしばしば提起される。

社会学者の春日《かすが》キスヨは、一人暮らしの末に養護老人ホームに入所したある女性のインタビューを紹介している。春日がその女性に入所を決めた理由を尋ねたところ、「七〇代までは『一人口《ひとりぐち》が養える』けれど、八〇代になるとそれがしんどくなる」からだと回答されたという。

健康寿命が伸びている現在、七〇代までは「個人」でも買い物や家事をこなすことができるかもしれない。しかし八〇代までそのような生活が維持できるかは心もとない。これは多くの人が感じていることだろう。

春日によればこうした懸念は、「個人」で暮らしているときだけでなく、夫婦で暮らす場合により当てはまる。なぜなら夫婦では、二人分の家事を担ったり、要介護状態のパートナーを世話したりするという事態が生じるからである。

こうした状態では、負担に耐えきれずに夫婦関係が破綻してしまうこともある。たとえば性別役割分業型の「家庭」を営んできたために家事能力のない夫が、要介護状態の妻にやり場のない怒りをぶつけて虐待に至るようなケースである。

幾多の事例を踏まえて春日は次のように述べる。「夫婦相食《あいは》むかたちで、現在の境遇に対する怒りや苛立《いらだ》ちを、暴力や世話の放棄として相手に向ける人が出てきても、不思議ではない」。それは、「二人だけの関係に閉じ込められれば、どんな夫婦でも陥りかねないものである」。

そしてこのような事態は、家族による援助で回復するとは限らない。子どもがいたとしても両親をケアできる余裕がない場合もあるし、そもそも子どもに迷惑をかけたくないと考える高齢者も多い。また関係が悪化している夫婦に対して家族単位の支援をしても、有効な解決に結びつかない可能性もある。

春日がここで提起するのは、「個人」への支援と社会への接続である。春日は上記のような高齢夫婦の虐待のケースで、夫と妻それぞれへの支援が夫婦仲の改善につながったことを紹介している。

このケースでは、妻が施設に入り、夫婦は別れて暮らすことになった。しかし当初は家事能力がなく、在宅で配食サービスに頼るはずだった夫は、やがてスーパーの買物なども自分でこなしはじめた。そして妻とも施設で会うようになり、「職員の悪口」などの話題で盛り上がるほど関係が改善したという。職員という他者とつながることで、「悪口を言える私たち夫婦」という関係ができたのである。

こうした事例を踏まえて、春日は次のように述べている。「現代の日本に必要とされているのは、家族単位でもなく、夫婦単位でもなく、家族の一人一人、個人を徹底的に支える社会的支援である。そうした支援こそが家族愛や夫婦愛を維持し再生させる力となる」

［春日 二〇一〇：一五〇—一五七］。

†「プライベート」と「インディビデュアル」

春日が指摘するのは、持続的なケア（介護）の関係を維持させるためにも、「個人」を対象とした支援が必要になるということといえる。つまり、人は関係のなかで生き、相互依存をするからこそ、「個人」をベースとすることが必要な場面がでてくる。

こうした「個人」の問題は、ＤＶや虐待など、「個人」の人権、尊厳が侵害されるときにより顕在化する。「家庭」という私的領域は、外界から隔絶されているがゆえに安全や安心を担保できる場であるが、一方で暴力をともなう闇の領域になることもある。

このような場合には、「個人」を守るための介入が必要になる。高度経済成長期に、「家庭」を民主主義社会の基盤として位置づけようとした政治学者の石田雄（第四章）は「プライベート」と「インディビデュアル」の区別をもって、私的領域の問題について論じている。

石田によれば、家族の問題を「プライベート」なこととして考えると、たとえば「家庭内暴力」は、「介入できない問題」になってしまう。しかし家族の問題を「インディビデュアル」の関係として考えれば、その尊厳を不当に侵害することは「なんであろうと問題になりえ」る。

家族ないし私的な共同生活は、「プライベート」な空間として外界から隔絶されている面と、「インディビデュアル（個人）」の関係という面が重なりあっている。私的領域への社会や国家の介入は、「インディビデュアル（個人）」の保護という観点から位置づけられるというわけである［竹内 二〇一五］。

石田の議論は対談での発言であり、体系的なものではないが、日本語で私的なものを考える際のヒントのひとつにはなるだろう。

†「個人」と共同性

春日があげた夫婦の事例のように、「個人」を保障することは、ときに別れて暮らすことも含まれるかもしれない。とはいえあらためて強調しておきたいのは、「個人」をベースとすることは、家族が別れて暮らすことや、そもそも家族をつくらないという選択肢を認めることではありえても、家族や人びとの共同性の否定と同義ではないことである。

筆者は、「個人」と家族や共同性を対立的に描くことは、そもそもミスリードなのだと考える。「個人」をベースとすることは、他者との共同性を否定することではない。また他者との共同性のなかで「個人」の領域が不必要になるわけではない。

人は何らかの関係を築くことなしに生きることはできない。だからこそ、「個人」をベースとして考える必要が出てくるのである。人は何らかの関係なしに生きられないからといって、家族なり共同性をベースにすると、「個人」の問題は見失われてしまう。それでは結局、その共同性自体が蝕《むしば》まれることにもなりうる。とりわけ現在ではこのことを考慮する必要がある。

「個人」であることと他者との共同性は、ともに生きる上で不可欠であり、人によってそれぞれ最適なバランスがあるだろう。「個人化」のなかで他者との共同性をうまく築けないという人びとの状況を問題視するのであれば、「個人」をベースに、その人の自律を尊重しつつ、関係づくりのサポートができる社会にしていくことが望ましいのではないだろうか。

ふりかえれば、高度経済成長期の「個人」や「家庭」は、家族同士や社会との相互依存によって成り立っていたものだった。

サラリーマンと専業主婦の「家庭」は企業の安定に支えられており、企業もまた男性労働者が専業主婦にサポートしてもらうことに「依存」していた。中小企業や自営業者などの「家庭」は共働きや地域社会の安定に支えられていたが、これらの「家庭」もまた地域社会の安定を構成していた。こうした相互依存が、社会構造の変容によって機能不全になってきたことは、本書でみた通りである。

「個人」をベースとすることとは、人びとの共同性や相互依存を否定することではなく、それらを組み直す前提をつくることである。特定のモデルの「家庭」のみを掲げることは、それに沿わない人びとの共同性や相互依存を軽視し、公正さを損なうことにつながりかねない。人は何らかの関係を築くことなしに生きられないことを踏まえた上で、「個人」をベースに、その人が織りなす多様な家族や共同生活を社会で包摂していくことが、「個人化」が進行した現在においては必要な発想であり、本書でこれまでみてきた「家庭」論の問題意識を引き継ぐことでもあると思われる。

†何を大切にしたいのか

ではどのようにして、「個人」とその人が織りなす多様な家族や共同生活を包摂していくか。具体的な方策については、労働条件の改善（たとえば「個人」として生活可能な最低賃金の設定やワークライフバランスの是正）や福祉政策、多様な関係のあり方を保障する法制度の整備などさまざまなことが考えられる。

ここでは、本書のこれまでの検討を踏まえて、その基本的な方針に議論を限定しておきたい。それは、従来の「家庭」の枠組みを超えた発想をどのように形成していくか、ということである。

本書でこれまでみてきたように、「家庭」にはさまざまな期待が託されてきた。たとえば恋愛や子育て、成員同士の相互扶助、外界では得られない安らぎなどである。「家庭」はいわば、これらの機能をワンセットで表現する言葉、概念であった。

とはいえこうした機能は、従来の「家庭」だけでなく、さまざまなかたちで営まれているものである。「近代家族」的な「家庭」のみを人びとの共同性の場として位置づけることは、それに沿わない人びとを排除し、結果的に社会を不安定化させる可能性がある。

政治哲学者のジョン・ロールズは、秩序だった家族生活を営み、そして子どもの養育、教育という義務が果たされるのであれば、「正義の政治的構想によって、家族が一定の形態をとるよう要求されるといったことはない（つまり、一夫一婦制に基づく家族でなければならないとか、異性愛に基づく家族でなければならないとか、ないしは、その他の形態の家族でなければならないといったことなどないのである）」と述べている［ロールズ　一九九九＝二〇〇六：三二三］。これは、ロールズが重視している子どもの養育、教育をベースとして、多様な「家庭（家族）」を社会の基盤として位置づける議論である。

子どもの養育、教育を「家庭」の核と位置づけるかはさておき、今後の「家庭」について論じることは、結局のところ、私たちがこれからも何を大切にしたいのか、という基本的な問題に帰着する。

「家庭」の重要性を唱えることは、本書でみてきたように、保守的な立場の専売特許ではない。そして「家庭」の重要性を唱えることは多義的であった。それは、恋愛など親密性への期待であることもあれば、理想的な子育てや相互扶助を重視することでも、外界では得られない安らぎを得ることでもあった。

「家庭」というカテゴリー単位で考えることは、本来大切にしたかったものをしばしば見失わせる。たとえば、子どもに安定的な場を提供するために「家庭」の重要性を唱えていたはずが、「家庭」のかたちを守ることが目的化し、それさえ維持すれば子どもに安定的な場を提供できるという発想に転化してしまうような場合である。

子どもの成長のために安定的な場を提供するのであれば、子育てを行うセクシュアルマイノリティや、シングルマザー、シングルファザーなどの生活も重要な場である。しかし現実には、これらの共同生活は法制度、社会経済的な条件で不利な立場に立たされている。特定の「家庭」のみを社会の基盤として掲げることは、そのような不公正を加速させるだろう。

私見では、こども家庭庁の名称変更の際に多くの人びとが懸念したのは、このように何が大切かを見失ってしまうことにあったと思われる。子どものための政策を実施していくことと、ある特定の「家庭」を掲げることがセットになっており、前者よりも後者が優先されているように映ったからである。

社会の変動期にあっては、在りし日の家族のあり方が理想的なものにみえるかもしれない。しかしいつの時代においても「家庭」は決して万能ではなかったし、また社会構造が変わると、従来の処方箋をそのまま実行するだけでは機能不全に陥る場合がある。

こうした際に重要なのは、「家庭」に託されてきた機能のうち、何を大切にしたいかを探ることである。愛する人との関係を築くことや、子どもに安定した場を提供すること、誰かのケアを担うことといった「家庭」に託された機能は、さまざまなかたちで成り立ちうるし、すでに実践されている。

あるいは私たちは、これから生きていく上で何を大切にしたいのかということについて声をあげ、それを政治に届けることもできる。

これはある意味で、政治学者の神島二郎《かみしまじろう》が高度経済成長期に唱えた「家庭拠点主義」(第四章)のバージョンアップといえるかもしれない。神島は、戦争の惨禍からようやく生活基盤を回復し「家庭」を築いた人びとが、それを守るために、政治や社会を動かしていくことを論じていた。

神島が論じた「家庭拠点主義」は、近代家族的な「家庭」を前提としたものだった。しかしこのコンセプト自体は、そうした「家庭」の枠を超えて、さまざまな関係のあり方に置き換えることも可能だろう。

もちろん、たとえば虐待を受けている子どものように、現実には声をあげられる人ばかりではない。社会や政治は、大切なものをさまざまなかたちで実現しようとする多様な声やニーズに対して、あるいは実現できていない人びとが直面している不利や不公正に対して、公正さの観点から応答することが求められる。それは従来の「家庭」の枠組みを超えることでもあるが、人びとが「家庭」に託してきたものを引き継ぐことでもある。

†「家庭」を超えて

本書の結論をまとめておこう。近現代日本の「家庭」とは、近代化によって「個人」として解き放たれた人びとが、新たに追い求めてきた生活基盤だった。そして私たちはこれからも何らかのかたちでそうした空間を必要とし、どのようにそれを確保するかを探り続けるだろう。

こうした人びとの試行錯誤を現在に即して読み直せば、それは次のようなことである。人は何らかの関係のなかで生き、他者への依存を必要とするからこそ、「個人」をベースに共同性を考える必要があること、「家庭」のかたちをただ守るだけでは、「家庭」で何を大切にしたかったのかを見失う可能性があること、そして「家庭」を超えた発想は、人びとが「家庭」に託してきたものを引き継ぐことでもあること。これらが単なる逆説ではなく、現実に直面している問題であることについては、もはや説明はいらないだろう。

そして、これからの私的な共同性――それが未来において「家庭」と呼ばれているかはわからないが――を築いていくのは、あなた自身である。それはつまるところ、あなたが誰とともに生き、何を大切にし、どのような社会で暮らしたいかという問題なのである。

あとがき

本書の位置づけの参考になると思われることを、いくつか記しておきたい。

本書は、「家庭」の歴史を辿ることから、近現代日本の「家庭」とは何だったのか、そして私たちはこれからの生活基盤をどのように構想すればいいのか、ということを再考するものである。

タイトルは『「家庭」の誕生』となっている。これは、本書の担当編集者である山本拓氏のアイディアなのだが、実は当初、筆者はこのタイトルにあまり乗り気ではなかった。

本書をお読みいただければわかるように、「家庭」が日本の伝統的家族である「家」とは異なる家族像を示す言葉だったことは、高度経済成長期頃までの家族論においては、しばしば議論の前提だった。一九八〇年代後半以降の家族研究に導入された近代家族論においてもこの点は踏襲されていた。近年ではあまり強調されてこなかったとはいえ、「家庭」が近代以降の発明品であることを、あたかも自分が発見したかのようにみえるタイトルをつけることは憚られたのである。

とはいえ、いい代替案が浮かぶわけでもなかった。そして執筆中にいろいろ考えを巡らせるなかで、一周回ってこのタイトルもよいのではないか、と思うようになった。これは、本書の成立の経緯と深く関わっている。

本書の執筆の直接の契機は、二〇二二年二月二二日発行の『朝日新聞』の「耕論」に掲載された筆者のインタビューである。同年一月に担当記者からこども家庭庁の名称変更に際して、近代以降の「家庭」の歴史を聞きたいという打診があり、それに応対した。この頃筆者は、戦後初期のマルクス主義系論者の「家庭」論に関する論文を執筆しており、昨今では保守の方が「家庭」という言葉を好んでいるのだなと、なかば浦島太郎的に感じていたのを覚えている。

この記事が山本氏の目にとまり、こども家庭庁の発足にあわせて、明治期から現在に至るまでの「家庭」の歴史を書いて欲しいという本書執筆の依頼を、二〇二二年四月に受けた。「家庭」については、近年の女性研究者の研究を中心に多くの蓄積があり、正直にいえば戸惑う気持ちもあったが、『朝日新聞』の取材の際にも近現代日本の家族史を通覧できる手に取りやすい書物があまり見当たらないことを感じていたので、ある種の役目があると思い、引き受けることにした。最初の打ち合わせでは、『朝日新聞』の取材の際に準備した一万字程度のメモをもとに、内容を固めていった。このメモが本書のもとになっている。

ここまでは、よくある経緯である。しかし筆者が執筆の過程で徐々に気になりはじめたのは、『朝日新聞』の担当記者も山本氏も、筆者（一九八六年生）と同年代の男性であることだった。

一九八〇年代後半以降に刊行された、現在では古典の地位を確立している近代家族論の単著は、「女性著者＋女性編集者」のタッグで出されたものが多い。たとえば落合恵美子『近代家族とフェミニズム』（一九八九年、勁草書房）、小山静子『良妻賢母という規範』（一九九一年、勁草書房）、『家庭の生成と女性の国民化』（一九九九年、勁草書房）、牟田和恵『戦略としての家族』（一九九六年、新曜社）などである。ここには、落合先生が『21世紀家族へ〔第3版〕』（二〇〇四年、有斐閣）の序文で、「わたしは本書を、戦後日本を子どもとして、あるいは若い女性、若い母親として生きてきた体験から出発して書いた」（vii頁）と述べているように、当時の女性の問題意識、あるいは家族問題といえば女性の問題であるという当時の社会の共通認識が反映されていたのではないかとも思う。

ちなみに日本で刊行された雑誌のデータベースとしても知られる『大宅壮一文庫雑誌記事索引総目録』で家族論の類は、「おんな」という項目に多く収録されている。現在六〇代のベテランの男性家族社会学者から、自分が大学院生の頃は男性がほとんどいなかったとうかがったこともあった。家族社会学は、社会学領域のなかでも女性研究者が比較的多い分野である。

ひるがえって本書の成立に関わっていたのは、すべて筆者と同年代の男性だった。思えば二〇一八年に刊行された筆者の単著の編集者も同年代の男性である。筆者は資料探しのほかは、専門学会での報告と専門誌への投稿論文の執筆という、比較的地味な学究生活を送っているが、自分の研究が社会に発信された多くの場合に、同年代の男性が関わっていたことになる。

こうした偶然が頭をよぎっていたときに、『朝日新聞』の担当記者や山本氏とお話ししていたことを思い起こすと、ある傾向が思い当たった。それは、おふたりとも「自分ごと」のように、筆者が語る「家庭」の歴史的推移を納得しながら聞いていたことである。しかもその関心は、近年の「家庭」をめぐるイデオロギー的な状況だけでなく、これまで女性研究者が問題化していたような、仕事と「家庭」のバランスの問題（たとえばM字型就労）などにも向いているように見受けられた。

近年の男性にとってこうした問題は、もしかすると「自分ごと」になりはじめているのではないか。そしてこうした問題を「自分ごと」として考えることを、職場（上司）や社会が許容する空気になってきているのではないか。

もちろんかつてこうした問題を「自分ごと」として考えた男性たちはいた。しかしその頃はまだ、それを周りが認める空気はできていなかった。現在では、男性がこうした問題に関心をもち、それを正面から取り上げようとするときに、それを許容し、かつ肯定する空気ができつつあるのではないか。そしてこのような空気があると、保守的な志向の男性であっても、旧来の家族観やジェンダー観を前提とした物言いは感覚的に共鳴できなくなるかもしれない。

およそ階層も地域も偏った観察なので、一般化をするつもりはない。とはいえ筆者が考えたのは、家族問題にすでに関心がある方だけでなく、何らかのかたちで、「自分ごと」として家族問題を考えるようになった男性たちにも届き、納得できるような本があるとよいのではないかということだった。そしてこれは、こうした男性たちをパートナーにするかもしれない女性にも役立つことのように思われた。

近現代日本の「家庭」の歴史を一冊の本にまとめるなど、土台無茶な話である。しかしこれまでの家族社会学、家族史、女性史の知見、そして自分の研究成果を踏まえながら、現在の「家庭」をめぐる状況に違和感をもちはじめた方々、とくに男性たちが、現状を把握し、そして「家庭」の歴史に付随してきた不平等や不公正についても思いを巡らせていけるような線を引くという方針をたてれば何とかなるのではないか。それならあらためて

『「家庭」の誕生』というタイトルで刊行して世に問うことも、一周回ってありなのではないか……。

以上が、本書の成立のおおまかな経緯である。もちろん一般書として刊行する以上、筆者なりにできるだけ多くの方に読んでいただきやすいように書いた。

また結果的に本書は、あまり類例のない研究書になったとも思う。個々の「家庭」論に関しては先行研究によることも多かったが、近現代日本の「家庭」論の変遷を通覧したものは専門書を含めてもなかなか見当たらない。

その理由のひとつは、「家庭」論には必ずしも家族問題を専門としていない、さまざまな論者が関わっていたことにあると思われる。とくにジャーナリスティックな「家庭」論は当人なりの真剣な試行錯誤が含まれていても、系統だった議論をすることは少ない。やや悪い言い方をすれば、その場の思いつきや勢いで書かれてきたともいえる。「家庭」は人びとが何らかのかたちで関わる場であり、それぞれの立場から一家言あるだろう。そのためある時代を共有している人びとのあいだで盛り上がることはあるが、その時代が過ぎると忘れ去られてしまう。

とはいえ、その場の勢いで書かれてきたことは、裏を返せば、その時代ごとの雰囲気がよくあらわれているということでもある。そのため、「家庭」というフィルターを通すと、それぞれの時代状況のあり方もよくみえてくる。本書の執筆の際に、これまで収集した資料を見直したり、新たに発掘したりしたが、「家庭」という言葉にこれほど多くの論者が関わっていた事実に、筆者もあらためて驚くことも少なくなかった。

分量を抑えるためにやむなくカットした資料も多いが、こうした驚きや、本書であげたさまざまな論者たちの試行錯誤を読者も共有していただければ幸いである。筆者としては、専門的な関心や、家族を取りまく状況に何らかの違和感や思いを抱いている方の関心に応えつつ、読者が生活を共にしている人、あるいは生活を共にしたいと思っている人とも共有でき、「家庭」や社会について考えていくきっかけになる本であることを願っている。

なお本書の成立には多くの方にお世話になった。本書の草稿は、池岡義孝先生、石黒史郎先生、大尾侑子先生、岡井宏文先生、岡田あおい先生、栗村亜寿香先生、元治恵子先生、榊山裕子氏、松木洋人先生、三品拓人先生、米村千代先生、渡辺秀樹先生に、それぞれ部分的にお読みいただき、適宜コメントをいただいた。また池岡先生主催の家族社会学研究会、筆者の前任校である明星大学のゼミでもコメントをもらった。最終的な文責は筆者にあるが、ここに感謝を申し上げたい。また本書の執筆は、大半が明星大学の所属時に行なわれた。熊本博之先生はじめ、明星大学人文学部人間社会学科の先生方、職員の方々にも感謝を申し上げる。また、校正者のご丁寧な仕事にも深く感謝を申し上げたい。

なお、本研究は、ＪＳＰＳ科研費（１８Ｋ１２９５２・２１Ｋ１３４２６）の助成を受けた。

最後に、本書の担当編集者であった山本拓氏と、その仕事を引き継がれた橋本陽介氏に感謝を述べたい。実は山本氏は、本書の初稿完成間近で育休に入られた。筆者の異動なども重なり、育休までに刊行を間に合わせることができなかったことをお詫びしつつ、お子様のご誕生を心から祝福させていただきたい。そして本書が、こうした男性編集者と男性著者の仕事でもあることを、あわせて記しておく。

二〇二三年八月

本多真隆

注

序章

1　この点に関しては、第二波フェミニズムの「個人的なことは政治的である」というテーゼがよく知られる。なお近代日本においては、本書の叙述でも示していくように「家族（家庭）」のイデオロギーは政治問題の一部であり、一定の議論の蓄積があったことには注意したい。たとえば川島武宜は一九五七（昭和三十二）年に、戦前の家制度（「家族制度」）について次のように述べている。「現在、『家族制度』は重要な政治問題の一つになっている。（…）言うまでもなく、家族という人間集団は政治上或いは法律上の問題としてのみならず、さらに経済・教育・心理・宗教或いは社会生活等の場面においても重要な意味をもっているのであるが、それがとりわけ政治との特殊的関連において問題となるということは、わが国における家族制度の問題の特質を示すものである」［川島　一九五七＝一九八三：二〇〇］。

2　代表的な研究としては、政治学者の石田雄によるものがあげられる。石田は明治期の知識人によって唱えられていた「家庭」が、戦前期の天皇制国家に組み込まれた「家」とは異なる、「市民」の家族モデルであった文脈に着目した。そして大正、昭和期においてはそうした国家の対抗拠点としての側面が弱まっていったことを指摘している［石田　一九七八］。

石田のほかにも、福澤諭吉などの明六社知識人や、自由民権運動の活動家たちが「家」とは異なる今日の一夫一妻制に連なるような家族像について論じていたこと［外崎　一九六六、神島　一九六九など］、また日露戦争前後からの工業化の進行によって、新中間層や労働者を中心に伝統的な「家」とは異なる近代的な家族生活があらわれはじめていたことは、個別的に論じられてきた［潮見・阪本　一九七六など］。女性史の領域においては、もろさわようこ［もろさわ　一九七〇］、井上輝子［井上　一九八〇］らが、「家」と対抗関係にあった思想家の恋愛論および、そこで論じられていた近代的な家族観念について検討している。

3　代表的な研究としては、戦前の家族国家観に「家庭」的な家族像があらわれていたことに着目した牟田和恵［牟

田　一九九六］、大正期の新中間層を対象とした家族政策や高度経済成長期の教育政策などに「家庭」イデオロギーの定着を見出した小山静子［小山　一九九九、小山　二〇〇九］、近現代日本の法制度や住宅モデルに、「家」と「家庭」の二重構造や「家庭」への移行を見出した西川祐子［西川　二〇〇〇］、「家庭」と「子ども」の関連に着目した沢山美果子［沢山　二〇一三］らのものがあげられる。また日本型恋愛結婚と「家庭（ホーム）」の関係を論じたデビッド・ノッター［ノッター　二〇〇七］のほか、近代日本の政策から国民国家形成の基盤としての「家庭」に着目したものとしては、加藤千香子［加藤　二〇一四］の研究があげられる。

4　戦前から戦後初期の保守的な論調については、戦後のある時期までは盛んだった、家制度のイデオロギーを対象とした研究に一定の蓄積がある［川島　一九五七＝一九八三、石田　一九五四など］。しかしこれらの研究は、戦前の天皇制とも結びついた家制度のイデオロギーの把握（批判）が主題であり、近代化の過程で、保守系論者が抱く家族イメージが変容、あるいは「家庭」という言葉を用いるようになった局面などはあまり着目されていない。一方で、近代家族論にもとづく歴史研究においては、戦前から戦後の「家」にまつわる議論は、必ずしも主要な研究対象とならなかった。しばしば指摘されるように、家研究と近代家族論には問題意識の断絶がみられる［米村　二〇一七］。

5　構築主義的なアプローチをとる家族研究が示唆するように、「家族」や「家庭」という言葉は、同じ言葉が用いられていたとしても、さまざまな立場や政治的志向の持ち主が、それぞれの利害や目的に応じて異なった意味を付与する［グブリアム＆ホルスタイン 1990＝1997］。そしてこうした意味を付与された言葉は、社会で共有され、流通していく。

本書ではこうした戦略を読み解くために、各々の論者の議論において、①どのような社会像が「家庭」と連動して語られているか、②「家庭」と「個人」の関係がどのように位置づけられているか、③伝統的家族と「家庭」がどのように位置づけられているか、の三点に注意している。

①②は、「家庭」論の多様性を把握するための視点である。「家庭」という言葉を通して語られた家族像単体のみを抽出するのであれば、ある意味では、その大半が「近代家族」的な家族像を語っているといえる。しかしこれま

での引用でも紹介したように、それぞれの論者が抱く社会構想まで探れば、同時代ないし後続の論者との立ち位置の違いも明らかになっていく。とくに「個人」の位置づけは、明治期から現在にいたるまで、家族像をめぐる政治的な対立の焦点のひとつとなっている。

③は、「家」から「家庭」への変遷をみるための視点である。これまで述べたように、戦前から戦後のある時期までの「家庭」は、「家」とは対抗的な意味合いをもつ言葉だった。

しかし「近代家族」が実態としても浸透していくなかで、「家」と「家庭」の対立的な構図が融解する場面もあらわれる。たとえば保守系論者が、「家」と「家庭」は矛盾しないと論じたり、「家庭」という言葉でほとんど「家」と変わらない家族像を語ったりするような場面である。

こうした場面に着目することは、国家政策や保守的な論調において「家庭」という言葉が用いられるようになった経緯を探ることにもつながる。これらに関わる論者は、既存の制度を前提としながらも、同時代の家族変動を見据えながら、議論を組み立てることが多い。新たな家族像を示す言葉としてあらわれた「家庭」が、どのように伝統的家族と対立し、どのようにその対抗的な意味合いを失っていったかを探ることは、近現代日本の「家庭」論の変遷を探るにあたって不可欠である。

6　そもそも論者の政治的志向と家族やジェンダーに関する志向は、必ずしも一致しているとは限らない。また政治学者の丸山眞男のように、そもそも「保守主義」なるものが日本に定着していたかを問う立場もある［丸山　一九五七＝一九九六］。

第一章

1　日本の近代家族研究は、一九六〇～一九八〇年代の西洋家族史研究に触発されて展開された。家族史研究における近代家族概念の特徴としては、社会学者の落合恵美子による以下八点の整理がよく知られる。「①家内領域と公共領域との分離」「②家族構成員相互の強い情緒的関係」「③子ども中心主義」「④男は公共領域・女は家内領域という性別分業」「⑤家族の集団性の強化」「⑥社交の衰退とプライバシーの成立」「⑦非親族の排除」「⑧核家族」

⑧については、落合は保留している）［落合　二〇一九：九九］。なお「ロマンティック・ラブ」にもとづく配偶者選択は、エドワード・ショーター（一九七五＝一九八七）などが重視している。家族史研究における各論者の論点の違いについては、宮坂靖子（二〇一〇）に詳しい。

2　明治期においては、「家」の事情により、夫や夫の親族が妻に離婚を迫るケースがしばしばみられた。とはいえ湯沢雍彦によれば、明治期の離婚率の高さは、農山漁村の一般の夫婦によるものであり、この階層においてはそもそも「ひとたび結婚したらどんな難題があっても生涯添いとげようという『永続的結婚観』などは、まったく持ち合わせていない男女が多かった」という［湯沢　二〇〇五：一〇一］。

3　「家」の定義や起源についてはさまざまな議論がある。歴史学者の坂田聡は「家」の多義性を踏まえながら、「固有の財産（家産）と名前（家名）とを有し、その家産を用いて固有の事業（家業）を超世代的に継続して行う、永続的な経営体」とまとめている［坂田　二〇一一：二七七］。また歴史学者の大藤修は、「その理念型を要約的に表現すれば、固有の『家名』『家産』『家業』をもち、先祖代々への崇拝の念とその祭祀を精神的支えとして、世代を超えて永続していくことを志向する組織体」と述べている［大藤　一九九六：一］。社会学における「家」の議論については、鳥越皓之（一九九三）、米村千代（二〇一四）に詳しい。

4　明治民法下においては、夫と妻の関係も不平等なものだった。結婚すると原則として妻の財産は夫の管理下に置かれることになり、裁判離婚も、妻が姦通をした場合はそれだけで離婚原因となったが、夫が姦通をしてもその事実だけでは、離婚原因とならなかった。

5　国定第一期の『高等小学修身書　第二学年　児童用』では「家庭」、『高等小学修身書　第三学年　児童用』では、「家庭に於ける心得」［文部省　一九〇四＝一九五九：七九］。

6　内村鑑三（一八六一年生）、厳本善治（一八六三年生）、徳富蘇峰（一八六三年生）、穂積八束（一八六〇年生）、徳冨蘆花（一八六八年生）はみな一八六〇年代生まれである。社会の基盤を家制度とするか、はたまた「家庭」とするかは、維新後に人格形成をした新世代たちの見解の相違という面もあった。井上哲次郎（一八五六年生）、堺利彦（一八七一年生）も前後の近い世代に属する。なお福澤諭吉（一八三五年生）、三輪田眞佐子（一八四三年生）

は、より年長の世代である。

第二章

1　門脇厚司は、全国就業者総数の四・〇％［門脇　一九八八］。牛島千尋は、全国の有業者のうち五・七％と推計している［牛島　二〇〇一］。

2　川島武宜は戦前の中流以上の階層の男性が、「異性としての女性」（母、姉、妹などを除く）として主に接触できたのは、「女給・ダンサー・芸妓等の売笑的女性」に限られていたと述べている。なおここで川島が「売春」ではなく「売笑」という言葉を用いているのは、これらの女性たちが必ずしも売春を営んでいなかったためである［川島　一九五四：三五］。

3　西川祐子は、こうした家族団欒の生活が実現する中廊下型住宅について、「茶の間のある家」と類型化している［西川　二〇〇〇］。

4　起源は一八七五（明治八）年設立の東京女子師範学校。

5　大村敦志は大正要綱の特徴について、「親族の範囲を拡大する一方で、家族の範囲の縮小を容認していること」であるとし、前者は当時の保守的論調（「淳風美俗」論）、後者は実態の家族変動に配慮した結果だと述べている［大村　二〇一二：九七］。

6　西川祐子は、戦前期の家族について、「家」と「近代家族」の二重構造モデルを提起している［西川　二〇〇〇］。なお、言説の水準でみれば、「家（家族制度）」と「家庭」の二重構造的な表現のなかで、「家庭」という言葉も夫婦中心ではなく、親子中心のニュアンスをもつ言葉として用いられる傾向にあった［本多　二〇一八］。ある言葉を自己の政治的立場に引きつけて読み替えることは、「家庭」に限らずさまざまな言葉でみられる現象である。

7　この時期には家制度の重要な構成要素である祖先崇拝の比重が下がっている局面もみられる。たとえば民法典論争の際に穂積八束と同じく延期派の立場にたった奥田義人は一九一一（明治四四）年に「祖先尊崇と云ふばかりで以て、迚も此家族制度を維持することは出来ない」［奥田　一九一一：八九］と述べている。

8 「母」が称揚されることに戸惑いを感じている女性知識人も少なくなかった。たとえば作家の窪川（佐田）稲子は一九三七（昭和一二）年に、母親たちは自信を喪失しており、「今日の母性論の流行」は一種の「混乱」であり、「子供にかける哀しい母の願いが、今日の激しさの中でますます混乱してゆき、混乱のはけ口は、『母性』の観念の中に迷い込ませられるように思われた」と述べている［窪川　一九三七＝一九四〇：二五六］。

第三章

1 一九四七年より『読売新聞』で連載がはじまった「読者法律相談」には、たとえば次のような相談がある。「民法が変ると家という制度がなくなるそうですが、そうなると今までの親子、夫婦などの関係はどうなるのですか、家がない以上親子、夫婦の間もいままでより薄くなることになりますか」。この質問に対して回答者は、「民法が変っても夫婦、親子の関係は薄くも遠くもなりません（…）ただ個人の尊厳と平等を害する規定や男女の平等に反する規定は改められますが夫婦、親子の関係はそのため親密の度を増しこそすれ、疎遠になるとは考えられません」と応答している［『読売新聞』一九四七年八月七日朝刊］。

2 民法・戸籍法改正案の起草委員だった我妻栄は、改正時には家族単位の戸籍を支持していたが、一九七〇年代にはコンピュータによる個人単位の戸籍についても提案している［下夷　二〇一九］。

3 マルクス主義が「家庭」を破壊するという批判は当時からよくあるものであった。この引用は、一九五一年刊行の『共産主義への50の疑問』での、「共産主義は私たちの家庭の平和、家族制度の美点を失わしめるものではないだろうか？」という疑問に対しての平井の応答である。なお、戦後初期においてはマルクス主義にもとづく恋愛論、結婚論が活発化している［本多　二〇二二］。

4 もちろん、戦前の保守系論調にも「家庭」という言葉はよくみられるものであり、この文書が初出というわけではない。しかし戦前の場合は、革新的な立場の論者が唱えたような夫婦中心の「家庭」というよりは、「家」のなかに「家庭」を組み込む二重構造的な議論か、あるいはそのなかで、「家庭」を親子中心の意味で用いるような論調が多かった［本多　二〇一八］。この文書は、家制度復活のトーンが低調になりはじめ、また戦前の「家（家族制度）」の復活を否定する文章とともにあらわれたという点で、着目できるものと位置づけた。

5　農業史研究者の内田和義は、初期の生活改善普及事業について次のように述べている。生活改良普及員の多くは、農村の「民主化」といった理念に共感しながらも、台所の改善や作業着の工夫、栄養改善など、「生活の質の改善を優先して活動した」。「農村の女性は中年になると急激に老け込む。その原因は過酷な労働と栄養不足にあった。（…）若い普及員たちは、農村でこうした現実を目の当たりにし、理念よりも優先しなければならないことが多くあると強く実感したのだと思われる」［中間・内田　二〇二二：二四〇］。

第四章

1　人類学者のジョージ・マードックが示した「nuclear family」の翻訳語として、「中核家族」、「核的家族」などさまざまな語があてられたなかで、一九五〇年代おわりの家族社会学で定着していた。なお核家族概念の日本の家族社会学への導入をめぐっては、「核家族論争」という論争がなされた［木戸　二〇一〇］。

2　一九六〇年代前半には、経済学者の大熊信行の家庭論を契機に、男性と「家庭」の関係について、「家庭論争」と呼ばれた論争が論壇上でなされている。会田雄次、村松剛の議論もその文脈のなかに含まれる［両沢　一九六三］。「家庭論争」の詳細については、別稿で論じたい。

3　宮下さおりと木本喜美子は、一九六〇年代においては、女性の稼得役割が経済的に脆弱な階層では重要だったことなどにもふれ、「一九六〇年代前半の時点では、女子の『家庭』に対する『責任』を強調する方向性には収斂しない政策志向が明らかに存在した」と述べており、本書も参考にした［宮下・木本　二〇一〇：二六四—二六五］。

4　「マイホーム主義」をめぐる議論においても、「マイホーム主義」を私生活への自閉ではなく、市民社会、民主主義社会の基盤として位置づける論調があった［阪井　二〇一七］。神島の議論もこうした流れに位置づけられるといえる。

第五章

1　山田昌弘は家族の「個人化」について、「家族の選択不可能、解消困難性を保持したまま」進行する「家族の枠内での個人化」と「家族関係自体を選択したり、解消したりする自由が拡大」する「家族の本質的個人化」を区別して論じている［山田　二〇〇四：三四一］。本章では両者を連続して捉えているが、扱っている事態は主に後者である。

2　ここの記述は、エスピン－アンデルセン（一九九九＝二〇〇〇）、筒井淳也（二〇一五）を主に参考にした。

3　赤松は当時の状況について次のように回想している。「『すべての差別を禁止する』と私もそう書きたかった。でもそれでは財界の反対が強くて、法律はできない。そして法律なくしては、女子差別撤廃条約の批准はできない。ぎりぎりの交渉を経てウルトラCでつくりあげた法律だ。正しい評価は歴史の評価を待つ。そう思うしかなかった。（…）『小さく産んで、大きく育てる』。これが当時のメンバーの共通認識だっただろう」（赤松　二〇二二：一〇三）。

4　『厚生白書』の記述は、女性視点に偏っているのではないかという批判は当時にもなされていた。こうした批判に対し椋野は、「ちゃんと、男性の目でもチェックしてある」と応答している。執筆は、職場の男性二人との共同執筆だったという［『朝日新聞』一九九八年六月一三日朝刊］。

5　会社中心の日本型雇用のもとでは、父親が子どもとコミュニケーションを取りづらいという問題もある。ライシャワー日本研究所のメアリー・C・ブリントンは、二〇一二～二〇二〇年の日本人とアメリカ人の若年層へのインタビュー調査を踏まえて次のように述べている。「日本の回答者はアメリカの回答者よりも、父親が子どものそばにいることの重要性を語る人が多かった」。しかし、「日本の男性は、ほかのポスト工業社会に比べて、子どもと一緒に過ごす時間がきわめて少ない」［ブリントン　二〇二二：五七―五八］。

終章

1　第二章でみたように、保守系論者が「個人主義」の部分的な導入を唱えたりする現象はしばしばみられたものである。とはいえその場合でも、「家族」と「個人」を対置させる思考様式からは離れていたわけではない。

参考文献

序章

有賀喜左衛門（一九七一）『有賀喜左衛門著作集XI』未来社
change.org（二〇二一）「家庭単位じゃなく、子ども個人に目を向けてほしい！　再度『こども庁』に名称変更を！」
グブリアム、ジェイバー・F＆ホルスタイン、ジェームズ・A（一九九〇＝一九九七）『家族とは何か――その言説と現実』中河伸俊・湯川純幸・鮎川潤訳、新曜社
井上輝子（一九八〇）『女性学とその周辺』勁草書房
井上哲次郎（一九一二）『国民道徳概論』三省堂
石田雄（一九五四）『明治政治思想史研究』未来社
石田雄（一九七八）『現代政治の組織と象徴』みすず書房
神島二郎（一九六九）『日本人の結婚観』筑摩書房
加藤千香子（二〇一四）『近代日本の国民統合とジェンダー』日本経済評論社
川島武宜（一九五七＝一九八三）「イデオロギーとしての『家族制度』」『川島武宜著作集　第十巻　家族および家族法1』岩波書店
小山静子（一九九九）『家庭の生成と女性の国民化』勁草書房
小山静子（二〇〇九）『戦後教育のジェンダー秩序』勁草書房
丸山眞男（一九五七＝一九九六）「反動の概念――ひとつの思想史的接近」『丸山眞男集　第七巻』岩波書店
松田友吉（一九三〇）『最新国民道徳概論』大同館書店
もろさわようこ（一九七〇）『おんなの歴史　下』未来社

牟田和恵（一九九六）『戦略としての家族――近代日本の国民国家形成と女性』新曜社
中村敏也（二〇二二）「子育てを『家庭』だけに押し付けるべきではない…保育園の代表が『こども家庭庁』に抱いた違和感　なぜ勤労者しか保育を頼めないのか」(https://president.jp/articles/-/53963?page=1)
西川祐子（二〇〇〇）『近代国家と家族モデル』吉川弘文館
ノッター、デビッド（二〇〇七）『純潔の近代――近代家族と親密性の比較社会学』慶應義塾大学出版会。
堺利彦（一九〇六）「我輩の家庭主義」『家庭雑誌』４（１）
沢山美果子（二〇一三）『近代家族と子育て』吉川弘文館
新村出（一九九五）『語源をさぐる』講談社
潮見俊隆・阪本美代子（一九七六）「近代日本文学における家族――親子関係を中心として」福島正夫編『家族　政策と法７』東京大学出版会
外崎光広（一九六六）『近代日本の家庭』高知市立市民図書館
髙橋史朗（二〇二一）「髙橋史朗54――『とこわか（常若）の思想』と中村桂子『生命誌』の接点を探る」(https://vps04.xbiz.jp/salon211227-1/)
宇野重規（二〇一六）『保守主義とは何か――反フランス革命から現代日本まで』中央公論新社
山田太郎公式ＨＰ（二〇二一）「虐待サバイバーの声で『子ども家庭庁』が『こども庁』に！」(https://taroyamada.jp/cat-kind/post-520/)
米村千代（二〇一七）「家族社会学における家族史・社会史研究」藤崎宏子・池岡義孝編著『現代日本の家族社会学を問う――多様化のなかの対話』ミネルヴァ書房

第一章
安藤宏（二〇二〇）『日本近代小説史　新装版』中央公論新社
Carrothers, Julia D., 1879, *The Sunrise Kingdom Or Life and Scenes in Japan: And Woman's Work For Woman*

There, Presbyterian Board of Publication.
江守五夫（一九八四）「伝統的な婚姻制度」『日本民俗文化大系8　村と村人――共同体の生活と儀礼』小学館
円地文子（一九六一改版）『女坂』新潮社
福澤諭吉（一八六七＝一九五八）『西洋事情　外篇』『福澤諭吉全集　第一巻』岩波書店
福澤諭吉（一八七三＝一九五九）『学問のすゝめ　第三編』『福澤諭吉全集　第三巻』岩波書店
福澤諭吉（一八七六＝一九六二）「家庭習慣の教へを論ず」『福澤諭吉全集　第一九巻』岩波書店
福澤諭吉（一八八五＝一九五九）「品行論」『福澤諭吉全集　第五巻』岩波書店
福澤諭吉（一八九二＝二〇〇二）『福澤諭吉書簡集　第七巻』岩波書店
福澤諭吉（一八九九＝一九五九）『女大学評論　新女大学』『福澤諭吉全集　第六巻』岩波書店
半沢洋子（一九八三）「かてい（家庭）うち（内・家）かない（家内）ホーム（home）」佐藤喜代治編『講座日本語の語彙　第9巻　語誌I　あいさつ〜ぐそく』明治書院
飛田良文（二〇〇二）『明治生まれの日本語』淡交社
東久世通禧（一八九二＝一九六二）『小学修身書巻之三』海後宗臣編『日本教科書大系　近代編　第二巻　修身（二）』講談社
広井多鶴子（二〇〇〇）「『主婦』ということば――明治の家政書から」『国文研究』27
本多真隆（二〇一八）『家族情緒の歴史社会学――「家」と「近代家族」のはざまを読む』晃洋書房
穂積八束（一八九一＝一九四四）「民法出デテ忠孝亡ブ」星野通『民法典論争史』日本評論社
井上哲次郎（一八九一）『勅語衍義　巻上』敬業社、哲眼社
井上哲次郎（一九一二）『国民道徳概論』三省堂
犬塚都子（一九八九）「明治中期の『ホーム』論にみる家庭観と家政観――明治一八〜二六年の『女学雑誌』を中心に」『家族関係学』8
磯部香（二〇〇八）「女子教育者　三輪田眞佐子における『家庭』言説の受容――明治期の婦人雑誌『女鑑』を対象

とした分析から」『日本家政学会誌』59（10）
磯野誠一・磯野富士子（一九五八）『家族制度――淳風美俗を中心として』岩波書店
伊藤忠商事「伊藤忠・歴史豆知識」（https://www.itochu.co.jp/ja/about/history/knowledge.html）
伊藤達也（一九九四）『生活の中の人口学』古今書院
巌本善治（一八八七）「乳母の良否」『女学雑誌』54
巌本善治（一八八八a）「日本の家族（第一）一家の和楽団欒」『女学雑誌』96
巌本善治（一八八八b）「日本の家族（第六）家族幸福の大根底」『女学雑誌』101
巌本善治（一八八九a）「犠牲献身　八　真正のホームを論ず」『女学雑誌』172
巌本善治（一八八九b）「女性亦外事に注意すべし」『女学雑誌』184
巌本善治（一八九三）「室家伉儷の天職」『女学雑誌』355
時事新報記者（一八九九＝一九五九）「福澤先生の女学論発表の次第」『福澤諭吉全集　第六巻』岩波書店
加藤周一（一九九九）『日本文学史序説　下』筑摩書房
河北瑞穂（一九九一）「家庭小説の背景――明治二十年代前半期『女学雑誌』の周辺」『三重大学日本語学文学』2
川本彰（一九七三）『近代文学に於ける「家」の構造――その社会学的考察』社会思想社
川島武宜（一九四八＝一九八三）「日本社会の家族的構成」『川島武宜著作集　第十巻　家族および家族法1』岩波書店
川島武宜（一九五四）『結婚』岩波書店
川島武宜（一九五七＝一九八三）「イデオロギーとしての『孝』」『川島武宜著作集　第十巻　家族および家族法1』岩波書店
小島烏水（一九〇四）「宏大なるホーム」『手紙雑誌』1（8）
小山静子（一九九九）『家庭の生成と女性の国民化』勁草書房
小山静子（二〇二二）『良妻賢母という規範　新装改訂版』勁草書房

松好貞夫（一九五六）『村の記録』岩波書店
三輪田眞佐子（一八九七）「女子教育一斑（五十）」『女鑑』142
宮坂靖子（二〇一〇）「近代家族に関する社会史的研究の再検討――「家族の情緒化」の視点から」『奈良大学紀要』38
モール、オットマール・フォン（一九〇四＝一九八八）『ドイツ貴族の明治宮廷記』金森誠也訳、新人物往来社
文部省（一九〇四＝一九五九）「小学修身書編纂趣意報告」宮田丈夫編著『道徳教育資料集成 2』第一法規出版
文部省（一九一〇＝一九五九）『高等小学修身書 新制第三学年用』宮田丈夫編著『道徳教育資料集成 2』第一法規出版
森岡清美（二〇〇二）『華族社会の「家」戦略』吉川弘文館
牟田和恵（一九九六）『戦略としての家族――近代日本の国民国家形成と女性』新曜社
日本学術振興会（一九三五）『法典調査会 民法議事速記録 第四二巻』司法省
落合恵美子（二〇一九）『21世紀家族へ――家族の戦後体制の見かた・超えかた［第4版］』有斐閣
尾原宏之（二〇〇五）「『家庭の和楽』から社会主義へ――明治思想史の中の堺利彦」『東京都立大学法学会雑誌』45（2）
大藤修（一九九六）『近世農民と家・村・国家――生活史・社会史の視座から』吉川弘文館
坂井大輔（二〇一三）「穂積八束の『公法学』（1）」『一橋法学』12（1）
堺利彦（一九〇六）「我輩の家庭主義」『家庭雑誌』4（1）
坂田聡（二〇一一）『家と村社会の成立――中近世移行期論の射程』高志書院
桜井彩（一九八五）「『平民的生活』――徳富蘇峰の家庭論」『共立薬科大学研究年報』30
関口すみ子（二〇〇七）『国民道徳とジェンダー――福沢諭吉・井上哲次郎・和辻哲郎』東京大学出版会
下夷美幸（二〇二一）『家族政策研究』一般財団法人放送大学教育振興会
新村出（一九九五）『語源をさぐる』講談社

ショーター、エドワード（一九七五＝一九八七）『近代家族の形成』田中俊宏・岩橋誠一・見崎恵子・作道潤訳、昭和堂
鈴木ゆり子（一九九三）「儒家女性の生活――頼梅颸の仕事と出産・育児」林玲子編『日本の近世　第一五巻　女性の近世』中央公論社
武田晴人（二〇一九）『日本経済史』有斐閣
徳富猪一郎（一八八七）『新日本之青年』集成社
徳富蘇峰（一八九〇）「現今我邦の婦人の地位」『国民之友』84
徳富蘇峰（一八九三a）「家族的専制」『国民之友』194
徳富蘇峰（一八九三b）「一家の秩序」『家庭雑誌』5
徳冨蘆花（一九〇〇＝一九三〇）『不如帰』『蘆花全集　第五巻』新潮社
鳥越皓之（一九九三）『家と村の社会学　増補版』世界思想社
津口元徳（一九〇四）「奥州漁民の生活」『女学世界』4（9）
塚越芳太郎（一八九四）「戦時に於ける家庭」『家庭雑誌』40
内村鑑三（一八八八）「クリスチャン、ホーム」『女学雑誌』125
内村鑑三（一九〇三＝一九三三）「家庭の建設」『内村鑑三全集　第十巻』岩波書店
若桑みどり（二〇〇一）『皇后の肖像――昭憲皇太后の表象と女性の国民化』筑摩書房
柳田國男（二〇〇九改版）『木綿以前の事』岩波書店
横山源之助（一九八五改版）『日本の下層社会』岩波書店
米村千代（二〇一四）『「家」を読む』弘文堂
湯沢雍彦（二〇〇五）『明治の結婚　明治の離婚――家庭内ジェンダーの原点』角川学芸出版

第二章

安部磯雄（一九一七）『子供本位の家庭』実業之日本社
新雅史（二〇一二）『商店街はなぜ滅びるのか――社会・政治・経済史から探る再生の道』光文社
江幡亀寿編（一九二一）『社会教育の実際的研究』博進館
深作安文（一九一六）『国民道徳要義』弘道館
深作安文（一九二九）『国民道徳概説』同文館
春山作樹（一九二六）「我が国将来の家族主義」『太陽』32（1）
初田亨（一九九九）『百貨店の誕生』筑摩書房
早川洋行（二〇二二）「明治・大正期の漫画絵葉書にみる夫婦のかたち」『名古屋学院大学論集　社会科学篇』59（1）
広田照幸（一九九九）『日本人のしつけは衰退したか――「教育する家族」のゆくえ』講談社
本多真隆（二〇一八）「多義化する『家族制度』――一九二〇年代における家族概念と情緒の配置」『比較家族史研究』32
穂積重遠（一九二五）『親族法大意　改訂版』岩波書店
市川房枝（一九四三）「婦人と国家」市川房枝編『戦時婦人読本』昭和書房
偉大会編輯局編（一九二四）『現代思潮要解　前篇』偉大会
伊東壮（一九六五）「不況と好況のあいだ」南博・社会心理研究所『大正文化――一九〇五―一九二七』勁草書房
伊東民子（二〇一〇）「時代の先覚者として生きた遠藤（岩野）清――『青鞜』同人遠藤清（岩野清子）の思想とその時代」『日本大学大学院総合社会情報研究科紀要』11
岩野清（一九一四）「個人主義と家庭」『青鞜』4（9）
門脇厚司（一九八八）「新中間層の量的変化と生活水準の推移」日本リサーチ総合研究所『生活水準の歴史的分析』総合研究開発機構

川島武宜（一九五四）『結婚』岩波書店
川島武宜（一九五七＝一九八六）「民法典の『親族』概念」『川島武宜著作集　第十一巻　家族および家族法２』岩波書店
河田嗣郎（一九二八）「社会政策上より見たる個人主義と家族制度主義」『社会事業研究』16（5）
菊池寛（一九二九）『東京行進曲』春陽堂
高良富子（一九四二）「国家・社会・家庭」高良富子監修『これからの母・新しい母』鮎書房
小山静子（一九九九）『家庭の生成と女性の国民化』勁草書房
窪川稲子（一九三七＝一九四〇）「母の自覚と混乱」『女性の言葉』高山書院
丸山眞男（一九四七＝一九九五）「日本ファシズムの思想と運動」『丸山眞男集　第三巻』岩波書店
三鬼浩子（一九九六）「大正期の女性雑誌――働く女の機関誌を中心に」近代女性文化史研究会『大正期の女性雑誌〈新装普及版〉』大空社
宮尾武男（一九四一）「銃後女子勤労要員制度の示唆」『社会事業』25（5）
宮田丈夫編著（一九五九）『道徳教育資料集成　2』第一法規出版
文部省編（一九三七）『國體の本義』文部省
文部省教学局編（一九四一）『臣民の道』内閣印刷局
文部省社会教育局（一九四二＝一九七六）「戦時家庭教育指導要項」湯沢雍彦編『日本婦人問題資料集成　第五巻　家族制度』ドメス出版
森津千尋（二〇二〇）「新中間層における新婚旅行の普及」『宮崎公立大学人文学部紀要』27（1）
牟田和恵（二〇〇六）『ジェンダー家族を超えて――近現代の生／性の政治とフェミニズム』新曜社
中川清（二〇一八）『近現代日本の生活経験』左右社
ＮＨＫ（二〇二一）「Vol. 30　国防婦人会　戦争にのめり込んだ母親たちの素顔」(https://www.nhk.or.jp/minplus/0029/topic031.html)

日本戦没学生記念会編（一九九五）『新版　きけ　わだつみのこえ――日本戦没学生の手記』岩波書店
西川祐子（二〇〇〇）『近代国家と家族モデル』吉川弘文館
ノッター、デビッド（二〇〇七）『純潔の近代――近代家族と親密性の比較社会学』慶應義塾大学出版会
大橋房子（一九二五）「精神的掃溜」『婦人公論』10（1）
奥田義人（一九一一）「家族制度に就いて　其八」東亜協会研究部『国民教育と家族制度』目黒書店
大蔵省印刷局編（一九三〇）『官報』1197
大村敦志（二〇一二）『文学から見た家族法――近代日本における女・夫婦・家族像の変遷』ミネルヴァ書房
大塚明子（二〇一八）『『主婦の友』にみる日本型恋愛結婚イデオロギー』勁草書房
らいてう（一九一三）「世の婦人達に」『青鞜』3（4）
らいてう（一九一八＝一九八四a）「母性保護の主張は依頼主義か〈与謝野・嘉悦二氏へ〉（抄）」香内信子編『資料　母性保護論争（論争シリーズ1）』ドメス出版
らいてう（一九一八＝一九八四b）「母性保護問題に就いて再び与謝野晶子氏に寄す」香内信子編『資料　母性保護論争（論争シリーズ1）』ドメス出版
新見吉治（一九三七）『家族主義の教育』育芳社
鈴木明子（一九二五）「面倒臭い、厭な所」『婦人公論』10（1）
鈴木余志（一九二五）「籠を脱け出た鳥」『婦人公論』10（1）
武田晴人（二〇一九）『日本経済史』有斐閣
竹内洋（二〇一一）『学校と社会の現代史』左右社
戸田貞三（一九三七）『家族構成』弘文堂
戸田貞三（一九四二）『家の道――文部省戦時家庭教育指導要項解説』中文館
利谷信義（一九七五）「戦後の家族政策と家族法――形成過程と特質」福島正夫編『家族　政策と法　1総論』東京大学出版会

東京府内務部社会課編（一九二五）『大正十一年十一月施行　東京市及近接町村中等階級生計費調査』東京府内務部社会課
牛島千尋（二〇〇一）「戦間期の東京における新中間層と『女中』――もう一つの郊外化」『社会学評論』52（2）
山川菊栄（一九一八＝一九八四）「母性保護と経済的独立〈与謝野、平塚二氏の論争〉」香内信子編『資料　母性保護論争（論争シリーズ1）』ドメス出版
山村淑子（二〇〇四）「戦時期における母性の国家統合――文部省『母の講座』を中心として」『総合女性史研究』21
山崎延吉（一九二八）『斉家の栞』泰文館書店
柳田國男（一九一〇）『時代ト農政』聚精堂
与謝野晶子（一九一八＝一九八四a）「女子の徹底した独立〈紫影録（抄）〉」香内信子編『資料　母性保護論争（論争シリーズ1）』ドメス出版
与謝野晶子（一九一八＝一九八四b）「平塚さんと私の論争〈粘土自像〉」香内信子編『資料　母性保護論争（論争シリーズ1）』ドメス出版
吉田高子（二〇〇〇）「池田室町／池田　小林一三の住宅地経営と模範的郊外生活」片木篤・藤谷陽悦・角野幸博編『近代日本の郊外住宅地』鹿島出版会
湯沢雍彦（二〇一〇）『大正期の家族問題――自由と抑圧に生きた人びと』ミネルヴァ書房

第三章

阿部静枝（一九四七）『愛と孤独』太平社
青山薫（二〇二一）「持続化給付金訴訟意見書」(https://www.call4.jp/file/pdf/202112/ec75711e8cc6d51cce77eb5c8661eab9.pdf)
唄孝一・渡辺洋三（一九五四）「農村の相続形態（一）」『法律時報』26（9）
ダワー、ジョン（一九九九＝二〇〇四）『増補版　敗北を抱きしめて（上）』三浦陽一・高杉忠明訳、岩波書店

ゴードン、アンドルー（二〇〇五）「五五年体制と社会運動」歴史学研究会・日本史研究会編『日本史講座10　戦後日本論』東京大学出版会

ゴードン、ベアテ、シロタ（二〇一六）『一九四五年のクリスマス――日本国憲法に「男女平等」を書いた女性の自伝』平岡磨紀子構成・文、朝日新聞出版

Gordon, Beate Sirota (2014) *The Only Woman in the Room: A Memoir of Japan, Human Rights, and the Arts.* University of Chicago Press.

平井潔（一九四九）『婦人問題』唯物論研究所

平井潔（一九五一）「第35問・家族制度と共産主義」理論編集部編『共産主義への50の疑問』理論社

本多真隆（二〇一七）「『家』の越境と断絶――敗戦直後の家族論における共同性と生活保障」『三田社会学』22

本多真隆（二〇一八）「多義化する『家族制度』――一九二〇年代における家族概念と情緒の配置」『比較家族史研究』32

本多真隆（二〇二二）「マルクス主義系恋愛論の地平――戦後初期における恋愛至上主義の超克」『三田社会学』27

今井正・井手俊郎（一九四九）「シナリオ　青い山脈」『映画芸術』4（3）

石坂洋次郎（一九五八）『青い山脈』『現代長編小説全集　2』講談社

磯野富士子（一九五九）「福祉国家と日本の家族制度」大熊信行・宗像誠也・鵜飼信成・関嘉彦他『現代福祉国家論』至誠堂

磯野誠一・磯野富士子（一九五八）『家族制度――淳風美俗を中心として』岩波書店

JAcom（二〇一八）「あの時代　農家も飢えていた（2）【上山信一・農林中金元副理事長】」(https://www.jacom.or.jp/nousei/tokusyu/2018/10/181017-36432.php)

人口問題研究会（一九五七）『職場の新生活運動』人口問題研究会

自由民主党（二〇一二）「日本国憲法改正草案（現行憲法対照）」(https://storage.jimin.jp/pdf/news/policy/130250_1.pdf)

自由民主党憲法調査会（一九五六）「憲法改正の問題点」『政策月報』4（38）
自由党憲法調査会（一九五四＝一九七六）「日本国憲法改正案要綱」湯沢雍彦編『日本婦人問題資料集成　第五巻　家族制度』ドメス出版
鴨下信一（二〇〇五）『誰も「戦後」を覚えていない』文藝春秋
川島武宜（一九五七＝一九八三）「最近の『家族制度』復活論」『川島武宜著作集　第十巻　家族および家族法1』岩波書店
近代日本教育制度史料編纂会編（一九四七＝一九五八）『近代日本教育制度史料　第二十七巻』大日本雄弁会講談社
小山静子（二〇一四）「純潔教育の登場――男女共学と男女交際」小山静子・赤枝香奈子・今田絵里香編『セクシュアリティの戦後史』京都大学学術出版会
文部省（一九四七）「学習指導要領家庭科編（試案）」（https://erid.nier.go.jp/files/COFS/s22ejh/index.htm）
文部省（一九四九）「学習指導要領家庭科編　高等学校用」（https://erid.nier.go.jp/files/COFS/s24hh/index.htm）
文部省純潔教育分科審議会編（一九五〇）『男女の交際と礼儀』印刷庁
もろさわようこ（二〇二一）『新編　おんなの戦後史』筑摩書房
中川善之助（一九四七）「『民法改正案意見書』異見」『法律タイムズ』1（6＝7）
中川善之助（一九四八）「新家族――新らしい民法の話」毎日新聞社
中間由紀子・内田和義（二〇一〇）「生活改善普及事業の理念と実態――山口県を事例に」『農林業問題研究』46（1）
中間由紀子・内田和義（二〇二二）『戦後日本の生活改善普及事業――「考える農民」の育成と農村の民主化』農林統計出版
能智修弥（一九四九）『恋愛から結婚へ』労働教育協会
小熊英二（二〇〇二）『〈民主〉と〈愛国〉――戦後日本のナショナリズムと公共性』新曜社
於保不二雄（一九四七）「家から家庭へ」末川博・於保不二雄・猪熊兼繁・重松俊明『うつりゆく家――民法の改正

と家族制度』高桐書院
大森松代（一九四八）「家庭科教育」『アメリカ教育』3（5）
太田美帆（二〇〇八）「日本の農村生活研究と生活改善普及事業の軌跡」水野正己・佐藤寛編『開発と農村――農村開発論再考』日本貿易振興機構アジア経済研究所
酒井晃（二〇一六）『戦後日本における男性同性愛への「寛容」と嫌悪』明治大学文学研究科博士学位請求論文
下夷美幸（二〇一九）『日本の家族と戸籍――なぜ「夫婦と未婚の子」単位なのか』東京大学出版会
塩沢美代子・島田とみ子（一九七五）『ひとり暮しの戦後史――戦中世代の婦人たち』岩波書店
末川博（一九四七）「うつりゆく家の制度」末川博・於保不二雄・猪熊兼繁・重松俊明『うつりゆく家――民法の改正と家族制度』高桐書院
社会党（一九四六）「社会党　憲法改正要綱」(https://www.ndl.go.jp/constitution/shiryo/02/084/084tx.html)
田間泰子（二〇〇六）『「近代家族」とボディ・ポリティクス』世界思想社
玉城肇（一九四八）『日本家族制度の批判――半封建的家族制度の本質』民友社
田村泰次郎（一九四七）「『人間』を愛する」『不同調』1（3）
田辺繁子（一九五五＝一九七六）「家族制度復活の声と戦う」湯沢雍彦編『日本婦人問題資料集成　第五巻　家族制度』ドメス出版
土屋敦（二〇一四）『はじき出された子どもたち――社会的養護児童と「家庭」概念の歴史社会学』勁草書房
我妻栄（一九四九）『改正民法余話――新しい家の倫理』学風書院
山本明（一九九八）『カストリ雑誌研究――シンボルにみる風俗史』中央公論社
吉川洋（一九九七）『高度成長――日本を変えた６０００日』読売新聞社

第四章

会田雄次（一九六七）『男性待望論――私の女性教育』講談社

天野正子・桜井厚（一九九二）『「モノと女」の戦後史――身体性・家庭性・社会性を軸に』有信堂高文社
青山道夫（一九六七）『新しい家庭を考える』法律文化社
荒巻央・小林利行（二〇一五）「世論調査でみる日本人の『戦後』――『戦後七〇年に関する意識調査』の結果から」『放送研究と調査』65（8）
新雅史（二〇一二）『商店街はなぜ滅びるのか――社会・政治・経済史から探る再生の道』光文社
カルダー、ケント・E（一九八八＝一九八九）『自民党長期政権の研究――危機と補助金』カルダー、淑子訳、文藝春秋
中央児童福祉審議会家庭対策特別部会（一九六三）「家庭対策に関する中間報告」『家庭科教育』37（11）
中央教育審議会（一九六六＝二〇〇六）「期待される人間像」貝塚茂樹『戦後教育のなかの道徳・宗教〈増補版〉』文化書房博文社
第一回全国幼児教室交流集会実行委員会（一九七九）『第一回全国幼児教室交流集会報告集』第一回全国幼児教室交流集会実行委員会
福田はぎの（一九八三）「世帯構成の地帯的再編過程――労働力移動との関連において」松尾均先生の退任を記念する論文集刊行会編『現代日本の労働と生活』第一書林
原武史（二〇一二）『団地の空間政治学』NHK出版
日高六郎（一九八〇）『戦後思想を考える』岩波書店
広田照幸（一九九九）『日本人のしつけは衰退したか――『教育する家族』のゆくえ』講談社
本多真隆（二〇二〇）「戦後日本家族と『子育ての連帯』――団地幼児教室における『民主的』運営への着目から」『ソシオロゴス』44
井ノ部美千代（一九九九）「平等法がほしい　私たちの手で男女雇用平等法をつくろう」行動する会記録集編集委員会編『行動する女たちが拓いた道――メキシコからニューヨークへ』未来社
井上輝子（二〇二一）『日本のフェミニズム――150年の人と思想』有斐閣

石田雄（一九六八）「家と政治」『東京大学公開講座　11「家」』東京大学出版会
岩澤美帆・三田房美（二〇〇五）「職縁結婚の盛衰と未婚化の進展」『日本労働研究雑誌』47（1）
貝塚茂樹（二〇〇六）『戦後教育のなかの道徳・宗教〈増補版〉』文化書房博文社
神島二郎（一九六九）『日本人の結婚観』筑摩書房
金井淑子（一九八六）「『自由』のフェミニズムから『解放』のフェミニズムへ」社会主義理論フォーラム編『挑戦するフェミニズム』社会評論社
加瀬和俊（一九九七）『集団就職の時代――高度成長のにない手たち』青木書店
木戸功（二〇一〇）『概念としての家族――家族社会学のニッチと構築主義』新泉社
黒木利克（一九六四）『日本の児童福祉』良書普及会
経済企画庁編（一九九七）『平成9年版国民生活白書』大蔵省印刷局
経済審議会（一九六〇）『国民所得倍増計画　全文』経済審議会
経済審議会編（一九六三）『経済発展における人的能力開発の課題と対策』大蔵省印刷局
厚生労働省編（二〇一二）『平成24年版労働経済白書――分厚い中間層の復活に向けた課題』日経印刷
松島のり子（二〇一五）『「保育」の戦後史――幼稚園・保育所の普及とその地域差』六花出版
校條剛（二〇一七）「ポテトサラダ通信17　パパは何でも知っている」(http://www.honya.jp/poteto/017.html)
宮下さおり・木本喜美子（二〇一〇）「女性労働者の一九六〇年代――『働き続ける』ことと『家庭』とのせめぎあい」大門正克ほか編『高度成長の時代1　復興と離陸』大月書店
文部省社会教育局編（一九六四）『家庭教育資料第一集　こどもの成長と家庭』文部省社会教育局
森戸辰男（一九六六）「人間形成と家庭生活」『家政学雑誌』17（1）
両沢葉子（一九六三）「婦人問題はどのようにかわってきたか（終）――家庭論争をめぐって」『月刊婦人展望』111
村松剛（一九六三）『女性的時代を排す』文藝春秋新社
中嶋里美（一九九九）「CM『私作る人、僕食べる人』に異議申立て」行動する会記録集編集委員会編『行動する女

たちが拓いた道――メキシコからニューヨークへ』未来社
西清子（一九六六）『女が働くということ――技術革新下の婦人労働問題入門』生活科学調査会
野村正實（一九九八）『雇用不安』岩波書店
能塚正義（一九九四）「福利厚生の企業福祉への展開と労働者生活」『経済学論叢』45（3）
落合恵美子（二〇一九）『21世紀家族へ――家族の戦後体制の見かた・超えかた〔第4版〕』有斐閣
小熊英二（二〇一九）『日本社会のしくみ――雇用・教育・福祉の歴史社会学』講談社
大門正克（二〇二〇）「高度成長期の『労働力の再生産と家族の関係』をいかに分析するか――大企業社内報を主な史料にして」『歴史と経済』247
奥野健男（一九六四）『文学は可能か』角川書店
大森真紀（二〇二一）『性別定年制の史的研究――1950年代〜1980年代』法律文化社
斧出節子（二〇一九）「高度経済成長期における家事・育児の実態と規範意識・感情――高度経済成長期に生きた女性たちへのインタビュー調査から」『研究紀要』24
斎藤美奈子（二〇〇六）『冠婚葬祭のひみつ』岩波書店
斎藤美奈子（二〇一八）『日本の同時代小説』岩波書店
阪井裕一郎（二〇一七）「マイホーム主義を問いなおす――ホームと連帯の再構築へ」『三田社会学』22
桜井智恵子（二〇〇二）「1960年代家庭教育ブームの生成――『家庭の教育』読者の声を中心に」『子ども社会研究』8
佐藤忠男（一九七八）『家庭の甦りのために――ホームドラマ論』筑摩書房
政策研究会家庭基盤充実研究グループ（一九八〇）『家庭基盤充実のための提言』内閣官房内閣審議室分室・内閣総理大臣補佐官室編『家庭基盤の充実――家庭基盤充実研究グループ（大平総理の政策研究会報告書―3）』大蔵省印刷局
白井千晶（二〇一四）「出産の施設化完了期の出産経験――2013年出産経験調査から」『津田塾大学紀要』46

外崎光広（一九六四）『家庭』高知市立市民図書館
外崎光広（一九六六）『近代日本の家庭』高知市立市民図書館
竹中恵美子（一九八九）『戦後女子労働史論』有斐閣
滝いく子（一九七六）『団地ママ奮戦記』新日本出版社
田中二郎・佐藤功・野村二郎編（一九八〇）『戦後政治裁判史録 ④』第一法規出版
田中重人（一九九九）『性別分業の分析――その実態と変容の条件』大阪大学大学院人間科学研究科博士論文
上村忠（一九六九）『変貌する社会――70年代への視点』誠文堂新光社
梅根悟（一九五九）「四、憲法改正問題と新学習指導要領」日本教職員組合編『新教育課程の批判――新学習指導要領はどう変ったか』日本教職員組合
UR都市機構（二〇一四）「団地の誕生創世記１」(https://www.ur-net.go.jp/aboutus/publication/web-urpress38/special1_1.html)
牛島義友（一九六四）『家庭教育と人間形成』国土社
渡辺治（二〇〇四）「高度成長と企業社会」渡辺治編『日本の時代史27　高度成長と企業社会』吉川弘文館
渡辺洋三（一九七三）「資本主義社会の家族　日本」青山道夫・竹田旦・有地亨・江守五夫・松原治郎編『講座家族1　家族の歴史』弘文堂
吉川洋（一九九七）『高度成長――日本を変えた6000日』読売新聞社

第五章

相澤出（二〇二一）「地域医療の担い手が捉える過疎地域の家族と介護の変化――宮城県登米市を事例として」『社会学評論』71（4）
赤松良子（二〇二二）『男女平等への長い列――私の履歴書』日本経済新聞出版
青木理（二〇一六）『日本会議の正体』平凡社

浅沼裕治（二〇二〇）「父子家庭への効果的な社会的支援――父親の語りによるテキスト分析から」『福祉社会開発研究』15
ベネッセ教育総合研究所（二〇一六）『第5回　幼児の生活アンケート』ベネッセ教育総合研究所
ブリントン、メアリー・C（二〇二二）『縛られる日本人――人口減少をもたらす「規範」を打ち破れるか』中央公論新社
中央教育審議会（一九八一）「生涯教育について（答申）」（https://www.mext.go.jp/b_menu/shingi/chuuou/toushin/810601.htm）
中央教育審議会（一九九一）「新しい時代に対応する教育の諸制度の改革について（答申）」（https://www.mext.go.jp/b_menu/shingi/chuuou/toushin/910401.htm）
中央教育審議会（二〇〇〇）「少子化と教育について（報告）」（https://www.mext.go.jp/b_menu/shingi/chuuou/toushin/000401.htm）
エスピン＝アンデルセン、G.（一九九九＝二〇〇〇）『ポスト工業経済の社会的基礎――市場・福祉国家・家族の政治経済学』渡辺雅男・渡辺景子訳、桜井書店
FRaU編集部（二〇二一）「ドラマにおける女性の結婚、仕事、ジェンダーの描かれ方とその変遷」（https://gendai.media/articles/-/87235）
福澤涼子（二〇二二）「もうママ友は必要ないのか――現代における『子どもを介した友人』の価値を考える」（https://www.dlri.co.jp/report/ld/205785.html）
林道義（二〇〇〇）「ファシズム化するフェミニズム――山口県大泉副知事の恐るべき思想を糾す！」『諸君！』32（7）
林道義（二〇〇二）『家族の復権』中央公論新社
平山洋介（二〇二〇）『「仮住まい」と戦後日本――実家住まい・賃貸住まい・仮設住まい』青土社
広井多鶴子（二〇〇七）「『問題』としての核家族――白書にみる少年非行の原因論」『実践女子大学人間社会学部紀

要』3

一般財団法人地方自治研究機構（二〇二三）「家庭教育の支援に関する条例」（http://www.rilg.or.jp/htdocs/img/reiki/105_support_of_educationa_in_the_home.htm）

岩井八郎（二〇一三）「戦後日本型ライフコースの変容と家族主義――数量的生活史データの分析から」落合恵美子編『変容する親密圏／公共圏1　親密圏と公共圏の再編成――アジア近代からの問い』京都大学学術出版会

自由民主党（一九七九）『日本型福祉社会（自由民主党研修叢書8）』自由民主党広報委員会出版局

自由民主党憲法改正推進本部（二〇一三）『日本国憲法改正草案Q&A　増補版』自由民主党

自由民主党政務調査会家庭基盤の充実に関する特別委員会（一九七九＝一九八〇）「家庭基盤の充実に関する対策要綱」『国民研究』44

加藤彰彦（二〇一一）「未婚化を推し進めてきた2つの力――経済成長の低下と個人主義のイデオロギー」『人口問題研究』67（2）

警察庁編（一九八一）『昭和56年版　警察白書』（https://www.npa.go.jp/hakusyo/s56/s56index.html）

木村涼子（二〇一七）『家庭教育は誰のもの？――家庭教育支援法はなぜ問題か』岩波書店

国立社会保障・人口問題研究所（二〇二二）「第16回出生動向基本調査　結果の概要」（https://www.ipss.go.jp/ps-doukou/j/doukou16/JNFS16gaiyo.pdf）

駒野陽子（一九九九）「家庭基盤充実政策を批判する」行動する会記録集編集委員会編『行動する女たちが拓いた道――メキシコからニューヨークへ』未来社

高齢社会福祉ビジョン懇談会（一九九四）「21世紀福祉ビジョン――少子・高齢社会に向けて」『月刊障害者問題情報』133

厚生労働省（二〇一七）「平成28年度全国ひとり親世帯等調査結果報告」（https://www.mhlw.go.jp/stf/seisakunitsuite/bunya/0000188147.html）

厚生労働省（二〇二二）「2021年国民生活基礎調査の概況」（https://www.mhlw.go.jp/toukei/saikin/hw/k-tyosa/

k-tyosa21/）
厚生労働省編（二〇一二）『平成24年版労働経済白書――分厚い中間層の復活に向けた課題』日経印刷
厚生省（一九九八）『平成10年版厚生白書』(https://www.mhlw.go.jp/toukei_hakusho/hakusho/kousei/1998/)
教育改革国民会議（二〇〇〇＝二〇〇一）「教育改革国民会議報告――教育を変える一七の提案」『大学と学生』434
教育再生実行会議（二〇一七）「自己肯定感を高め、自らの手で未来を切り拓く子供を育む教育の実現に向けた、学校、家庭、地域の教育力の向上（第十次提言）」(https://www.mext.go.jp/b_menu/shingi/chukyo/chukyo0/gijiroku/__icsFiles/afieldfile/2017/06/27/1387211_07_1.pdf)
丸山洋平（二〇一八）『戦後日本の人口移動と家族変動』文眞堂
松田茂樹（二〇二一）『[続]少子化論――出生率回復と〈自由な社会〉』学文社
文部科学省（二〇〇六）「教育基本法改正法成立を受けての内閣総理大臣の談話」(https://www.mext.go.jp/b_menu/kihon/houan/siryo/06121913.htm)
内閣府（二〇一四）「平成25年度『家族と地域における子育てに関する意識調査』報告書 全体版」(https://www8.cao.go.jp/shoushi/shoushika/research/h25/ishiki/index_pdf.html)
内閣府編（二〇二一）『令和3年版男女共同参画白書』勝美印刷株式会社
中川八洋・八木秀次・渡部昇一（二〇〇〇）「エドマンド・バークに学ぶ 保守主義の大道」『諸君！』32（8）
西村純子（二〇一四）『子育てと仕事の社会学――女性の働きかたは変わったか』弘文堂
西尾幹二・八木秀次（二〇〇五）『新・国民の油断――『ジェンダーフリー』『過激な性教育』が日本を亡ぼす』PHP研究所
野田聖子（二〇一四）「人口減少の現実をふまえ、持続可能な安全保障を考えよう」『世界』857
落合恵美子（二〇一九）『21世紀家族へ――家族の戦後体制の見かた・超えかた［第4版］』有斐閣
大内裕和・竹信三恵子（二〇一三）「『全身就活』から脱するために」『現代思想』41（5）
労働大臣官房政策調査部統計調査第一課編（一九九七）『パートタイム労働者総合実態調査報告 平成7年』労働大

臣官房政策調査部
斎藤美奈子（二〇〇八）「フェミニズムが獲得したもの／獲得しそこなったもの」岩崎稔・上野千鶴子・北田暁大・小森陽一・成田龍一編著『戦後日本スタディーズ③……「80・90」年代』紀伊國屋書店
佐藤忠男（一九七八）『テレビの思想――一九六〇年代～七〇年代　増補改訂版』千曲秀版社
周燕飛（二〇一九）『貧困専業主婦』新潮社
健やかに子供を生み育てる環境づくりに関する関係省庁連絡会議（一九九一）「健やかに子供を生み育てる環境づくりについて」『子ども家庭福祉情報』2
鈴木彩加（二〇一九）『女性たちの保守運動――右傾化する日本社会のジェンダー』人文書院
高橋史朗（二〇一二）『家庭教育の再生――今なぜ『親学』『親守詩』か。』明成社
田中寿美子（一九七九）「自民党の家庭基盤強化政策について―その経済的政治的背景」『婦人問題懇話会会報』31
太郎丸博（二〇一一）「若年非正規雇用と結婚」佐藤嘉倫・尾嶋史章編『現代の階層社会1――格差と多様性』東京大学出版会
友野清文（二〇一八）「改定教育基本法制下における家庭教育の政策動向について――家庭教育支援条例・家庭教育支援法案・『親学』をめぐって」『学苑』929
友野清文（二〇一九）「家庭教育支援条例の制定過程について――地方議会の会議録から」『学苑』941
筒井淳也（二〇一五）『仕事と家族――日本はなぜ働きづらく、産みにくいのか』中央公論新社
八木秀次（二〇一一）「『家庭基盤の充実』政策で国家崩壊の危機乗り越えよ」(https://ippjapan.org/archives/16)
八木秀次・宮崎哲弥（一九九六）「夫婦別姓論のウソと欺瞞を暴く」八木秀次・宮崎哲弥編著『夫婦別姓大論破！』洋泉社
山田昌弘（二〇〇四）「家族の個人化」『社会学評論』54（4）
山田太一（一九八五）『山田太一作品集2　岸辺のアルバム』大和書房
山口智美（二〇一二）「地方からのフェミニズム批判――宇部市男女共同参画推進条例と『日本時事評論』」山口智

美・斉藤正美・荻上チキ『社会運動の戸惑い――フェミニズムの「失われた時代」と草の根保守運動』勁草書房

終章

アレント、ハンナ（一九五八＝一九九四）『人間の条件』志水速雄訳、筑摩書房
春日キスヨ（二〇一〇）『変わる家族と介護』講談社
落合恵美子（二〇一一）「個人化と家族主義――東アジアとヨーロッパ、そして日本」ウルリッヒ・ベック・鈴木宗徳・伊藤美登里編『リスク化する日本社会――ウルリッヒ・ベックとの対話』岩波書店
ロールズ、ジョン（一九九九＝二〇〇六）『万民の法』中山竜一訳、岩波書店
阪井裕一郎（二〇一三）『家族主義と個人主義の歴史社会学――近代日本における結婚観の変遷と民主化のゆくえ』慶應義塾大学大学院社会学研究科博士論文
竹内真澄（二〇一五）『石田雄にきく　日本の社会科学と言葉』本の泉社
米村千代（二〇一四）『「家」を読む』弘文堂

ちくま新書
1760

「家庭《かてい》」の誕生《たんじょう》
――理想《りそう》と現実《げんじつ》の歴史《れきし》を追《お》う

二〇二三年一一月一〇日 第一刷発行

著者 本多真隆（ほんだ・まさたか）

発行者 喜入冬子

発行所 株式会社 筑摩書房
東京都台東区蔵前二-五-三 郵便番号一一一-八七五五
電話番号〇三-五六八七-二六〇一（代表）

装幀者 間村俊一

印刷・製本 株式会社 精興社

ISBN978-4-480-07590-1 C0236

ちくま新書

1304
ひとり空間の都市論
南後由和
同調圧力が高い日本の、おひとりさま。だが都市生活では、ひとりこそが正常だったはずだ。つながりやコミュニティへ世論が傾く今、ひとり空間の可能性を問い直す。

1235
これが答えだ！　少子化問題
赤川学
長年にわたり巨額の税金を投入しても一向に改善しない少子化問題。一体それはなぜか。少子化対策をめぐるパラドクスを明らかにし、この問題に決着をつける！

1242
ＬＧＢＴを読みとく
——クィア・スタディーズ入門
森山至貴
広まりつつあるＬＧＢＴという概念。しかし、それだけでは多様な性は取りこぼされ、マイノリティに対する差別もなくならない。正確な知識を得るための教科書。

941
限界集落の真実
——過疎の村は消えるか？
山下祐介
「限界集落はどこも消滅寸前」は嘘である。危機を煽り立てるだけの報道や、カネによる解決に終始する政府の過疎対策の誤りを正し、真の地域再生とは何かを考える。

800
コミュニティを問いなおす
——つながり・都市・日本社会の未来
広井良典
高度成長を支えた古い共同体が崩れ、個人の社会的孤立が深刻化する日本。人々の「つながり」をいかに築き直すかが最大の課題だ。幸福な生の基盤を根っこから問う。

817
教育の職業的意義
——若者、学校、社会をつなぐ
本田由紀
このままでは、教育も仕事も、若者たちにとって壮大な詐欺でしかない。教育と社会との壊れた連環を修復し、日本社会の再編を考える。

1090
反福祉論
——新時代のセーフティーネットを求めて
金菱清
大澤史伸
福祉に頼らずに生き生きと暮らす、生活困窮者やホームレス。制度に代わる保障を発達させてきた彼らの生活実践に学び、福祉の限界を超える新しい社会を構想する。